潮起大鹏湾

大学生眼中的深圳

TIDES SURGING ON DAPENG BAY

SHENZHEN IN GRADUATES' EYES

郑　磊◎主编
马德毅　张　涛　陈　垒◎副主编

中国经济出版社
CHINA ECONOMIC PUBLISHING HOUSE
北 京

图书在版编目（CIP）数据

潮起大鹏湾：大学生眼中的深圳 / 郑磊主编 . --
北京：中国经济出版社，2020. 6
ISBN 978-7-5136-5834-8

Ⅰ. ①潮… Ⅱ. ①郑… Ⅲ. ①区域经济-深圳-文集
Ⅳ. ①F127. 653-53

中国版本图书馆 CIP 数据核字（2019）第 182822 号

责任编辑　张利影
责任印制　巢新强
封面设计　久品轩

出版发行　中国经济出版社
印 刷 者　北京科信印刷有限公司
经 销 者　各地新华书店
开　　本　710mm×1000mm　1/16
印　　张　16. 25
字　　数　245 千字
版　　次　2020 年 6 月第 1 版
印　　次　2020 年 6 月第 1 次
定　　价　68. 00 元
广告经营许可证　京西工商广字第 8179 号

中国经济出版社 **网址** www. economyph. com **社址** 北京市东城区安定门外大街 58 号 **邮编** 100011
本版图书如存在印装质量问题，请与本社销售中心联系调换（联系电话：010-57512564）

目 录
CONTENTS

绪 论

THE INTRODUCTION

理论中的实践与实践中的理论

时光荏苒，改革开放以来，我国经济社会发展取得了举世瞩目的伟大成就。中国改革开放起始于1978年党的十一届三中全会。这是一场自上而下的改革。1978年邓小平访日时，经过第二次世界大战毁灭性打击后重生的日本，正沉浸在高速成长的喜悦之中。相对日本、美国、欧洲，中国不仅仅是落后了，而且是落后的差距在加速拉大。贫穷不是社会主义，只有改革开放才能实现中华民族伟大复兴。改革开放政策遇到了很多阻力，但不改革开放就是死路一条始终是过去四十年中国社会的主旋律。

四十年改革开放创造中国奇迹

四十年改革开放留给中国人最大的财富不仅仅是GDP爆发性增长、科学技术水平的跃升以及高歌猛进的城市现代化过程，而是对中华民族再崛起的坚定信念和不懈的坚守。改革开放以来我国经济、政治、文化等方面取得显而易见的成功。面对中国奇迹，众多研究者倾其所知，也只能了解冰山一角。子曰“物有本末，事有终始，知所先后，则近道矣”极具认识论意义，只有探知事物的内在逻辑关系，才有可能发现客观世界中所存在的规律性。中国奇迹是发生在中国改变了世界的重大事件，离开了中国谈不上中国奇迹，离开了世界也无法解释中国奇迹。

从世界角度看中国奇迹。过去的三百年，世界文明、科技文化和经济重心曾经一路向西，其他古代文明铅华褪去、黯然无光、衰败落后。第二次世界大战后，世界殖民体系逐渐土崩瓦解，西方主宰世界的历史开始翻转。世界经济重心开始向东折返。从停滞落后衰退转为追赶，并不是中国独有的现象，中国奇迹是落后国家追赶世界发展前沿的有机组成部分。兰特·普里切特、劳伦斯·萨默斯指出，在现代历史上，只有极少国家和经济体能够实现连续十年6%以上的超高速增长。中国经济增长已经打破了一般趋势，缔造了人类历史上迄今为止最长的高速增长期，由此带来了更多的经济变化、更多的繁荣、更多的创造、更多的生产、更多的生活方式的转变。发展之迅速、涉及面之广，与世界经济互动如此之强，在工业化史、世界史上都是绝无仅有的，是定将载入史册的经济奇迹。

从中国特色看中国奇迹。如果没有解放思想，没有坚定不移的改革开放，没有大胆地试、大胆地闯，没有中国特色的市场化改革，中国经济则无法快速平滑地实现市场经济体制对传统计划体制的替代，不可能实现持续近四十年高速增长。改革开放开启了一个结构性转换的增长过程，中华文明第一次打破了传统的封闭循环的发展路径，告别了传统农耕文明，挣脱了低水平的贫困陷阱，开始了一个伟大民族的复兴。1949 年中华民族实现了独立自主、自立于世界民族之林的百年梦想，1978 年终结了长达两百年占世界经济份额下降的过程。GDP 是国家财富增长的数字，但它不仅仅是数字，也是关于生产效率的衡量，是产出效率的比较。过去四十年，世界经济平均增长率约4%，发达国家约 3%，包括中国的发展中国家约 5%，而中国超过 9%。如果没有改革开放，我国经济总量只是目前的 1/4 左右，与印度大致相当，相对于改革开放前，中国的全要素生产率有了显著提高。

改革开放带来更有效率的增长。制度创新带来技术创新突破了边际收益递减对发展的制约，经济体制改革从小岗村的包产到户开始是个偶然，但打破依赖行政指令种田，打破没有激励机制的僵硬的农业生产体系是一个农民占绝大多数国家走向现代化的必然选择。只有如此，农民才有提高粮食产量的积极性；只有如此，国家才有工业化和城市化的基础。自改革开放以来，中国的人口净增长约四亿，与 1949—1978 年相当，但再也没有出现所谓的粮食危机，中国人均粮食产量达到了过去两百年的最高水平。

改革来自实事求是的思想解放。中华文明源远流长但有一大弊端就是抹杀了尊重与盲从的界限。尊孔孟与朱熹的所谓圣人教，尊到了盲从，尊到了把孔孟与朱子的话奉为不容置喙的圭臬，失去了民族创造性。改革开放之初，有关雇工剥削引经据典式的考证是一个典型的例子。马克思说过，“从以上对剩余价值生产的考察中可以看出，不是任何一个货币额或价值额都可以转化为资本。相反地，这种转化的前提是单个货币所有者或商品所有者手中有一定的最低限额的货币或交换价值。可变资本的最低限额，就是为取得剩余价值全年逐日使用的一个劳动力的成本价格。假设这个工人自己占有生产资料，并且满足于工人的生活，那么只要有再生产他的生活资料的必要劳动时间，比如说每天 8 小时，对他来说就够了。因而他也只需要够 8 个劳动小时用的生产资料。但是，资本家除这 8 小时外还要工人再进行比如说 4 小时剩余劳动，这样他就需要一个追加的货币额，来购置追加的生产资料。按照我们的假设，他必须使用两个工人，才能靠每天占有的剩余价值来过工人那样的生活，即满足他的必要的需求。在这种情况下，他的生产的目的就只是维持生活，不是增加财富；而在资本主义生产下，增加财富是前提。为了使他的生活只比一个普通工人好一倍，并且把所生产的剩余价值的一半再转化为资本，他就必须把预付资本的最低限额和工人人数都增加为原来的 8 倍。诚然，他自己也可以和他的工人一样，直接参加生产过程，但这时他就不过成了介于资本家和工人之间的中间人物，成了‘小业主’。资本主义生产发展到一定高度，就要求资本家能够把他充当资本家即人格化的资本的全部时间，都用来占有从而控制别人的劳动，用来出售这种劳动的产品。中世纪的行会力图用强制的办法防止手工业师傅转化为资本家，限定一个师傅可以雇用的劳动者的人数不得超过一个极小的最高限额。货币或商品的占有者，只有当他在生产上预付的最低限额大大超过了中世纪的最高限额时，才真正变为资本家。”①

---

① 《马克思恩格斯文集》第五卷《资本论》第三篇《绝对剩余价值的生产》第九章《剩余价值率和剩余价值量》第 356-358 页。

当年找出马克思这段说明性文字的是我国著名经济学家林子力。事出于1979年广东高要县农民陈志雄承包了8亩鱼塘，雇请了固定工5人，临时工1000个工日。1980年中央75号文件明确规定了“不准雇工”。1981年5月29日，《人民日报》发表《一场关于承包鱼塘的争论》一文，介绍了陈志雄承包集体鱼塘的情况，写道：“此事有分歧，有人赞成，有人反对。”争论的焦点是：“雇工算不算剥削?”《人民日报》开辟了《怎样看待陈志雄承包鱼塘问题?》专栏，进行了为时三个月的讨论。林子力尝试以马克思的说法证明陈志雄雇工没有超过8人，不是剥削，因此应当予以支持。时任广东省委书记任仲夷实事求是地在所主持的广东省委《关于陈志雄承包经营的情况报告》中提出“这种承包方法和经营方式，就其经济效益来说，比原来‘吃大锅饭’的集体经营要好”。万里的批示则是：“此事请调查研究，对农民发展商品经济的积极性要珍惜和保护，不可轻易用老框框来套。”争议很快进一步扩大，因为年广久雇工达到了12人。1984年10月22日，邓小平明确指出：“前些时候那个雇工问题，相当震动呀，大家担心得不得了。我的意见是放两年再看。让‘傻子瓜子’经营一段，怕什么？伤害了社会主义吗?”邓小平的伟大在于反对任何形式的本本主义，摒弃两个凡是，实事求是，从实际出发，不用形式主义、教条主义来捆住自己的手脚。

改革需要大胆闯、大胆试、干中学的勇气，需要坚定不懈的定力。鲁迅在《且介亭杂文二集·论新文字》中写道，“有些改革者，是极爱谈改革的，但真的改革到了身边，却使他恐惧。惟有大谈难行的改革，这才可以阻止易举的改革的到来，就是竭力维持着现状，一面大谈其改革，算是在做他那完全的改革的事业。这和主张在床上学会了浮水，然后再去游泳的方法，其实是一样的”。邓小平曾形象地说：“改革开放胆子要大一些，敢于试验，不能像小脚女人一样……不冒点风险，办什么事都有百分之百的把握，万无一失，谁敢说这样的话？一开始就自以为是，认为百分之百正确，没那么回事，我就从来没有那么认为。每年领导层都要总结经验，对的就坚持，不对的赶快改，新问题出来抓紧解决。恐怕再有三十年的时间，我们才会在各方面形成一整套更加成熟、更加定型的制度。搞一两年对了，放开；错了，纠正，关了就是了。关，也可以快关，也可以慢关，也可以留一点尾巴。”

改革需要具有在探索中保持动态稳定的智慧。过去四十年，中国经济转型存在着偶然性、随机性、复杂性与不可预期性，在不确定性中寻找稳定性、确定性是避开改革风险、获得更大改革收益的关键，从上至下与从下至上改革的有机联系，是中国实现改革总体目标与阶段性目标之间配套的基本方法。在此过程中多维、多向改革有效地串联、并联形成网状此起彼伏，一波接着一波，一浪高过一浪。从认识论的角度看，改革开放本质是一个实践—认识—再实践—再认识的循环上升、不断深化的过程。改革的策略不断调整、体制机制动态演化逐步形成效率更高的新体制、新机制。

改革需要有动力，需要与人民的切身利益相联系，需要在改革中不断构造新的动力机制。党的十一届三中全会的成功具有强大的社会民意基础。这个社会基础就是几千年来几亿农民要脱贫致富的愿望。1978 年初冬一个寒冷的黑夜，在一个破败的农舍中，安徽凤阳生产队长召集 18 户社员，用上千年来按手印的传统契约方式，惊世骇俗地把集体土地分到个人名下，形成了日后闻名天下的“交够国家的，留够集体的，剩下都是自己的”农业生产大包干制度的雏形。

中国渐进式改革成功的关键在于，改革要能够不断产生出获益于帕累托改进的群体。按劳分配与多劳多得是过去四十年来最有号召力的改革口号。按照工作量多少、能力高低进行分配，在改革开放中发挥了重要作用。凤阳包产到户是自发的，少数人偷偷摸摸干起来，粮食产量增加了，别的村子也偷偷摸摸地学，从少数人变成多数人。中央肯定了，全国农民光明正大地分田到户，也为城市经济体制改革提供了有效样本。

制度不可能简单复制，持续深化的改革创造出内生的改革动力机制，改革的成功在于不断凝聚改革共识，形成超高水平的组织驾驭能力。农村家庭联产承包责任制的成功，推动了城市国有企业实行生产经营责任制的改革，开启了国有企业股份制改造和治理结构的改革，由此开启了按劳分配与按要素贡献分配的多元分配机制的改革。与之相伴的是出现了下岗群体。由此也推动了传统社会保障体系向现代社会保障体系转型。2003 年，新成立的劳动和社会保障部在全国实施了两期“三年千万再就业培训”计划，共有 2000 多万人参加了再就业培训，1680 万人实现了再就业。中国在转向市场经济过程中，经历了巨大的转型阵痛，也因此创造了奇迹。过去几年中国营商环境显著改善，营商便利指数的世界排名大幅度提高，标志着在建立完善的市场经济制度方面取得了新进展，从中也可以观察到以改革创造新的改革的内在动力机制。

改革开放成功还在于有利的客观条件。一是人口红利。规模巨大且受过相对良好基础教育的劳动力迅速成为支撑中国四十年高速增长的条件。二是经济全球化红利。经济全球化极大地降低了全球贸易与投资成本，推动了垂直产业链分工，劳动密集型产业，由此形成了强大的国际竞争力。三是投资红利。在全球分工的低端先是代工而后是模仿。那么低水平分工何以支持我国改革开放的高增长，在成为高收入经济体时为何会出现长期增长率下降的转型？改革开放融入经济全球化，奇迹般地创造了中国的经济繁荣，中国奇迹般地成长为全球经济繁荣的重要推动力量。经济全球化造就了全球历史上最长的经济繁荣，也引发了全球经济大危机和大调整。中国加入 WTO 以后的最初十年，骤然扩大的国际市场，使中国的劳动密集型制造业获得了突发性比较优势和规模优势，形成了史上最快的全要素生产率增长。其中，“干中学”与知识的外溢发挥了重要作用。全要素生产率的提高是知识的产物，是学习的结果，企业通过投资学会了如何更有效率地生产，生产或投资的经验积累有助于生产率的提高，生产率的提高又引导一个企业乃至一个国家投资于更多的领域，这就是“干中学”。一个有经验的生产者将学习到的知识外溢传给另一个生产者，从而提高其他人的生产率。加入 WTO 不只是骤然间扩大了劳动密集型产业的比较优势和规模优势，更加激烈的全球市场竞争，使所有卷入全球化大潮的企业都面临竞争生存的考验，也获得了在分工产业链协同创新的利益。由此形成了高投资带动分工与模仿型高增长的投资红利。

人口红利与改革开放奇迹。从面朝黄土背朝天的农耕文明，走向现代工业文明，全社会生产率因此得到了极大的提高。1978 年，中国非农业部门的平均劳动生产率是农业部门的五六倍，工业化、城市化对中国经济的最直观的影响就是，从农业向工业，从农村向城市转移一个劳动力的生产效率会提高五倍。当这个数字与五亿农民进城的世间奇迹挂起钩来，任何人都会清楚人口红利在中国经济持续高速增长中发挥了何种难以比拟的推动作用。过去四十年，尽管全社会各群体的收入水平都在增长，收入分配差距经历了先下降后加速持续扩大过程，但显著的收入分配不公问题已经不可回避。如今人口红利的减弱诱发了劳动力成本的快速持续上升。

走向新常态创新增长，核心是处理好政府与市场的关系，明晰企业与政府行为的合理边界。2008 年以来，推动高速增长的三大红利逐渐消退，我们从人口老龄化、全球贸易保护主义抬头中感受到了人口红利、全球化红利的消退，从高储蓄率与高投资率不再拉动高增长率中感受到投资红利的消失。我国经济社会发展由此进入了一个全新的发展时期。我国从传统的数量型高速增长转向创新型中速增长。从历史上看，市场经济机制在发达国家经历了漫长的演化过程，以至于在标准的现代经济学教科书中，有关市场机制的内容一般被作为既定的事实来处理，很少有关于市场经济机制发生、发展与演化完善的分析。即使在制度经济学有了极大发展的今天，人们对于市场经济机制发展过程的理解仍然很有限。合理的政府行为不是取代市场机制的作用，而是以法治化为基础，规范市场行为，推动和促进市场机制发育成熟。中国特色社会主义市场经济要加快成为发达规范的市场经济。

习近平总书记指出，“新常态下，我国经济发展表现出速度变化、结构优化、动力转换三大特点，增长速度要从高速转向中高速，发展方式要从规模速度型转向质量效率型，经济结构调整要从增量扩能为主转向调整存量、做优增量并举，发展动力要从主要依靠资源和低成本劳动力等要素投入转向创新驱动。”这些变化是中国经济向形态更高级、分工更优化、结构更合理的阶段演进的必经过程。实现这样广泛而深刻的变化并不容易，对我们是一个新的巨大挑战。实践证明，从数量型、规模速度型转向质量效率型，从要素投入转向创新增长的转变，确实面临巨大的挑战。新一轮供给侧结构性改革需要有新的示范，需要总结转型成功的案例。

深圳创新转型表明有为政府与有活力市场经济可以并存

深圳博物馆前广场矗立着一尊震撼人心的雕塑，一个健硕的铁人奋力用双臂撑开束缚他伟岸身躯的门框。这是深圳经济特区闯出一条路，办好特区的真实写照。深圳经济特区就是要打破传统的计划经济体制束缚，走改革开放之路，每前进一步，都得蹚过一片旧体制的“雷区”，每确立一个新的理念都要冲破传统观念的“禁地”。深圳是经典的创新转型案例，从国际分工的最低端起步，跨过层层台阶，实现了快速转型，走在世界创新的前沿。从农业到最低端的来料加工装配，到山寨模仿，到创新制造，创造了举世瞩目的深圳速度。深圳也经历了经济增速换挡减速的过程，实现了多轮转型升级，成长为位居世界前列的创新中心。

深圳经济快速转向创新驱动与制度性创新激励机制的关系。1980—2017年，深圳 GDP 年均增长速度约 20%，与全国年均增长率的差距在不断缩小，1980—1985 年比全国平均增速高近 40 个百分点；1990—1995 年高 20 个百分点；2010 年以来高 2 个百分点，目前是高 1 个百分点。深圳经济重要的转型都发生在经济减速时期，在结构调整和产业升级中开创一个新的繁荣期，走出了一条由低向高、渐进快速的产业转型升级之路。

经济特区在兴办最初几年因计划价格和市场价的差异出现了套利型超高速增长。1985 年全国深化价格改革，套利时代结束，深圳出现了直落 50 个百分点的经济大滑坡，拉开了深圳经济特区第二个发展阶段的帷幕。当年深圳生产力水平低，基础设施落后，深圳只能从做丑小鸭起步，在以外商投资为主、生产以加工装配为主、产品以出口为主的策略下，低端加工贸易成为代表性产业，凭借廉价土地和劳动力资源，深圳得以重回高速增长时代，也因此有“血汗工厂”的名声。此时的深圳也真正开始了全面突破传统计划经济体制改革，全面市场化改革的时代。深圳率先创设了证券市场，引领了利率信贷改革、土地拍卖制度改革，采取多元化投资方式进行港口、机场、高速公路等城市基础设施建设，等等。

1995 年深圳进入第三个发展阶段。此时的深圳经济特区已经没有特殊政策支持，企业开始大规模出走，加工贸易企业快速迁移至生产要素成本更低的东莞，引发了新一轮经济衰退。深圳开始了从加工贸易转向模仿性创新时代，因此被称为“山寨工厂”，Copycat 在世界上也很知名。但是，深圳众多的知名品牌产生于那个黄金年代。2003 年深圳出现又一轮经济衰退，尽管衰退程度不深，持续时间不长，却引起了深圳政府和企业的高度关注和重视，在“深圳，你被谁抛弃”的拷问中，新一轮转型加速推动，开始了以分工产业链方式进行“高端制造+品牌+研究开发”的过程，向以研究开发为基础的制造基地升级。回头看，山寨现象是干中学的重要阶段，是发展中国家获得知识溢出的重要途径。倘若没有山寨式生产，今天的深圳有可能还停留在分散化的工艺与工序加工的中低端“三来一补”的加工贸易阶段。

2010年前后深圳进入第四个发展阶段。在经济增速下降的同时，从深圳制造开始转向深圳创造，深圳的科技和产业创新能力空前提升。公共研究开发平台、公共信息平台、公共创新服务平台等有效公共产品供给快速增长，与日益强大的企业创新能力相结合，深圳开始走向全球创新的前沿，Copycat成长为著名的创新城市。基础科学与产业创新结合越来越紧密，新技术、新产业、新思想、新创意取代物质资本投入开始成为经济增长的主要源泉。

深圳是全国各地最重视最尊重市场的城市。深圳如何在四十年时间里，从全国经济发展的洼地快速成长为经济发展的高地，跻身于世界名城之列，成为全球五千余个经济特区中最为耀眼的那颗明珠，其中的原因很多。社会学家说，这是一座典型的移民城市。文化学者称，这是特有的岭南文化与中原文明在改革开放的年代下与世界文明的融合。政治学者说，因为深圳位于东南一隅向来缺乏强有力的行政管理传统，如此等等。

在深圳用湿地效应描述政府与市场、企业的关系是生动的、贴切的。政府的重要作用不是替代市场，不是指挥企业，而是创造一个良好的、法治化的、规范透明的市场环境，由企业依据市场规则去做决策，按照市场出清的条件去配置资源。企业在市场中学习，在竞争中成长。市场是块湿地，政府的责任是保护湿地。深圳是座美丽的海滨城市，市民最喜爱的美景应该是位于市中心的红树林湿地公园。红树林湿地对生存发展条件要求很严苛，水分中的含盐量高了或是低了都无法生存。红树林会因人类经济活动产生的自然条件变化而消失，规模城市建设，使钢筋混凝土覆盖了城市大地，无论暴雨台风还是梅雨纷纷，降水都不再能渗入地下静静地补给湿地，而是经过地下管网呼啸而出；大量人口聚集，也会造成湿地因接纳了含磷、氮的城市污水引起湿地消失。在科学家的眼中，湿地的价值在于，湿地的生物和化学过程可使有毒物质降解和转化，因而是城市的吐故纳新的肾；湿地是保持生物多样性的圣地，依赖湿地生存、繁衍的野生动植物极为丰富，是重要的遗传基因库；湿地是蓄水防洪的天然海绵，是防止海啸冲击的天然屏障。对于市民而言，因为红树林湿地，深圳成为鸟的城市，每年有几十万只候鸟从世界各地来此休息中转，在红树林里觅食、歇息。在清晨或傍晚的万道霞光里，各种鸟类千姿百态地嬉戏、上下翻飞地觅食饱餐。在河流与海洋拥抱的地方，一丛丛一簇簇地聚集在一起的红树，互相搀扶，互相依偎，互相牵扯，互相簇拥着，远望如一座绿色的堤防，近观却是婀娜多姿摇曳起舞，车水马龙于身后，鸟飞鱼跃于眼前，当然会使市民流连忘返。红树林湿地内虫草生鱼虾，红树鱼虾引飞鸟，无数条生态链物竞天择地繁衍生息，不断延续，并不需要人为地安排。政府与市场关系就如同人类活动与湿地的关系，能够有足够的不含磷与氮的清洁水源不间断地流入湿地，一定比人类踏入湿地去安排虫草飞鸟之间的多样性生物链的做法更好。

深圳最突出的特质是荡漾在这座城市每个角落的企业家精神。创业与创新就是要从无到有地创造出一个新产品，创造出一家新企业。优秀企业成长是永不言胜的过程，只有不断创新才可能在市场竞争中生存。100 名创新企业家带动 100 名创新企业家，这种带动乘数不断放大是市场机制不断深化的过程。企业之间的竞争并不是优秀企业孤独求败的过程；相反，众多专业化创新企业在产业集群内竞争就构成了产业链协同分工效应。众多企业在多领域、多层次、多环节协同创新构成了资源重组和有效再配置，就会促进一轮又一轮新兴产业崛起和城市与国家创业持续升级。2007 年中国在国际知识产权组织（WIPO）申请的 PCT 国际专利排名第七，2017 年已经上升到第二名。按照 WIPO 数据预计，未来三年中国有可能超过美国成为世界第一。2004—2017 年深圳国际专利申请数量从 331 件开始，快速成长到两万件以上，超过了德国、韩国，已经约为法、英、瑞、荷的合计。2016 年国际专利申请量排行榜上，三家深圳公司国际专利申请量合计分别超过了美国前五家和日本前七家著名跨国公司的国际专利申请量。深圳以分工为核心的创新体系，展现了强大的协同创新能力，以华为为代表的十家大型创新企业占了深圳国际专利申请的约 50%，专业化的中小型创新企业的国际专利申请占了另外 50%。目前，深圳高新技术企业约 8000 家，超过 3 万家科技型创新企业，占广东省科技型企业总数的 60%。从 20 世纪 80 年代诞生的华为、中兴，到“90 后”腾讯、比亚迪、大族激光，再到“00 后”大疆、华大基因，以及“10 后”新一代的创新企业，不同时期各具特色，形成了连续不断的创新发展的浪潮。

改革开放四十年，深圳坚定不移地在市场化、法治化和国际化的道路上进行探索，形成了以市场为主导、企业为主体、法律为基础和政府为保障的相对完善的社会主义市场经济体系。政府作为市场经济的保障，核心是政府退出所有对市场机制的不当干预，切实转变政府职能，大幅减少政府对资源的直接配置，凡是市场能自主调节的就让市场来调节，凡是企业能干的就让企业干。政府建立公平、公正、公开的市场机制，为市场机制的良好运行提供保障作用。

致力于建立鼓励企业创新，不断完善科学创新与产业技术创新有机结合的城市创新体系。二十年前，深圳创建了四个 90% 的创新体系，包括 90% 的研究开发机构、90% 的研究开发人员、90% 的研究开发支出、90% 的研究开发成果来自企业。过去二十年，深圳沿着这个思路不断完善提升，建立更多的公共研究开发平台，实施更严格的知识产权保护，推动企业与世界著名大学、研究机构建立长期的研究开发合作关系，这是 2004 年以来深圳国际专利申请爆炸性增长、2015 年以来进入世界级国际创新中心城市前列的重要制度性因素。

推动市场主导的企业创新。众多的科学发现何以在深圳转化为一代又一代的高新产业技术？关键在于，合理的政府行为对市场化创新活动的长期性的制度影响。科学研究成果的产业化发端于合理市场定价的“惊险一跃”。知识就是力量，个人知识产权的收益高会激励更多的知识发现。企业要降低创新成本和风险，希望支付更低知识产权费用。瓦尔拉斯“拍卖式”的市场均衡无法解决知识产品定价问题。事实证明，政府无法给高风险和高不确定性的创新活动定价，这是专业化创业投资产业集群的使命。合理的政府行为是能够创造出具有世界竞争力的创业投资体系。深圳政府积二十年之力建立完善的创业投资和股权投资体系，形成了可实施有威慑力的知识产权保护制度，充分发挥市场在资源配置中的决定性作用。

法治是创新所依赖的最重要的公共产品。市场经济的本质是有合约体系，合法签订合同，合同能够有效执行，市场经济才可以运行。没有了合约与合约的可执行、可公平执行就不可能产生广泛而深刻的创新活动。假如一个企业通过创造取得知识产权，另外一个企业抄袭模仿而不受到惩罚，就不会有企业愿意创新。合约能够履行要以法治而不是政府行政管制作为基础。政府要致力于消除行政垄断的行为是对创新的最大的支持。有问题找市场是法治，有问题找市长就会引发政府的不当干预。

深圳面临的挑战是政府支持非共识的创新的依据是什么？共识一定不是创新，人类历史所有重大科学发现和产业技术创新大都经历了从被怀疑到共识的过程。牛顿说过，如果说我比别人看得更远些，那是因为我站在巨人的肩膀上。创新一定不是所谓灵光一闪的神话，一定要符合科学发现的一般规律。政府不能确定谁能创新成功，更不能指定谁是创新者，但可以引导创新者和企业认知产业技术创新的科学基础，遵循创新的科学规范，把握相关领域的创新进展，以及了解前人曾经进行过的创新探索，无论成功还是失败，明确未来可行的研究技术路线。在市场竞争条件下，合理的政府行为是明确支持科学研究和产业创新，以及对创新团队进行既有成果和有效组织等多方面的创新能力评估。确定方向和评估创新能力与指定优胜者之间最大的差别在于，创新是基于市场竞争和有效激励的市场主体行为，是发挥市场在资源配置中的决定性作用，让市场最终确定谁是优胜者，只有这样才有可能更好地发挥政府作用。自 2006 年以来，深圳持续耐心细致地探索营造鼓励创新的环境，制定合理有效的支持创新的政策和规则，构建了一个科学家与创新企业家双向依赖的评估体系。

01

第一章

这是怎样一座城：

3+3 个关键词

要了解深圳这个神奇的城市，用摩天大厦、生机勃勃、奋发向上这些词语都无法概括其真正特点。如果我们加以浓缩和提炼，可以提取“速度”“创新”“绿色”三个关键词。而作为这个城市的灵魂，深圳人这个群体，可以用“聚集”“年轻”“奋斗”作为关键词。

“这不是美国硅谷，而是中国南部的深圳。而这里或许是世界上最明亮、最精彩的创新性企业港。”作为全球创新的中心，美国现在开始越来越多地关注东半球的深圳作为一个新兴创新体的崛起。日前，《华尔街日报》发表长篇通讯《中国小企业攀上产业阶梯》（*China's Small Factories Move Up the Ladder*），全景式地描述了深圳火热的创新创业景象。

第一节　深圳速度

2018 年是改革开放四十周年。四十年前，毗邻香港的深圳仅仅是一个 30 万人口的小县城。可历经四十年，作为中国第一个经济特区的深圳创造了世界历史上城市化的奇迹，摇身一变成为国际化大都市。深圳 GDP 总量在 2017 年已经与香港、广州并驾齐驱；虽然人均 GDP 与香港仍有一定的差距，但从深圳的发展活力来看，差距将会不断地缩小，曾经的“社会主义的小草”已经长成粗壮的大树。

深圳勇于改革，取得了巨大成就。但就经济竞争力来说，到底达到怎样的一个水平？我们从经济水平和经济结构两个方面对深圳发展的速度进行分析。

经济水平

这一部分我们考查两个具有代表性的指标：地区生产总值和人均地区生产总值。我们把 2008—2017 年每季度末的中国银行折算汇率取平均值，求得每年平均汇率，把香港的计价单位统一为人民币。所得数据将会有较小误差，但并不会影响分析结果。

1. 地区生产总值

地区生产总值是衡量地区经济发展水平的核心指标，衡量的是一个地区所有单位在一段时间内生产的全部最终产品和服务价值的总和。为了考察深圳近期的发展情况，我们从统计年鉴中收集处理数据，得到表 1-1。

表 1-1　2008—2017 年中国五大城市生产总值

单位：亿元

城市	年份									
	2008	2009	2010	2011	2012	2013	2014	2015	2016	2017
深圳	7787	8290	9773	11516	12971	14573	16002	17503	19493	22438
北京	11392	12419	14442	16628	18350	20330	21944	23659	25669	28000
上海	14070	15046	17433	19196	20182	21818	23568	25643	28179	30134
广州	8287	9138	10748	12423	13551	15497	16707	18100	19547	21503
香港	14842	14293	15119	15959	16582	17021	17899	19427	21448	22884

我们以 2008 年深圳地区生产总值为基数，中国五大城市各年生产总值除以该基数，得到表 1-2 更直观的数据。

表 1-2　2008—2017 年中国五大城市生产总值比值（以 2008 年深圳 GDP 为基数）

城市	年份									
	2008	2009	2010	2011	2012	2013	2014	2015	2016	2017
深圳	1.00	1.06	1.26	1.48	1.67	1.87	2.05	2.25	2.50	2.88
北京	1.46	1.59	1.85	2.14	2.36	2.61	2.82	3.04	3.30	3.60

续表

城市	年份									
	2008	2009	2010	2011	2012	2013	2014	2015	2016	2017
上海	1.81	1.93	2.24	2.47	2.59	2.80	3.03	3.29	3.62	3.87
广州	1.06	1.17	1.38	1.60	1.74	1.99	2.15	2.32	2.51	2.76
香港	1.91	1.84	1.94	2.05	2.13	2.19	2.30	2.49	2.75	

分析表 1-1、表 1-2 数据我们可以得到以下结论：

（1）从目前经济总量来看，上海排名第一，北京排名第二，香港排名第三，深圳排名第四，广州排名第五。

（2）从绝对增长速度来看，北京绝对增长速度排名第一（2.14），上海排名第二（2.06），深圳排名第三（1.88），广州排名第四（1.7），香港排名第五（0.81）。

（3）从相对增长速度来看，深圳第一，广州其次，随后是北京和香港，最后为上海。

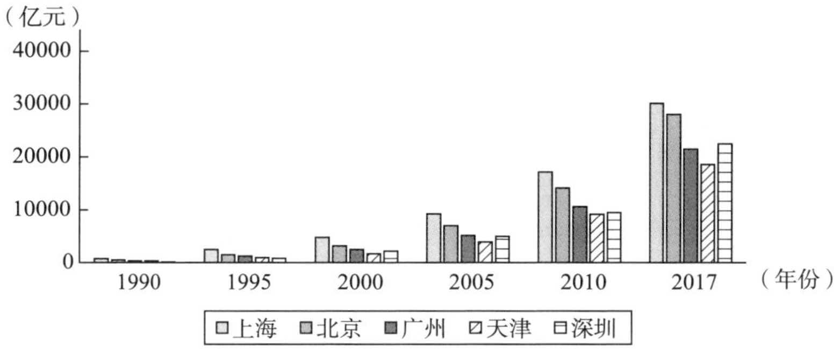

图 1-1 1990—2017 年中国五大主要城市 GDP 对比

由图 1-1 可知，1990—2017 年深圳 GDP 保持快速增长，2017 年 GDP 总量位居全国第三，仅次于北京和上海。

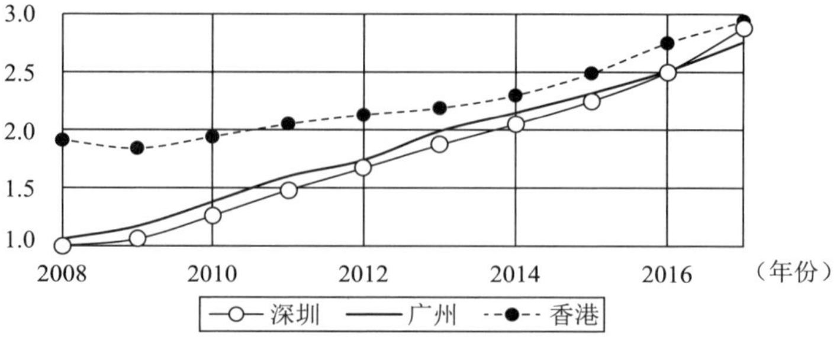

图 1-2　2008—2016 年粤港澳大湾区三大城市经济增长对比

在 2008—2016 年粤港澳大湾区主要城市经济增长对比中（见图 1-2），深圳占有相对优势。但我们不应该过分依赖经济总量和绝对增长速度等数据，因为深圳的人口数量和土地面积处于劣势。深圳的总面积仅 1997.47 平方公里，连北京的 1/8 都不到，因此，我们用绝对数额去描述深圳的经济增长是不准确的。除了区域面积，人口方面也存在同样的问题，我们可以从下面的人均地区生产总值一看究竟。

2. 人均地区生产总值

人均地区生产总值客观体现了一个地区当前的经济发展水平。我们收集计算了 2008—2017 年中国五大城市的人均地区生产总值的数据，处理数据的方法同上，以 2008 年为基数，得到表 1-3 数据。

表 1-3　2008—2017 年中国五大城市人均地区生产总值

单位：元

城市	年份									
	2008	2009	2010	2011	2012	2013	2014	2015	2016	2017
深圳	83431	85060	96184	110520	123451	137632	149495	157985	167411	183127
北京	66098	68406	75573	83547	89778	97178	102869	109603	118198	128925
上海	67912	70264	77259	84014	86946	92826	99408	105944	116562	124606
广州	75792	79172	86285	96646	105910	119695	128478	136187	142394	150678
香港	217184	209643	219253	225678	231908	237097	247586	266445	292336	309515

表 1-4　2008—2017 年中国五大城市人均地区生产总值指数（以 2008 年深圳为基数）

城市	年份									
	2008	2009	2010	2011	2012	2013	2014	2015	2016	2017
深圳	1. 00	1. 02	1. 15	1. 32	1. 48	1. 65	1. 79	1. 89	2. 01	2. 19
北京	0. 79	0. 82	0. 91	1. 00	1. 08	1. 16	1. 23	1. 31	1. 42	1. 55
上海	0. 81	0. 84	0. 93	1. 01	1. 04	1. 11	1. 19	1. 27	1. 40	1. 49
广州	0. 91	0. 95	1. 03	1. 16	1. 27	1. 43	1. 54	1. 63	1. 71	1. 81
香港	2. 60	2. 51	2. 63	2. 70	2. 78	2. 84	2. 97	3. 19	3. 50	3. 71

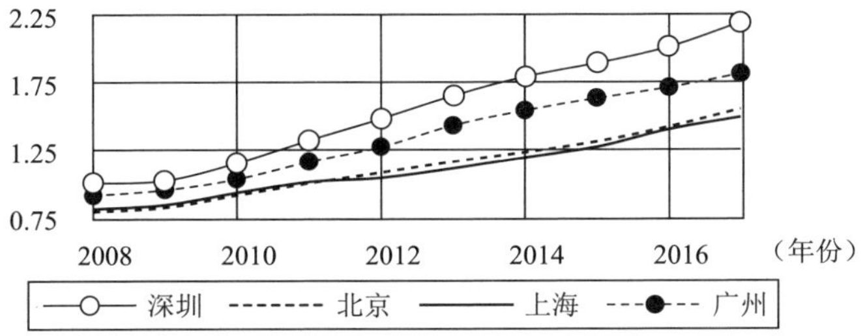

图 1-3　2008—2016 年中国四大一线城市人均 GDP 对比

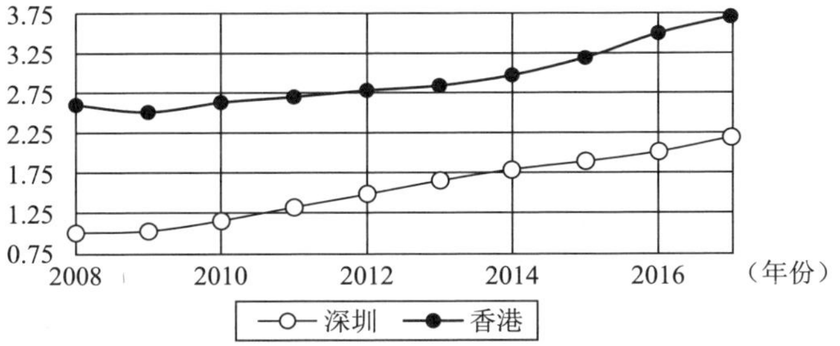

图 1-4　2008—2016 年香港和深圳人均 GDP 对比

分析表 1-3、表 1-4 及图 1-3、图 1-4 数据，我们可以得到以下结论：

（1）从人均地区生产总值来看，2017 年香港排名第一，远远超过排名第二的深圳，广州排名第三，北京排名第四，上海排名第五。

（2）从人均地区生产总值增幅来看，深圳排名第一，香港紧随其后排名第二，广州排名第三，北京排名第四，上海排名第五。

（3）从相对增长速度来看，深圳是唯一一个实现 2017 年人均 GDP 超过

2008 年 2 倍的城市，而香港的相对增速明显慢于其余四个城市。

（4）十年间，深圳与香港的差距变化较小，但与其他三地区开始拉开差距，这说明深圳目前的经济发展水平比较高。

如果我们放眼国际，把深圳与日本的东京进行比较，我们可以看到在 GDP 总量上，深圳与东京的差距仍然不小。但如果用 2010—2014 年的数据进行比较，我们看到深圳 GDP 的增长率是东京 GDP 增长率的近 20 倍。这一方面证明了深圳发展之迅速，另一方面也在侧面证明了深圳在发展阶段上还处于爬坡阶段，距离成长为真正的国际大都市还有很长一段路要走。

经济结构

这一部分我们引入“区位熵”的概念，可以通过深圳的产业熵数据，判断深圳在某产业上的优劣势。一般来说，其值大于 1 证明其在此产业上有优势，其值小于 1 则占劣势。我们通过 1980—2010 年的数值得到图 1-5。

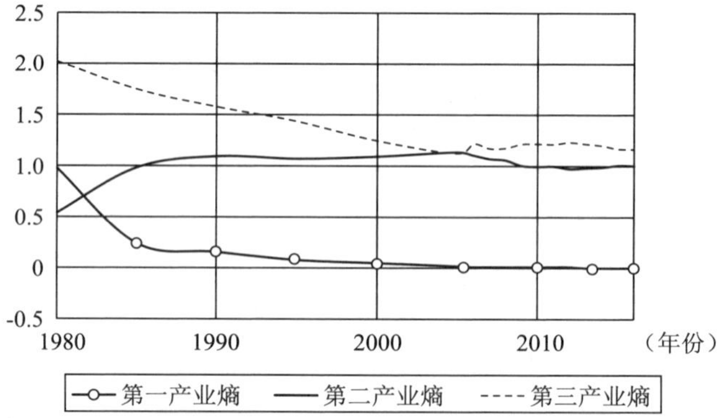

图 1-5　1980—2010 年深圳的产业熵数值

我们看到，深圳的第一产业在改革开放后是快速走低的，在最近十年基本为 0。第二产业在开始时低于全国水平，但随即达到优势水平。而第三产业虽然在整体上呈下降趋势，但其一直在全国保持较高水平，近年其占比不断提高。

综合来看，深圳的产业发展体现了深圳制造业与服务业并重的特点，且在整个发展过程中，深圳不断调整结构：在发展初期，服务业多为饭店、理发店这种基本的服务型产业，其占比不断走低；在创新阶段，深圳金融服务业不断发展壮大。与此同时，深圳高端制造业继续保持优势，正是这个优势，让深圳的发展始终具备“实心”，稳定高效。

第二节　创新深圳

科技研发

我们都知道深圳的科技研发水平很高，那么究竟高到什么程度呢？深圳每万人发明专利拥有量居全国首位，是《自然》杂志评选出的“中国科研实力十强城市”之一。时至 2017 年，深圳社会研发投入占全市 GDP 比重达 4.05%；世界知识产权组织发布的《2017 全球创新指数报告》公布的全球创新活动群落 TOP100 中，深圳—香港地区超越硅谷所在的旧金山湾区，在全球创新集群中排名第二，仅次于东京湾区；深圳 PCT 国际专利申请量突破 2 万件，占全国 4 成以上，连续 14 年位居全国大中城市第 1①。

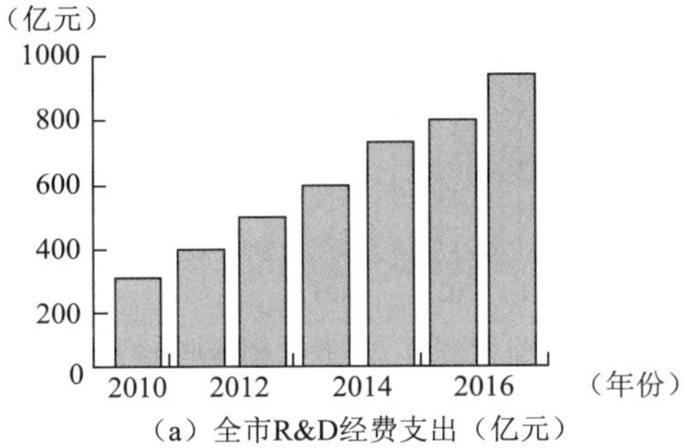

（a）全市R&D经费支出（亿元）

① 深圳何以成为世界“硅洲”（创新之城）[N]. 人民日报海外版，2017-06-01（11）.

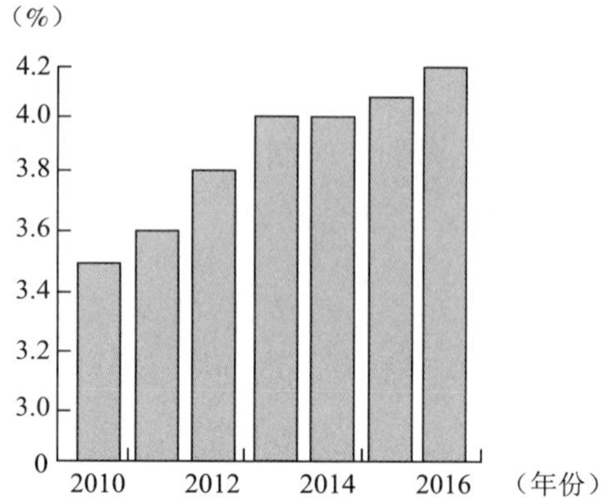

（b）全市R&D经费支出占GDP比重

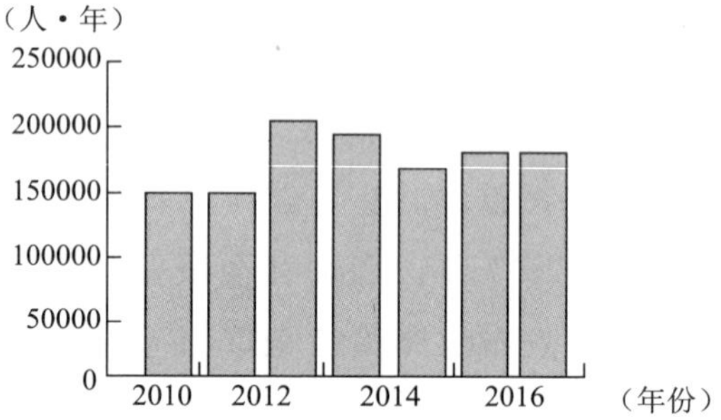

（c）R&D人员折合全时当量

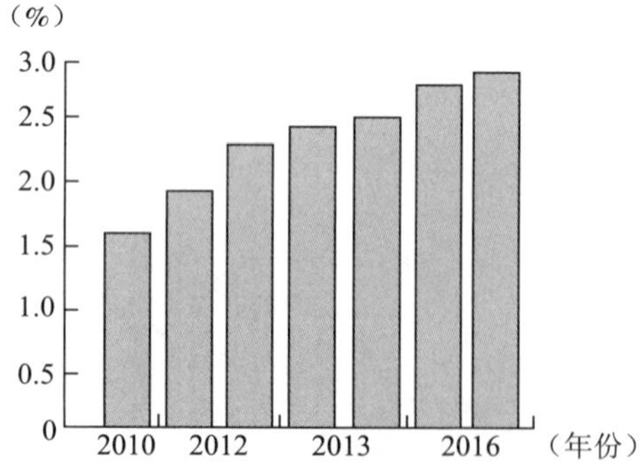

（d）规模以上工业企业R&D经费支出
占主营业务收入的比重

图 1-6　深圳市研发经费支出

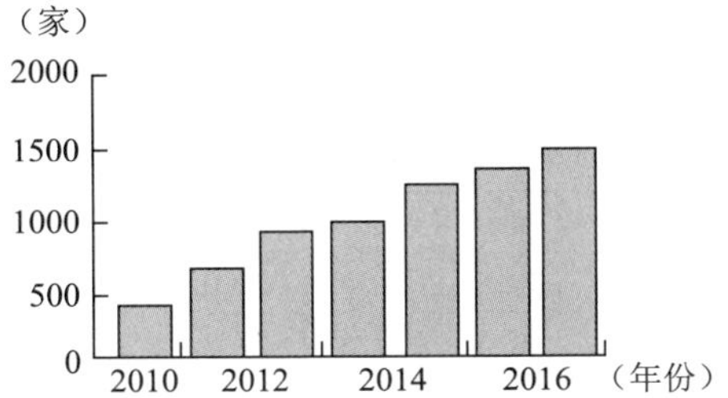

（a）创新载体总数

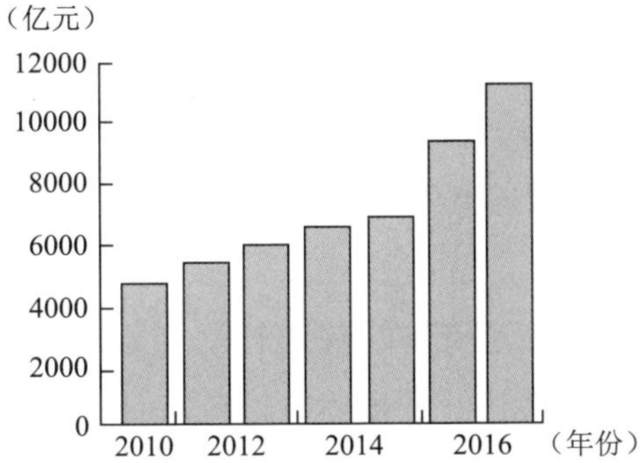

（b）新产品产值

图 1-7　2010—2016 年深圳市创新载体和新产品产值①

从图 1-6、图 1-7 中我们可以看出，在有关创新的各项指标上，深圳都保持着整体上升的趋势。2017 年深圳国家级高科技企业有 1. 12 万家，还有近 19 万家不同类型和规模的科技企业。全年高科技企业产业增加值 7359 亿元，占 GDP 的 32%。②

固定资产投资占比

我们可以从另一个角度探讨深圳的创新能力问题，即固定资产投资占地区生产总值比重。根据《中国城市竞争力研究》，这一指标衡量的是一个地区的资金实力，直接决定了地区的发展潜力。但是固定资产投资占地区生产总值比重过高，意味着一个城市 GDP 对投资的依赖程度较高，缺乏其他经济增长的动力，经济结构不合理。

---

① 数据来自各年度的《深圳统计年鉴》。

② 张思平在“科技与创新 2018——全球智能化商业峰会”上的主旨演讲。

表 1-5　2008—2016 年中国四大一线城市固定资产投资额占地区生产总值比重（%）

城市	年份								
	2008	2009	2010	2011	2012	2013	2014	2015	2016
北京	33.8	39.1	38.0	35.5	35.2	34.6	34.5	33.8	33.0
上海	34.3	35.0	30.5	26.4	26.0	25.9	25.5	24.8	24.0
广州	25.4	29.1	30.4	27.5	27.7	28.7	29.3	29.9	29.2
深圳	18.8	20.8	20.3	17.9	16.9	16.6	17.0	18.8	20.9

如表 1-5 所示，2008—2016 年四个城市中，北京的固定资产投资占比最高，然后依次为广州、上海、深圳。上海在 2008 年时这一数值最高，而经过 9 年的调整，已经下降到接近世界平均水平。北京一直居高不下，广州呈一个上升的趋势。

从世界银行发布的全球经济体的数据来看，固定资产投资占 GDP 比重保持在 23%左右，而美国、英国、法国等发达国家的固定资产投资占 GDP 的比重均低于 20%。由此可见，固定资产投资额占地区生产总值不宜过高。深圳的固定资产投资比例大部分在 20%以下。由此可见，深圳的经济结构是比较合理的，这说明深圳能创造新价值的方式多，经济富有活力。

创新城市标签

1. “设计之都”

2008 年，深圳被联合国教科文组织全球创意城市网络认定为“设计之都”。联合国教科文组织认为，深圳在设计产业方面拥有巩固的地位，其鲜活的平面设计和工业设计部门，快速发展的数字内容和在线互动设计，以及采用先进的技术和环保方案的包装设计，均享有特别的声誉。①

说起深圳的工业设计，那么大家可能会更直接地想到华为、大疆这些著名的大企业。其实深圳的设计不止于此，举例来说，深圳的高端女装行业十分出众。如果到中国各大城市的大商场走一走，就能发现一个现象：像玛丝菲尔这样的深圳高端女装，是与国际大牌同在一个楼层售卖的。深圳市服装

① “深圳设计”的嘉年华让城市更有活力［N］. 深圳特区报，2018-10-26（A12）.

行业协会2005年抽样调查结果显示，75%以上的深圳服装企业将销售额的5%~15%作为研发经费，而69.2%的研发经费用于新产品的开发。来自深圳市服装协会的统计数字表明，以女装品牌设计制造为产业聚集优势的深圳服装业，国内市场营销份额已达到60%以上①。曾经靠“山寨”出名的深圳，已经成为国内女装的品牌之都。

2. “创客之城”

全球知名的财经杂志《美国商业周刊（中文版）》曾这样称赞深圳：“深圳是中国最具硅谷气质的城市。”这种气质就是创新的朝气、创业的勇气。我们按常住人口计算，发现深圳每千人拥有商事主体220户、拥有企业123户，创业密度居全国首位。② 为促进创客发展，深圳市在2015年出台了《深圳市关于促进创客发展的若干措施（试行）》，设立了创客专项资金，每年投入5亿元，用于创客空间建设、创客人才培育、创客公共服务建设、创客创新与创业等，着力降低创新创业的门槛，吸引全球创客汇集深圳。为了创客的健康成长，深圳并没有选择直接扶植某些企业，而是构建了一个适合创客发展的环境，一方面，让创客经历市场的磨砺快速成长；另一方面，包容创客的失败，让创客们能创新、敢创新。

深圳不仅具有完善的科技创新体制机制，更有丰富、递进式的创新层次，从知名的大企业的华为、大疆，到中小企业，再到个人，只要有能力做出符合市场需求、符合创新要求的产品，谁都能参与到产业链中。这种产业链的分散大大降低了创客进入市场的门槛，也给创客未来发展壮大的空间。于是我们看到了无数创客怀揣着自己的技术和想法，在深圳开始自己的创业生涯。

3. “阅读之都”

1996年11月，在深圳书城（现罗湖书城）举办的全国书市，受到了深圳市民空前的欢迎。③ 书市首日，前来书城参观购书的市民达到10万人之众。

---

① 女装市场分析［EB/OL］. https：//wenku. baidu. com/view/650d9246b207e87101f69e3143323968011cf47e.

② 深圳科技创新委员会. 2016年全国大众创业万众创新活动周深圳主会场及第二届深圳国际创客周新闻发布会［EB/OL］.［2016-09-30］. http：//www. S2. gov. cn.

③ 深圳，一座“爱阅”之城［J］. 出版人，2018（7）：28-29.

在为期十天的书市里，书城实现了 2177 万元的销售额，并一举创造了购书量最多、订货量最大等多项纪录。这是一个令人振奋的现象，让我们看到深圳除了物质条件的改善，更有对精神层面的追求。

即使在各种娱乐项目发达的现在，深圳人仍然十分重视阅读。2000 年深圳首创“读书月”以来，这个活动已经连续举办了 17 个年头，参与人数从首届的 170 多万人次上升至逾千万人次。在第三届深圳“读书月”的开幕式上，作家莫言感慨道：“深圳作为一个经济意味相当浓郁的现代城市，每年专门辟出一个月的时间在社会上倡导全民读书的观念实在难得。”深圳向世界展示了这个地方崇尚知识和理想，只要有真才实学，能踏实努力的人，一定会被这个城市尊重和接纳。

第三节　绿色深圳

“绿水青山就是金山银山”。漫步深圳的大街小巷，满眼绿叶，一城花香，处处是风景，一砖一瓦都渗透着盎然绿意。这里既是创业创新和改革开放的热土，也是一片清凉的绿洲。

绿化植被

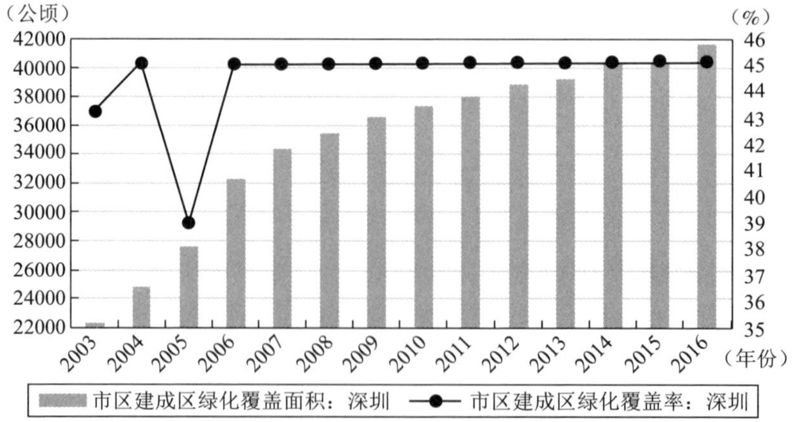

图 1-8　2003—2016 年深圳绿化覆盖面积及绿化覆盖率

由图 1-8 可知，方柱图展示的是深圳市 2003—2016 年的绿化覆盖面积，呈逐年上升趋势，折线展示的是市区绿化覆盖率，近十年呈现出平稳态势，保持在 45%左右。深圳是国家森林城市，根据《深圳特区报》的报道，截至 2017 年 4 月 10 日，深圳的森林覆盖率达 40.92%，人均公共绿地面积达 16.8 平方米。作为对比，上海的森林覆盖率仅为 16.2%①，人均公共绿地面积不足 10 平方米。寸土寸金的深圳已经建设有 17 个森林公园、8 个市级湿地公园、4 个自然保护区、921 个公园，深圳各项资源生态环境指标均位列全国大中城市前列，例如，2017 年全年深圳的空气优良率达到了 94%。这是深圳市在环境保护方面取得的一些直观的成绩。

碳权交易

碳权交易又叫碳排放权交易，顾名思义，就是人们可以买卖二氧化碳的排放权利。深圳市是国家发改委选定的 7 个首批碳交易试点之一，碳交易市场于 2013 年 6 月 18 日运营。我们把碳排放的权利当作一种商品，我们要解决的问题是如何将这种权利分配给厂家从而实现效用最大化。碳排放具有负外部性，过去有的国家对这种具有负外部性的产品征收一定的税，将社会成本转化为私人成本，这就是我们熟知的庇古税。可是，征税却不如给予碳排放权利一定的价格能更好地提升效率。事实也证明了这一点：目前深圳单位 GDP 能耗处于全国最低。本书后面还会继续讨论这个话题。

绿色交通

根据《关于进一步规范排放检验加强机动车环境监督管理工作的通知》的要求，自 2017 年 1 月 1 日起，深圳市不再发放机动车环保检验合格标志。深圳市大力发展公共交通，目前纯电动公交车在深圳马路上随处可见。截至

① 上海今年增 50 余座城市公园［N］. 劳动报，2018-04-29（3）.

2017年末，深圳市纯电动公交车数量已超过1.6万辆，深圳市已经成为全球纯电动公交车保有量最大的城市。根据有关人员计算，如果公交车实现全面电动化，将为深圳市每年的减排做出巨大贡献，至少可减少排放二氧化碳118万吨，减少其他废气排放物960吨。

绿色建筑

深圳市大力推进建筑领域低碳绿色发展。绿色建筑就是在最大限度内节能、节水、节地、节约材料、保护环境和减少污染，并为人们提供舒适健康的居住环境。深圳市充分响应国家号召，结合自身特色，发挥内在优势，改造居住设施，为人们创建宜住宜居的生活环境。据悉，截至目前，全市节能建筑面积已改造完成超过1.5亿平方米，为用户安装太阳能热水设施面积超过2500万平方米，建成（包括在建）太阳能光电装机容量4800万瓦。经过努力，深圳市在2017年荣获住建部首批“国家装配式建筑示范城市”和“公共建筑能效提升重点城市”①。如果这些数据不够直观，我们还可以举一个简单易懂的例子：深圳通过城市空间的设计，让海风可以吹进来，使深圳的平均温度下降了1℃。

编者札记

用三个词概括一个城，这很有挑战性。本书的年轻作者们集思广益，最终提炼了“速度”“创新”“绿色”来表现深圳。也许年轻人更理解年轻的含义，这三个词确实凝练而贴切地反映了这座年轻活跃、积极进取的新城。

“深圳速度”这是邓小平同志当年对深圳的赞扬。没有如此高的发展速度，怎么可能在四十年里，在这个海边凹凸不平的丘陵地上，拔地崛起一座现代化的国际大都市？人们仍然记得当年深圳起家靠的是“三来一补”的加工制造业，先是“前店后厂”，之后又出现了闻名全国的“山寨机”制造销售集中地。然而，凤凰涅槃，深圳最终踏上了科技创新之路，这个无论知名

① 参见深圳市住房与建设局网站，2018-04-03.

大学还是重点研究机构数量都排名落后的地方，现在是大家公认的科技创新城市。“速度”“创新”这两个词更多地涵盖了深圳的经济增长特征。而“绿色”则表明深圳还是一个社会与经济均衡发展的城市，是一个民众生活满意度高的地方。

02

第二章

深圳人的三个特点

第一节 聚集[①]

美国硅谷创投教父保罗·格雷厄姆说过：伟大的城市吸引有抱负的人，而人才又驱动城市的创新发展。

深圳作为一个新生城市，人口的增长一直十分迅速，图2-1展示了1979—2017年深圳的常住人口数变化。

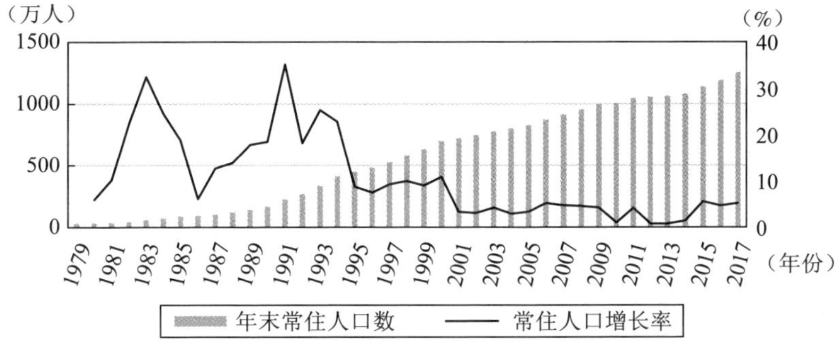

图2-1　1979—2017年深圳常住人口数变化

数据来源：深圳市统计局。

从图2-1中我们可以看到，从2000年开始，深圳常住人口增长率大部分在5%以上。增长最快的1991年甚至达到了35%，这正是深圳处于巨大变

① 本节数据分析参见王世巍《深圳市三十年人口发展回顾与思考》一文。

革中心的表现。而到了21世纪，深圳人口的增长趋于平缓，但是在2010年常住人口突破1000万人，跻身超大城市的行列。近几年，深圳人口数量持续高速增长。我们可以得出结论，深圳的人口集聚不仅是快速的，而且是持续的。

深圳人口的集聚过程大致分为三个阶段。

1. 1979—1991年慢速增长时期

在此时期，深圳市非户籍人口几乎翻倍增长，但是由于其人口基数太小，增速很快，增量却不大，这是深圳的建设初期。

2. 1992—2000年快速增长时期

在这一阶段，非户籍人口的平均增速达到最大水平，常住人口也出现了一倍以上的增长。究其原因有以下三个方面。

一是20世纪90年代初，邓小平同志的“南方谈话”，为当时迷茫的特区人们指明了方向，同时也表明中央对深圳建设的肯定和支持，极大地鼓舞了地方政府改革开放的信心和决心。之前那些对深圳的未来感到不确定的人们，也改变了对深圳的认识，认识到深圳的发展前景，选择来深圳进行发展。二是深圳经过多年的发展，基本上建立了较为健全的市场经济体制，为企业家创业铺平了道路，创造了良好的社会环境。投资者的进入带动了劳动者的大量涌入，深圳人口迅猛增加。三是深圳在注重经济发展的同时，努力提高全民生活、文化水平。深圳市在这三个方面做了积极并且富有成效性的努力，这些不仅极大地提高了人们的生产积极性，解放了生产力，最重要的是，增加了深圳经济特区对于人才的吸引力。

3. 2001年至今增长速度放缓时期

此阶段深圳非户籍人口的平均增长速度相对较低。① 深圳在经历了上一个阶段人口的迅猛增长后，问题随之出现。由于人口的快速增长，带来了土地、

---

① 深圳在这一阶段的非户籍人口增速并不低。全国流动人口增速从2005年到2015年，最高点也只有0.5%，而从2011年以后，增速徘徊在0左右（李铁：当前人口流动的现状与变化趋势［N］.北京日报，2018-01-29）。在农民工减少流动或向中西部、家乡转移，以及城镇化继续发展的情况下，深圳的人口增速可谓异军突起。（编者注）

环境、资源等方面的问题，深圳试行技术迁户和投资迁户政策，提高了户籍迁移人口的整体素质，户籍人口增长计划全面向高素质人口倾斜。强调人口素质的深圳肯定不能保持极高的增长率，就像一个人在长到20多岁时，每年身高的增加肯定和十几岁时无法比拟一样。①

第二节　年轻②

深圳人的平均年龄比这座城市更年轻。

1. 入户比例高，人口来源多，平均年龄低，受教育程度高

表2-1　2011—2014年深圳市户籍人口与非户籍人口比例（%）

年份	2011	2012	2013	2014
年鉴数据	25.0	27.3	40.0	30.0

资料来源：《2015年深圳社会建设统计年鉴》。

从表2-1中我们可以看到，深圳的户籍人口占总量的比例在上升，这与深圳吸引人才的政策是分不开的。

如图2-2所示，如果我们将流动人口按照东、中、西部来分类，我们可以看到深圳的人口来源主要是东部地区与中部地区（东部地区为44.14%，中部地区为40.88%），而西部地区占比仅为16.14%，其他地区占1.83%）。这和我们国家劳动人口分布的总体情况也是比较契合的，我们看到，深圳吸引了来自全国各地的人才。

① 统计数据显示，2016年全国11个城市的人口净增量超过了10万人，其中人口增量最多的五个城市是广州、深圳、重庆、长沙和杭州。2017年深圳的人口增量和增长率仍排名全国第一。在外部引入的人口已经回到了一个良性水平的同时，深圳的自然人口增长率仍排在全国前列，2017年为21.3%，位居全国第四。2017年广东和浙江年度人口净增长分别达170万人和67万人，流入人口大部分为青壮年群体（克而瑞地产研究报告，2018-06-23）。这说明，深圳仍具有年轻化的属性，年轻的生育人口仍处于流入状态。（编者注）

② 深圳市人口结构分析报告［EB/OL］. http：//www.doc88.com/p-2445233542061.html.

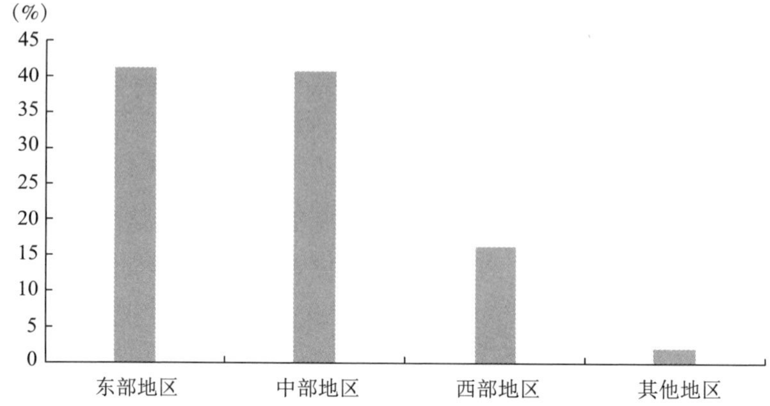

图 2-2　深圳东、中、西部流入人口占外来人口比例

资料来源："织网工程"数据库。

我们都知道深圳是个年轻的城市，那么年轻到什么程度呢？我们看到深圳人的平均年龄是 32. 5 岁，远低于北京的 35. 7 岁和上海的 39. 1 岁。更加难能宝贵的是，在平均年龄小的情况下，深圳人的平均受教育年限却不低。深圳的人均受教育年限还在不断上升，已经达到了大学教育年限（见图 2-3）。

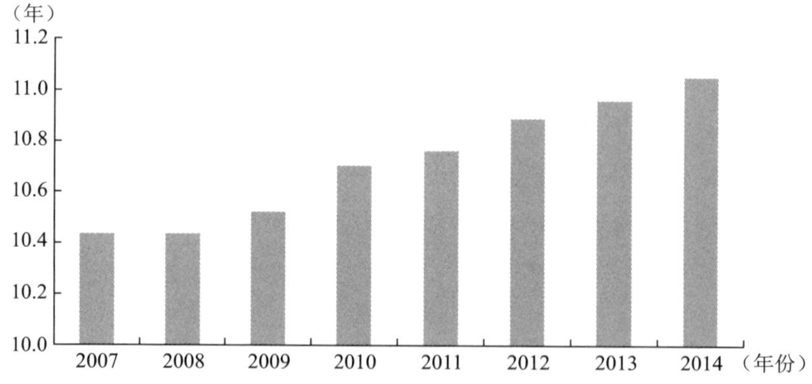

图 2-3　2007—2014 年深圳市人均受教育程度

资料来源：《2015 年深圳社会建设统计年鉴》。

与此同时，我们可以看一下深圳少儿及老人抚养比，如表 2-2 所示。

表 2-2 深圳少儿和老人抚养赡养情况（%）

时间	少儿抚养化	老年抚养化	总抚养化
2014 年末	11. 50	1. 59	13. 09
2015 年末	10. 35	1. 94	12. 29

资料来源：“织网工程”数据库。

我们看到，深圳市人口结构呈纺锤形，少儿及老年抚养比都处于一个稳定且较低的水平，可以看到，深圳是一个健康且充满活力的城市。

2. 人口健康状况

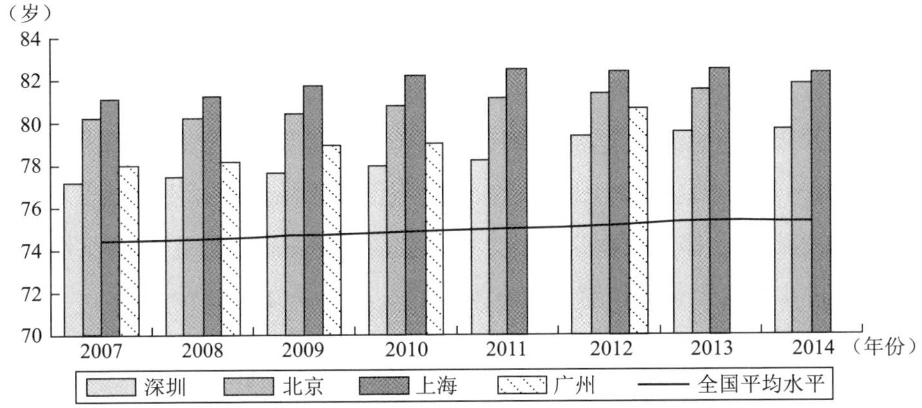

图 2-4 2007—2014 年北上广深人均预期寿命状况

资料来源：各地统计年鉴及中国统计年鉴。

从图 2-4 中我们可以看出，北京、上海、广州和深圳人们的预期寿命都远远超出了全国平均水平，深圳与其他三个一线城市相比仍较低。但是深圳的社保覆盖范围在国内一线城市中首屈一指。

为什么深圳人的预期寿命相对较低呢？我们认为深圳作为一个相对较新的城市，医疗基础比较差。在深圳，平均近 70 万人拥有一家三甲医院，而上海是每 40 万人有一家三甲医院，北京、广州基本是 25 万人有一家三甲医院。分析其原因有三个方面：一是深圳人口年轻，医疗需求相对不那么旺盛；二是深圳作为一个年轻的城市，医疗建设速度跟不上其人口聚集的速度；三是医疗行业与其他行业不同，需要国家扶持，而深圳户籍人口相对少，得到的支持不足，其医疗行业发展较晚。

深圳的社会保障起步很早，自 1983 年就开始策划准备，且不断调整。2008 年，深圳的医保参保人数全国名列前茅。通过在基本的社会保障方面的努力，深圳保证了努力工作的基层劳动者的权利，在某种程度上，这也促进了基层劳动者大幅涌入深圳。

3. 人尽其才的吸引力

深圳日新月异的发展速度，为每一个有才华的人提供了施展才华的舞台，真正做到了人尽其才，这一点对于有真才实学的人有着巨大的吸引力，故而有勇气和实力的人才不断涌入深圳。据 2015 年末数据统计，深圳全市各类专业技术人员 135. 30 万人，比 2014 年增长 5. 6%，其中具有中级技术职称及以上的专业技术人员 41. 50 万人，比 2014 年增长 4. 4%。

除了“来了就是深圳人”，深圳还有一个口号很吸引人，那就是“终身学习”。作为闻名的创新之都，每一个在深圳工作的人都紧跟时代不断学习。作为世界的“阅读之都”，深圳的人均阅读量居世界高位。① 这种能够不断学习、不断进步的氛围，对于有理想有抱负的人具有吸引力。

第三节　奋斗

“来了就是深圳人”这句口号，远比一句“深圳欢迎您”或者“来了就是客”让人感到亲切。就像一首歌唱的一样，“不论你从哪里来，都能听到乡音，异乡和故乡很难分，不论你从哪里来，这座城敞开门，来了就是深圳人……”

深圳作为一个移民城市，原住民很少，很少出现类似北京、上海本地人说本地方言的现象，故而所有人都讲普通话。作为外来人员，一方面可以更容易地产生融入感，而非语言不通带来的隔阂感；另一方面，统一的语言减

---

① 1989 年至今，深圳人均购书量连续位居全国第一；2017 年深圳居民日均读书 87. 48 分钟，成年居民人均纸书阅读量 6. 89 本，电子书阅读量 12. 42 本，均远远高于全国平均水平。截至 2017 年底，深圳全市共有 259 家公共图书馆、249 个城市街区自助图书馆，统一服务平台文献外借量达到 1236. 8 万册次。因为在阅读推广领域所取得的成绩，深圳还被联合国教科文组织授予“全球全民阅读典范城市”的荣誉。

少了交易和交流成本，促进了交易和交流的发展。以下我们从户籍深圳人和深圳人的精神进行探讨。

1. 户籍深圳人

曾经有网友“估算”了一下北上广深四个一线城市户口的“价值”：北京：价值54万元；上海：价值60万元；广州：价值30万元；深圳：价值180万元。那么深圳这180万元具体是怎么算出来的呢？幼儿园阶段2.5万元+小学初中阶段2万元+高中阶段8.5万元+大学阶段5万元+经济适用房160万元+失业救济金2.3万元。众所周知，想在深圳买房比较困难，所以政府提供的人才房、安居房等就弥足珍贵。但是首先的条件就是要有深圳户口，没有深圳户口，无论是安居房还是公租房就都无从谈起。此外，深圳户口的好处还体现在失业补助、免费培训、老人就医、小孩上学等方面。那么这么有用的一个深圳户口，申请的条件是怎样的呢？我们来用积分落户这一最普遍的落户手段横向对比一下长三角的核心城市上海（见表2-3）①。

表2-3　深圳和上海入户条件

	上海	深圳
要求总分	120	100
年龄	持证人年龄在56~60周岁，积5分；年龄每减少1岁，积分增加2分	18~35周岁，加5分；35~40周岁，加1分；40~45周岁，每增长1岁减2分；45周岁以上，每增长1岁减5分
学历	大专50分；本科学历60分；本科学历和学士学位90分；硕士研究生学历学位100分；博士研究生学历学位110分	本科学历80分；硕士研究生学历90分；博士研究生学历100分
社保	累计缴纳社保满7年，另外每满1年积3分	缴纳养老保险满1年积3分；其他社保险种满1年积1分，最高不超过60分
居住	持居住证满7年	持居住证1年可以加1分，总分不超过10分

我们看到，尽管深圳更侧重引进45岁以下、本科学历以上的年轻人才，但在其他方面大大降低了门槛。且不论持有7年居住证这个硬性要求会直接让多少人失去机会，我们假设现在有两个本科毕业的兄弟俩分别在深圳和上海奉献

① “广州积分入户”“深圳积分入户”参见百度百科词条。

了 7 年的青春并渴望申请入户：上海的哥哥只能有 30（年龄上限分）+60（学历）= 90 分，而在深圳的弟弟却能拿到 5（年龄）+80（学历）+28（保险）+7（居住）= 120 分。深圳的弟弟高高兴兴地上了深圳户口，而在上海的大哥却仍需等待或者继续学习，才能争取到一个上海户口指标。在这个比较中，我们已经将时间延长到了一个符合上海要求的长度：北京和上海都要求至少缴纳 7 年的社保，相对宽松的广州也需要缴纳 4 年的社保。但是深圳没有这方面的硬性要求，只要交社保，可能的话，再做些义工（10 分）等，对于一个年轻的本科毕业生来说，可能一两年就可以申请到深圳户口。

深圳通过这种比较宽松的户籍管理制度，让更多的人才对于在深圳落户扎根抱有希望，于是有更多的人口流入深圳。深圳的净流入人口占总人口的比重，最近几年一直在 70% 左右。据统计，深圳的城市移民率在 95% 以上，中国 31 个省区市、56 个民族均在深圳有常住人口，外籍人士超过了 2 万人并仍在增加，临时居住人口超 100 万人。①

在 DS 模型中，我们看到了分工带来的效率上升，而多样的企业除了需要多样的企业家，也需要多种劳动者，无论是高级工、高级产业工人，还是科技人才。而如果一个城市只对产出很高的劳动者有吸引力，就会导致工人种类的缺失，进而导致企业及产品的缺失。换言之，会导致 N（产业多样化程度）的下降。一位创业公司的老板曾这么分享为什么选择深圳：同样的一个产品设计，在深圳投入生产，一个星期就能拿到成品，在美国却需要几个月。这就是深圳拥有制造业的优势体现。深圳通过较宽松的户籍制度，间接地保持了较高的 N 的数量，创造了产业集群，为创新奠定了基础。

2. 深圳人的精神

华为创始人任正非曾这样解释当初为什么选择深圳：1987 年，这里出台的文件明晰了民营企业产权，没有这个文件，就不会选择深圳。如今，任正非表示华为总部不会离开深圳②。富士康创始人郭台铭也表示 30 年来，各级

---

① 韩雨亭．深圳：那些自由的灵魂［N］．经济观察报，2015-05-11（30）．

② 任正非表态：华为总部不会搬离深圳［J］．服务外包，2017（6）：11．

政府部门非常支持和关心富士康的发展①。开放、包容、良好的营商环境，这是他选择深圳的三个重要原因，也让富士康得以持续发展壮大。我们看到，两位优秀企业家说了一个相似的原因：深圳提供了一个公平的、合理的竞争环境，让每一个努力奋斗、敢打敢拼的人得到回报。

华为公司最早的办公地点是在深圳湾畔的两间简易房。但就是这样一个小小的公司，通过找寻市场上的位置，在困境中一步步成长，成为中国乃至世界的科技巨头。富士康也是曾经只能靠租厂房，由台湾提供设备、材料、技术，只做材料加工，挣一点加工费，到后来成为具有国际竞争力的高科技企业。两个成功的企业都具有以下特点：从无到有，由小到大，从满足市场最简单的需求入手，进而在自己熟悉的流程上整合和创新，占据更大的市场份额，改变了自己在市场上的位置，从微笑曲线的底部慢慢爬到上游。

这是企业家精神的最佳案例，同时也反映了深圳在对待企业家上的特点：为企业家创造公平、合理的竞争环境，努力所得归自己所得。这也正是深圳创新的来源。企业家为了谋利，自然会进行创新，创新聚集在深圳又给企业家以巨大吸引力，最终实现了深圳市与企业家和谐共赢的良性循环。

除了公平对待企业，深圳更让每一个人感受到公平竞争的精神，看到进取的前景，激发每个人努力奋斗的动力。唐杰老师为我们讲述过一位女企业家的故事：刚刚来深圳的她没有什么特殊技能，和几个朋友在一家工厂附近借钱开了家牛肉面馆。可惜生意不好，没多久本钱就全部亏光了，还欠了债。为了还债，她在华强北通过交易电子零件赚取差价，慢慢地从中学习积累了电子零件知识，几年之后不但还完了债，还成立了自己的公司。通过与一位出租车司机的聊天，笔者了解到他在前几年就来到了深圳，依靠每个月万余元的净收入在家乡买了房子。一位外卖小哥也曾经向笔者表示，在深圳的生活成本虽然偏高，但收入高，生活更有保障，大家对服务人员的态度也很友好，很希望能在深圳多奋斗一些年。

我们看到，无论是在机场排队打车的任正非，还是开出租车的司机师傅，

① 郭台铭专访：喜欢深圳改革开放创新氛围［EB/OL］. https：//m.dutenews.com/p/131345.html.

都感到了深圳给自己带来的好处，并决定在此生根发芽。那么，我们说一个公平竞争的市场环境是怎么形成的呢？如果我们从空间经济学的角度看，深圳通过采用模块化生产，使得各种中型企业、小型企业，甚至微型企业有参与产业链生产的机会，有进行创新的动力和基础。而这些创新又增加了市场的多样性，在我们之前讨论的DS模型中：N的上升，提升了每个人的实际生活水平，鼓励了创新的继续产生。于是我们在深圳看到了一个良性循环：创新促进市场多样性和产业合理分工，而产业合理分工和市场多样性又进一步鼓励了新的创新。

现在很多人都在谈“企业家精神”，那么什么是企业家精神呢？企业家精神是一种冒险的精神，是一种抛弃稳定和舒适去搏一搏的精神。企业家精神并不仅仅局限在经营企业的人身上。如果一个地区不能保证一个人拼搏出来的成果能够为其自己所得，或者说一个人所拼搏的东西不如他不拼搏所能得到的稳定收入，那么这个地方一定是固化的。深圳在改革开放的过程中，为大家描绘了一个这样的愿景：无论你说着哪里的语言，或者教育水平如何，只要你敢打敢拼，敢想敢干，又勤奋好学，深圳有足够的机会让你成功。

其实“来了就是深圳人”这句话还有下一句“来了就做志愿者”。上文已经提到，做志愿服务对于落户深圳是有好处的，除了这一点，“来了就做志愿者”这句话给所有渴望落户深圳的人一个提示：深圳并非一个养老的或者休闲的好地方，这是一个每天都有创新出现的活力之城，来到深圳，选择深圳，就是选择了奋斗和努力。而正是这些有活力的、有上进心的人们，给了深圳源源不断的奋进动力。

编者札记

一个地区的经济离不开资源，其中最重要的战略资源是人才。深圳之所以能够从无到有，从小到大，从加工出口到创新创造，更多地依赖了人才的创造力。因此，我们在从宏观层面认识这个城市之后，本章从城市的微观层面进行了一个剖面观察。编者有幸在20世纪90年代初，深圳处于人口高速集聚的阶段，加入到了深圳建设大军之中。当时有人曾把深圳比作“文化沙漠”，似乎过度商业化取向的深圳人并不热衷于读书学习。这种情况随着深圳人才结构的变化，以及在政府的有效引导之下，发生了潜移默化的深刻变化，而且这种文化并非表象，而是能够孕育创新生产力的深层文化。深圳培养了难以计数的产业大军和服务业人才，很多在内地难以崭露头角的“普通人”，在深圳这样的创业、创新沃土中，却实现了“深圳梦”，这是深圳这座城市最吸引人、最激动人心的一个侧面。这里再附上一篇普通深圳创业者的故事。

参考阅读　深圳创客长成记①

七年前，当刘兴华从河南一个闭塞的小县城到深圳来求学的时候，怎么也没有想到自己今天会成为一个时髦的创客，并多次代表自己入驻的孵化器接受省市领导的轮番考察。他后来回想起来，觉得一切并非偶然。

刘兴华来深圳是为了圆一个梦，当初高考因几分之差与自己心仪的哈工大本科失之交臂，读研给了他第二次机会。他考上了哈工大深圳研究生院，顺利南下。

2008 年，郑州到深圳还没有通高铁。刘兴华拖着笨重的行李从老家渑池经广州到深圳，当他在世界之窗看到无数以往只在电视里见过的各国名胜的微缩景观时，一种身处世界中心的满足感迅速包围了他。然而，学校并不在这里，要到校区所在的大学城还要坐一段校车。

上了车，刘兴华发现不对劲。刚才的繁华街景被迅速甩在身后，大巴开始沿着蜿蜒的小路爬坡。当车抵达目的地时，车门开启的一刹那，眼前竟出现一片民房。后来经人介绍，刘兴华方才知道这里就是深圳出了名的“城中村”——平山村。破旧、嘈杂和脏乱是刘兴华起初对它全部的印象。

大学城就在这片城中村的隔壁。一想到接下来的三年就要在这样的环境中学习和生活，好不容易从小城跳出来的北方青年刘兴华感到莫名的惆怅。不过，这种失落的情绪显然没有持续多久，很快他就发现了隐藏在破旧外观

① 有删减，其中关于“山寨机”部分内容见本书第六章。

下的蓬勃生机。

反差

“你能想象我当时有多震撼吗?”刘兴华直到现在都难以忘记第一次听到别人说平山村里边住了有五六万人时的反应。他的家乡渑池县总共才 32 万人，至于他们家住的村子就更小了，才 1000 口人。一开始他很纳闷：“平山村这地方凭什么养活这么多人?”后来去学校门口吃饭，无意中碰到一群穿着工装的打工仔，一问居然是给普联（TP-Link）干活的，他顿时对自己身处的环境有了改观。在他当时看来，普联算是大企业了，工厂居然就在这么不起眼的地方。

同样隐身于此的还有深圳的明星上市公司大族激光，一年以后它才迁出，搬到气派的腾讯总部隔壁。公开资料显示，最多的时候，进驻平山村的 130 多家企业，60%以上是上市公司或者高科技企业。“这种企业在这边，能够给村子带来活力，所以说经济上它是有基础的。”更让刘兴华兴奋的是蛰伏在村里的无数加工厂。据他观察，这些工厂规模都不大，但订单很多，每天都有做不完的生意，而从某种角度而言正是它们的存在让他的生活轨迹与创客产生了交集。

刘兴华的专业方向是控制科学与工程，通俗点讲就是自动化，经常要做一些东西。里面的一些框架或者机械结构他拿去找那些小厂加工，通常很快就能搞定。如果把“创客”定义为做东西的人的话，这时的他已经是不折不扣的创客了。

后来的日子里，这个对周遭充满好奇心的年轻人又陆续见识过外面看起来像危房，里面设备也土得掉渣，但却能给苹果配件 Beats 耳机做代工，或者替苹果手机冲压外壳的小车间。这类其貌不扬的“作坊”与它们生产出来的高大上的产品形成的巨大反差，给刘兴华留下了深刻的印象。如果说华强北是电子发烧友的天堂，那平山村无疑是机械爱好者的圣地。而实际上平山村简陋外表下潜藏的活力只是当时深圳产业链转型的一个缩影。

成长

总有人爱把深圳跟美国硅谷相提并论，前者在产业链方面的优势毋庸置疑，但拆台的人只一句话就能把人打回原形：“深圳没有斯坦福。”这的确是让许多深圳人唯一觉得气短的地方。在很长一段时间里，深圳拿得出手的本科高校就是深圳大学。号称要打破传统教育体制，不拘一格办校的南方科技大学经历一番波折，于2011年获得准生证，开门授课。外界曾对南科大寄予厚望，师资、设施等所有的办学标准都奔着国际一流高校而去。“如果深圳要有斯坦福，那也就是它了。”然而，因为各种原因，南科大内部评估认为，在第一届学生的辉煌之后，目前学校水平回落至“985”院校中游水平。

刘兴华待过的深圳大学城倒是藏龙卧虎，一开始落成的时候就进驻了北大、清华和哈工大，可惜都没有本科，只招研究生。由于离本部十万八千里，学校原有的优质师资鞭长莫及。

……整个大学城是开放式的，几所高校在专业资源上各有千秋，只要肯用功，学生们很容易就能“串门”，去汲取额外的知识。刘兴华印象最深的是到校不久就到北大深圳研究生院听老师讲可视化数据。那时，国内的电商、大数据都处于萌芽状态。这对刘兴华后来理解互联网有很大的帮助，他当时的第一感觉是脑洞大开。“哈工大现在在深圳也开始招本科生了。”刘兴华认为，学识对创客的养成虽然不起决定性的作用，但毫无疑问是创客必备的粮草弹药。

创业

2010年刘兴华硕士毕业，接着留校读博。依靠学校附近得天独厚的加工条件，几年下来，他抱着玩的心态做了不少有趣的东西，有现在炒得很火的平衡车，用手机就能遥控的跳舞机器人。做这些的时候，他没想过去卖，也没动过脑筋去注册公司。最终驱使他迈出这一步的不是某一单方面的原因。“看到有很多师兄创业。例如，现在贵为航拍民用无人机老大的大疆，最早的那批技术员都是从哈工大出去的。”身边这些看起来跟自己差不多的人能够创业，刘兴华心想自己也不差，也许可以试试。“我们这届50~60个人，现在可能有将近10~20个都在创业。”

刘兴华成立的公司，入驻中科院深圳先进技术研究院新设的一个孵化器——创客学院之后，无论团队的招兵买马，还是第一笔融资，或者是产品的研发都很顺利。人员由半年前的4个全职，拓展到50人，300万元种子轮融资也早早落袋为安，甚至有世界500强背景的投资人辞了工作加盟进来一起创业。虽然刘兴华已经是成功起步的创业者，但他身上更多留有创客的印记：崇尚自由，享受做东西的乐趣。而就创业本身而言，在前端服务和后台管理的探索上，刘兴华显然还有许多路要走，但他表现得颇为轻松。因为他知道深圳这个地方除了上面那些独特的软硬件优势，还有一点就是，这是个开放、包容，允许失败的地方。因为觉得这里更有活力，更能实现梦想，刘兴华甚至怂恿自己的妹妹来深圳工作。

03

第三章

一张白纸绘蓝图：大湾区经济核心城市的建设

人类要在竞争中求生存，更要奋斗。

——孙中山

罗马不是一天建成的，深圳的成长也是从基础开始一步步走出来的。从某种意义上讲，深圳是全国人民用一砖一瓦建设起来的，很多人虽然没有留下来，但却用汗水和青春为这个城市写下了一个又一个注脚。

第一节 移山填海起高楼

“7月11日下午3点，广东深圳，笔架山公园，‘基建工程兵之歌’雕塑，出现了一道亮丽的风景线，一群身着旧军装的老兵们整齐有序的列队，引来好奇的游客纷纷驻足拍照。基建工程兵是深圳早期建设中的‘拓荒牛’。1980年，深圳经济特区成立，两万基建工程兵奉调来到这里，担负起特区建设的任务。当时的深圳，还是一片荒芜，基建工程兵们在荒山野岭上安营扎寨，克服常人无法想象的困难，在这片土地上移山填海、拓荒造城。”①

深圳起步时，放眼望去都是郁郁葱葱的蕉园、稻田和荔枝园，是典型的农业经济，全县人均GDP约200美元，比全国人均300美元的收入还低。今天我们看到的是深圳从小渔村华丽转身，成为国内发展最快最好的经济特区：

① 深圳基建工程兵老兵重走拓荒路 传承艰苦奋斗精神［EB/OL］. 深圳新闻网，http：//www. sznews. com/.

公路网、航空线、港口、码头、高楼大厦，各种基础设施应有尽有，甚至达到国际一流水平。在特区成立之初，深圳基础设施匮乏。为了支援深圳基础设施建设，工程兵们凭借艰苦奋斗的精神和强大的韧性，创造了“深圳速度”：1982 年 11 月—1985 年 12 月的 37 个月期间，中国建筑第三工程局（集团公司）一公司在承建深圳国际贸易中心大厦（简称国贸大厦）时，创下了“三天盖一层楼”的速度，这在当时的中国是绝无仅有的。

基础设施是指为直接生产部门和人民生活提供共同条件和公共服务的设施，涵盖交通运输、建筑、能源、通信等多个领域。本章主要讨论深圳在交通运输方面的基础设施建设。

大家都知道有这样一句话“要想富，先修路”，当然，“修路”并不只是修马路、高速路，其内涵还可以拓展到与交通运输相关的一切基础设施建设。为什么经济发展和基础设施建设有这么大的关系呢？放眼全国，为什么各大城市发展经济要大力建设配套的机场、高速公路、港口、铁路等基础设施？为什么深圳特区成立之初要特调两万基建工程兵来“拓荒造城”呢？

关于基建对于经济发展的重要性，很多学者都有专门阐述。例如，林毅夫的新结构经济理论认为发展中经济体应该发挥比较优势，依托市场力量实现经济发展和产业升级，而政府在这个过程中的作用之一就是使基础设施禀赋和要素禀赋相一致，强化“有效市场”。而唐杰教授在讲空间经济学中的引力模型时，指出影响两地贸易量的若干正、反因素，其中交通成本是最显著的负面因素，而基建又可以显著降低交通成本，其对贸易水平的提振作用自不用说。

深圳在建设之初就具有非常明显的外向型经济特点，“三来一补”“来料加工”，外资出技术和资金，中国出劳动力和土地，对外贸易给深圳的经济插上了腾飞的翅膀。

已经有很多人做过关于深圳基建的实证研究，这里引用一个以深圳为研究对象，时间跨度为 1980—1999 年，人均 GDP 对人均进出口总额和人均基本建设固定资产的线性回归模型。模型表明，人均进出口总额每增加 1 美元，则人均 GDP 增加约 1 元。而人均基本建设固定资产每增加 1 元，则人均 GDP 增加 5 元多。可见，外向型经济增长要靠对外贸易来拉动，更要靠各种渠道资金的注入来实现。外向型经济的一大特点就是建设资金以外资为主，投资环境的优劣是能否成功吸引外资的关键，而基本建设的成果是构成投资环境的重要组成部分。①

直观地说，不管在哪个城市学习或者工作，交通条件的差异往往是影响人们工作生活的最大因素。从繁忙的机场到堆满集装箱的码头，从飞驰的高铁到通达而拥挤的地铁，贯穿全城、连接外部的交通线反映的是大城市的活力与繁华，也将不同城市的格局分出了层次。从这一点上来说，深圳和其他大都市都有着同样的成功基因。但是在成功的模板之下，深圳又有很多独特的小故事和小细节值得注意。在时代的大背景下，同样出色但是各自精彩的故事，就在这样的城市里发生。

第二节 崛起的东方大港

国际化的深圳港

2017 年，世界港口吞吐量排行榜上，上海港稳居世界第一，深圳港则排名第三，中国港口占世界 20 强中的一半席位。2000 年，深圳港位列世界第 11 位，但在 13 年间迅猛发展，在 2013 年位居世界第三。

深圳港位于珠江口以东，分为东西部两个港区。西部港区位于珠江口东岸入海前缘，主要包括蛇口、赤湾、妈湾、东角头和福永等港区；东部港区位于南海大鹏湾西北部，主要包括盐田和沙渔涌、下洞等港区。此外，还有内河港区。东西港区均与香港九龙半岛隔海相望。其地理位置也决定了它自然条件上的优势：年平均气温 22.4 ℃，气候舒适，极端天气较少。

深圳港吞吐的货物以集装箱为主，兼营化肥、粮食、饲料、糖、钢材、水泥、木材、砂石、石油、煤炭、矿石等。数据显示，2017 年深圳港完成集装箱吞吐量 2520.87 万标箱（TEU）。从 2018 年 1 月的数据统计来看，外贸货物占到了总货物的 75%左右，足以说明深圳港对外贸易的重要性。此外，深

---

① 孔瑞．深圳基建投资与经济增长关系研究［J］．特区理论与实践，2001（11）．

圳港每年还运输数百万计的旅客。

港口作为城市的基本建设，其对经济的推动作用前面已经介绍过，世界大港口的这一巨大空间优势，为深圳快速崛起、迅猛发展奠定了基础。

除此之外，深圳港还是深圳经济发展和产业升级的见证者。从“三来一补”到今天的科技中心，深圳的产业升级过程伴随着第三产业比重的逐渐上升，第二产业中劳动密集型产业的占比逐渐下降，港口运输中，高质量、高加工度的产品比重上升。换句话说，“运塑料花”会越来越少，“运高科技”会越来越多。

深圳港的崛起缘由

深圳港的崛起，也是部分得益于政府给它画的“圈”。20 世纪 80 年代，深圳港被交通部定为全国沿海 18 个远洋中转港之一；20 世纪 90 年代，政府又制定了海港、空港“双港起飞”发展战略，出台了一系列优惠政策，如鼓励企业发展以港口为纽带的临港工业和多种经营，允许企业引入外资建设经营港口设施等；进入 21 世纪，港口物流业又和高新技术产业、现代金融业并行成为 21 世纪经济发展的三大支柱产业。

用一个形象的比喻：改革开放之初，深圳港就像一个“小孩”，要想成长壮大起来，需要政策扶持，正好此时政府出台了一系列政策，这是深圳港发展的缘起。当然，只有政策扶持肯定是不够的，一个“小孩”要想健康成长，还要有良好的环境，而正好深圳就提供了这样一个好的环境。正如前面提到的，深圳港背靠经济腹地珠三角，毗邻国际金融中心香港，改革开放以来，珠三角是重要的“世界工厂”，源源不断的货物通过深圳这个出口运到世界各地。

除了政策和环境，钱也很重要，“小孩”读“大学”，需要投资，而令人称奇的是，在建设深圳港的过程中政府却没怎么出钱，那钱是从哪里来的呢？答案是引进外资。外资在深圳大型港口企业中比例已经高达 65%，而且中外合资不仅能引进大量资金，更能引进先进的管理技术、经验和人才，使企业向着国际化、规范化的目标继续前进。

在挑战中求发展

深圳处于我国经济最活跃的区域之一——珠江三角洲，背靠内陆，是十分重要的货物进出口枢纽。深圳港口法律环境趋于完善，空间经济基础扎实，又有国家政策优惠，可以预见的是在接下来数十年甚至上百年间深圳港仍然会保持发展的趋势。

同时，随着经济圈的发展，区域经济合作逐渐展开，如深汕特别合作区的设立，粤港澳大湾区的建设等，这将会促进深圳港不断扩展，向内陆纵深扩展，向更广阔的国际市场扩展。据称，深圳在2018年试点自由贸易港，探索建设深港组合港，计划2020年底初步建成自由贸易港，方便香港与内地的经济、文化交流。①

在目前看来，虽然深圳港拥有着优越的空间地理条件，但同时也存在着不利因素的影响。

首先，集装箱货物占到了总货物量的70%以上，其中集装箱进口占比仅有30%左右，出口占比则在95%左右，货物进出不平衡。其次，深圳港的集装箱吞吐能力尚未能完全适应吞吐量的需求，需要不断地建设才能完善港口环境。在港口服务和管理水平方面，服务的质量与发达国家相比尚有差距，管理仍需进一步完善，管理体制应向规范化、国际化的方向发展。

这里有一个小故事。2004年9月10日，实验用2968千克汽油和680克重油，由德国汉堡港运抵深圳集装箱码头。为了降低风险，码头向船公司告知拒绝接卸，船东不得已将集装箱运回德国汉堡。货主深圳泰丰电机制造厂立刻将情况上报深圳市贸易工业局，深圳市相关部门当即紧急研讨最后制定了应急接卸方案。而同时期的广州、上海、宁波、青岛等港口都已经获得了装卸危险品的资格，当时世界第四的深圳港在具备技术和条件的情况下竟然还没有通过评估，可见当时管理和服务还不够完善。后来深圳港大力引进先进技术和管理经验，管理和服务水平日益提升。

---

① 毛思清. 深圳港：将试点自由贸易港［N］. 中国改革报，2018-06-27（10）.

当然，要克服这些不利因素，除了硬件上要加强基础设施建设之外，还需要不断地完善法规和制度，提高服务业水平，做好港口产业结构调整。只有在发展中不断克服不利因素，增强补漏，方可达到稳定地、可持续地发展。①

第三节　崛起的世界空港

大空港，片区利好优势不断传来，势头劲猛！深圳新国际会展中心、机场设高铁站、科技中心、深中通道、T4 航站楼，前海蛇口自贸区扩容、107 国道改造等大手笔工程接踵而来。2017 年大空港发展野心霸气外露，即将迎来大爆发！②

尴尬的深圳机场

先看一组 2015 年的数据，深圳机场共有航线 169 条，每周航班 5600 个，其中国际航线只有 42 条，国际通航点 20 个，每周国际航班不足 1000 个，占比并不高，而且这些航线大多是日本、韩国、东南亚的近程航线，主要是为满足深圳本地居民到较近的亚洲国家旅游所需。与此同时，广州白云机场拥有 130 多条国际航线，国际通航点达到 70 个。

在珠三角地区，论国内航空枢纽，白云机场受之无愧；论国际航空枢纽，香港机场当仁不让。实际上深圳机场的吞吐量已经被成都双流机场超过，在全国排名第五。

因为先发优势不足，国内市场和国际市场都不占优，深圳机场只能发展货运业务。2009 年，国内快递巨头顺丰速递就以深圳机场为基地，坐拥 19 架货机。2010 年，全球航空货运业四大天王之一的 UPS 也将其亚太转运中心从菲律宾迁至深圳机场。深圳机场现在的货运表现突出，成为国内第四大货运机场。

---

① 范曲平．深圳港发展现状、前景分析与发展策略［D］．成都：西南交通大学，2004.

② 大空港，深圳百年大计！［EB/OL］．http：//blog．sina．com．cn/s/blog-56673d040102xl6y．html.

终于等到你——深圳大空港

在深圳机场面临“内忧外患”的情况下，“深圳大空港”终于横空出世了。

目前，大空港地区已经被列为深圳市十七大重点开发片区之首。《深圳市大空港地区综合规划》把大空港地区的空间结构定为“两核、两带、五区”，实现城市形态与城市功能需求在发展时序上的合理配合。“两核”即“空港核心区、会展核心区”；“两带”是指“西部活力海岸带、综合功能发展带”；“五区”是指“机场片区、福永片区、新城核心区、半岛区、离岛区”五大功能片区。① 也就是说，深圳将来要发挥湾区中心位置的优势，以机场和新城商业区为两大核心，在粤港澳湾区聚集一大批人，创造经济奇迹。

深圳空港地区具有优越的地理位置优势。

（1）深圳大空港地区是深圳的城市次中心。

（2）深圳大空港地区位于珠三角的中心地带，地处珠江东岸“黄金走廊”的核心位置。

（3）深圳大空港地区是广东自贸区的中心，受到广州南沙港、珠海横琴新区、深圳蛇口港的辐射。

（4）深圳大空港地区是广深港发展的核心走廊，是东西向发展的连接处，是南北向发展的中心。

就如此优越的地理位置而言，大空港地区发展潜力巨大。深圳拥有粤港澳大湾区优秀的产业基础、巨大的市场，存在规模收益递增的区间。有利润的存在自然就会吸引各种资源的聚集。

引力模型将各地经济量看作对贸易量的正向因素，将距离或者说贸易成本看作负面因素，而空港地区完整的“海陆空地快”五维交通体系显著地减少了交通成本，强大的空间集聚能力引发不断增强的块状经济。吸附活动的表现就是距离成本下降，城市空间扩张。换句话说，这个地方机会多，能挣

① 围观！带你认识深圳大空港地区［EB/OL］. 区空港新城办，2018.

钱，就很容易吸引大家到这里来，因此，就有很多的人才和资源聚集到这里。人多了，资源多了，自然就会形成大量的产业，经济会越来越好，这个地方就会有更多的机会，就会吸引更多优秀的人，这个地方就会不断扩张，蛋糕越做越大。

深圳建设大空港，采取“机场+新城”模式，着力于汇聚珠江三角洲的资源和人口，例如，通过连接三个自贸区，空港地区可以聚集大量人口和产业，建立块状的经济带，创造新的经济增长极。可以想象未来空港地区将产生大量工作岗位，对于大学生而言，是不是又多了一条留在深圳奋斗的理由呢？

参考阅读 大空港：引领福永产业升级①

“大空港”的核心腹地是福永、沙井的西部滨海地区，而其总面积约 95 平方公里，相当于 6 个前海。按照规划，大空港地区未来重点发展航空服务与高端物流、商务会展与创意服务、科技服务与高端制造三大产业集群。

大空港区域规划

原 28.2 平方公里的前海蛇口自贸区，未来将扩容至 41.8 平方公里，统筹范围包括围绕自贸区的南山、宝安重点区域，以沿江高速、新安六路、107 国道、北环大道、南海大道、滨海大道、深圳湾海岸线为界，无疑对大空港区域经济将带来十分有利的促进。

多年来，福永坐拥深圳机场的核心区域，但这里的临空服务业还处于较低层次，上档次的工业园区也不多。随着空港新城的建设发展，福永如今的“城中村小作坊式”物流模式将被高端物流业取代。

大空港规划承载就业人口约 70 万，规划居住人口约 40 万。新城将联动前海，形成前海—大空港西部滨海走廊。对福永而言，深圳国际会展中心、国际会议中心、科技馆只是大空港规划中看得见的利好。更重要的是，随着大空港规划的实施，福永的整个产业结构将得到升级。

---

① 大空港：引领福永产业升级（有删节） ［EB/OL］. 搜狐财经 . http：//www. sohu. com/a/199923734_ 165322，2017.

轨道：打造福永“阡陌交通”

除了已开通的11号地铁线路，未来福永还规划有20号线、12号线、107号线、港深机场快线、穗莞深城际轨道交通线等。穗莞深城际轨道交通线是经国务院批准的珠江三角城际轨道交通网主轴线之一，也是首个由省主导的城际轨道交通建设项目，全长86.62公里，总投资196.9亿元，2019年实现全线开通运营。

“十三五”期间，福永片区内深中通道主体工程项目于2017年正式开工。该通道深圳侧接线工程将连接深中通道、广深沿江高速、广深高速、机荷高速、机场新航站楼、大铲湾疏港通道，其建成后，将解决沿江高速进出机场不便的问题。便捷的交通意味着深圳机场对珠江口西岸的影响力会更强，会有更多珠三角一带市民选择深圳机场出行，为大空港片区带来巨大人流。

此外，还有宝安国际机场T4航站楼（T4航站楼已启动前期研究，预计2025年建成。远期规划至2040年，深圳机场可保障旅客6300万人次。）综合交通枢纽等重大项目建成。除此之外，福永手握的“好牌”还包括2000亩的立新湖湿地公园、立新湖产业园、凤凰山旅游景区等。

第四节　高铁枢纽城市

率先进入高铁时代

深圳的高铁发展历程基本与全国的高铁发展历程同步，进程也非常快。深圳第一条有动车组列车运行的铁路是广深城际铁路。广深城际铁路于2007年通车运行，从那以后深圳就迈入了高铁时代。而全国当时有高铁的城市还很少，这点深圳走在了全国的前列。可以说，当时的深圳让很多其他城市羡慕不已，毕竟高铁是个“香饽饽”，谁都想要却不是谁都能得到。当然，作为最早的经济特区和改革开放的桥头堡，深圳得到这样的待遇也是理所应当的。随着时间的推移，深圳的经济发展越来越好，深圳拥有的高铁线路也随着全国高铁建设如火如荼地推进而越来越多。下面将按照建成通车运营时间先后依次介绍深圳的高铁线路。

1. 广深城际铁路

作为深圳第一条高铁线路，广深城际铁路使深圳实现了高铁“零”的突破。高铁的从无到有，对深圳来说有着巨大的意义。广州和深圳作为邻近的两个特大城市，人口众多，相互之间的人员交往密切，两地之间的客流量庞大。为了应对两地之间日益增长的客流量，广深城际铁路开始了建设。2007年广深城际铁路正式建成通车后，广州、深圳两地间的往返时间被大大缩短到了 52 分钟，给人们的生活带来了巨大的便利，也极大地促进了广州和深圳两地的经济发展。2008 年后，广深城际铁路每日开行大概 100 对往返广州和深圳两地之间的动车组列车，在客流高峰期，行车密度大，平均每 5 分钟就有一趟动车组列车。即使是客流非高峰期，行车密度也能达到每隔 10 分钟左右就有一趟动车组列车。在当时，这是中国内地行车密度最高的城际交通线路，基本实现了公交化运营。

2. 广深港高铁广深段

广深港高铁广深段是深圳第一条设计时速 350 公里的高速铁路，也是深圳第一条真正意义上的“高速”铁路。广深港高铁对深圳的意义重大，因为它是中国高铁路网整体规划中的“四纵四横”客运专线之一，是纵贯中国南北的高铁大动脉京广高铁到深圳、香港的延伸线，与广深城际铁路一样，它也一直是全国最繁忙的高铁线路之一。

广深港高铁广深段建成后给深圳带来了巨大的影响。这得益于 300 公里每小时的超快速度，广深港高铁广深段将广州和深圳两地的往返时间再次压缩到了 29 分钟——不到半小时。于是，便出现了一种有趣的情况，如果你要去广州，很可能你从深圳北站到广州南站的时间还没有你从家去深圳北站在地铁上花的时间长。广深港高铁广深段将深圳与邻近的另一个高铁枢纽城市——广州连接起来了，这给深圳带来了极大的便利。广深港高铁广深段通过广州与京广高铁相连，使深圳高铁网延伸到了京广高铁沿线长沙、武汉、郑州、石家庄、北京等大城市；通过广州连上了贵广高铁，使深圳高铁网延伸到了贵阳、重庆、成都等城市；通过广州连上了南广高铁、南昆高铁等，使深圳高铁网连上了南宁、昆明等城市。这大大缩短了深圳与许多城市之间的时空距离，加速了人才、资金等生产要素流向深圳，极大地提高了深圳的竞争力，促进了深圳的经济发展。同时，广深港高铁也将广州、深圳、香港这三个特大城市连接了起来，将会极大地促进广深港三地之间的交流，加快粤港澳大湾区的形成与发展，促进粤港澳大湾区的共同繁荣与发展，深圳将从中受益匪浅。

3. 厦深铁路

厦深铁路是我国铁路网“八纵八横”之一——沿海通道的重要组成部分。设计速度为250公里每小时的厦深铁路北起厦门北站，经漳州、汕头、惠州等地引入深圳北站，全长514公里。2007年11月23日，厦深铁路正式开工建设，最终于2013年12月28日正式全线通车运营。

厦深铁路建成后，通过它以及它的延伸铁路线福厦铁路、温福铁路、杭温铁路以及沪杭高铁，连接起了中国经济最发达的两个地区——珠江三角洲和长江三角洲。东南沿海快速铁路大通道最终建成了，它的建成极大地改善了东南沿海地区的交通运输条件。东南沿海地区经济繁荣，客货运输需求十分旺盛，而沿海高速铁路能极大地满足这些运输需求，增加沿海各地区之间的经济互动和生产要素流动，增强珠江三角洲和长江三角洲对其他地区的经济辐射能力。对深圳来说，最后一片高速铁路空白方向的消失，将极大地完善深圳的高速铁路网，大大提高深圳高速铁路网的能力和效用，会起到“1+1>2”的效果，给深圳的经济社会发展注入一股强大的活力。同时，依托厦深铁路，我国第一个捷运线路——深汕捷运开通，使深圳东部地区的出行变得大为便捷。深汕捷运的开通极大地促进了深汕特别合作区的发展。

4. 即将建成的高速铁路

京九高铁

京九高铁是《国家中长期铁路网规划》中“八横八纵”高速铁路网之一，也是一条高铁大动脉，连接了北京、江西、广东等9个省（区、市），全长2000多公里，全线设计速度为350公里每小时。京九高铁通车后，深圳将再添一条南北方向的超级高铁大动脉，届时深圳将如虎添翼。到时从深圳就能迅速到达京九沿线南昌、合肥、雄安新区等地，深圳高铁通达地区将会极大扩张，同时深圳也能把自己的影响力辐射到更远的地方。相信深圳能够在一定程度上带动京九高铁沿线地区的经济增长，加快区域经济一体化和不同地区之间的经济交流。

深茂铁路

深茂铁路东起深圳机场东站，终点茂名站，全长 390.1 公里。深茂铁路是高速铁路网规划中沿海通道的重要组成部分之一，在深圳可以东接厦深铁路，进而连接海西城市群和长江三角洲城市群，从而形成一个完整的沿海高速铁路大通道，促进整个沿海地区的经济交流与发展。深茂铁路的重要意义在于它是第一条直接连接深圳和粤西地区的高速铁路，对加强珠三角与粤西乃至更远地区的联系，推动粤港澳大湾区经济一体化有着重要作用。深茂铁路建成后，从深圳去往粤西地区将不再需要从广州转车，届时深圳将有直达粤西地区的动车组列车。深茂铁路江门到茂名段已于 2018 年 7 月通车，而深圳到江门段预计将于 2023 年通车。

深圳如今已是重要的高铁枢纽城市之一，已经建成的高速铁路有广深城际铁路、广深港高铁、厦深铁路，即将建成的高速铁路有京九高铁、深茂铁路等，这些高速铁路基本覆盖了深圳的各个方向。深圳现有深圳站、深圳北站、深圳东站、福田站等火车站，其中深圳站、深圳北站和福田站都有动车组列车。未来深圳还将建设机场高铁站和西丽高铁站，其中西丽高铁站规模甚至会超过深圳北站。深圳北站是深圳目前仅有的一座特等站，也是深圳规模最大、客流量最大的火车站。福田站如今也是深圳一个重要的高铁站，于 2015 年 12 月 30 日投入使用。福田站整体都在地底下，就如一个巨大的地铁站，它能够与地铁 2 号线、3 号线和 11 号线无缝换乘，交通换乘同样十分便捷。

高铁打通经济动脉

在成为高铁枢纽城市后，深圳的发展日新月异。以下介绍深圳一些发展指标取得的进步。

1. 铁路年客运量

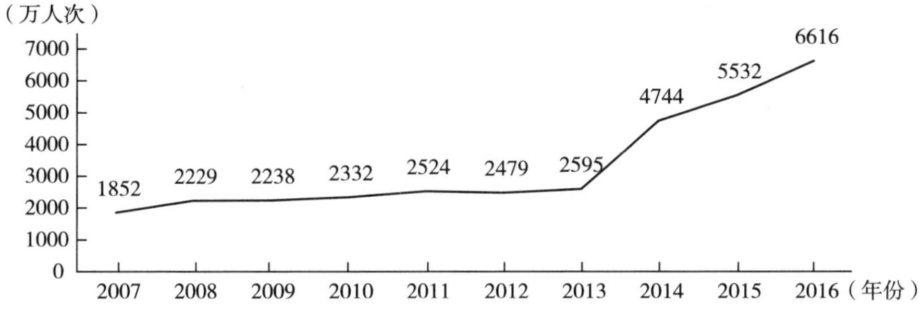

图 3-1 2007—2016 年深圳铁路年客运量

由图 3-1 可知，深圳年铁路客运量（高铁客运量占比越来越大）一直在逐年增加，尤其是在 2013 年厦深铁路通车后，增速明显加快，这是因为 2013 年厦深铁路通车后深圳的高速铁路网已经较为完善了，2016 年深圳全年铁路客运量达到了 6616 万人次。2018 年深圳也有两个火车站进入了央视评选的春运全国客流十大火车站。便捷发达的高速铁路网给深圳带来了许多人才，其中就有不少高素质人才。

2. 过夜国内游客数

高铁枢纽的身份使得深圳能够吸引大量的游客，这是显而易见的。发达的高铁网使人们出行大为便捷，人们的出行次数也越来越多。从图 3-2 中我们可以看到深圳的国内游客数量也在飞速增长，2016 年达到了 4524.56 万人次。游客数量的增长可以带动深圳的消费，进而能在一定程度上促进深圳的经济增长。

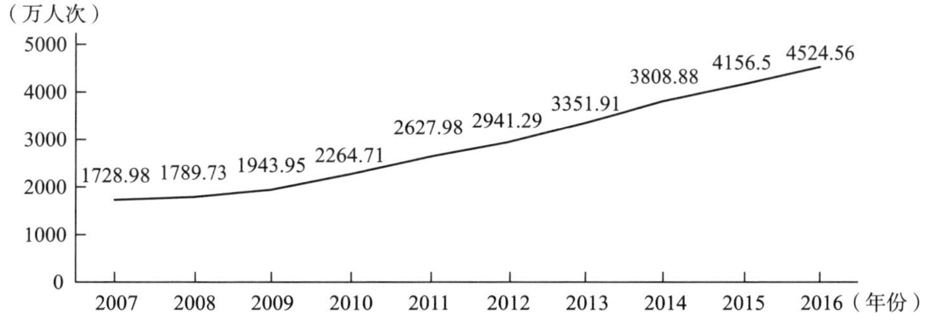

图 3-2 2007—2016 年深圳过夜国内游客数

深圳迈入高铁时代已经11年了，如今的深圳已经是全国重要的高铁枢纽城市。高铁使得深圳的铁路客运量、常住人口、国内游客数、固定资产投资和GDP都在快速增长。高铁大大缩短了地区之间的时空距离，加快了人员的流动速度，同时也加快了资本等众多生产要素聚集的速度。这11年里，越来越多的人才流入深圳，同时越来越多的资本和技术聚集在深圳，使得深圳的经济保持持续的高增长。2017年深圳的GDP达2.24万亿元，可以说深圳经济发展取得的辉煌成就离不开深圳高铁的发展。同时，高铁也加快了区域经济一体化，各地之间的经济往来更加密切。高铁使得深圳的辐射范围更广，能吸引更优质的资源。在高铁的影响下，深圳经济的竞争力更强，对优质生产要素的吸引力也变得更强。整个珠江三角洲也在高铁的帮助下形成“1小时交通圈”，经济联系更加紧密，粤港澳大湾区的一体化进程也会因高铁而加快。

编者札记

深圳从地理位置上讲，位于珠江三角洲的边缘，不如广州把守珠江口，左右携手环珠江口城市群的中心位置优势。偏居一隅的深圳，从地缘角度看，海陆空运输很难成为关键节点。而且从空间经济学角度看，缺乏这种优势又必然会影响深圳的产业发展环境和未来发展空间。在这种情况下，深圳成为全球第四大海运港口、全国第四大空港，以及连接三条全国高铁南北纵贯线的节点，向西连接雷州半岛和西南地区，并借此连接西北铁路网络，形成了一个点状向外发散的高铁网状结构，打通了南北和东西的“任督二脉”。未来深圳可能再次成为粤港湾大湾区的龙头城市，以此向珠三角东西两翼发展，有可能进一步拓展深圳的经济辐射力，将发挥更大的经济推动力。

04 第四章 制度的突破与创新

邓小平说，改革“是翻天覆地的事业，是伟大的实验”，必然要“冒风险”，而且“要冒很大风险”。他几次引用关公“过五关斩六将”的故事比喻改革的艰难，认为“我们的改革不只是过五关”，“可能比关公还要过更多的‘关’，斩更多的‘将’”。因此，在领导中国进行改革开放的实践中，他强调，改革开放要大胆地试、大胆地闯。他总是反复告诫全党同志：“思想更解放一点，胆子更大一点，步子更快一点。”他鼓励大家，“不要怕”，“要克服一个怕字，要有勇气”。他说：“一怕就不能搞改革了。”“什么都怕，什么事情都办不成。”“没有一点闯的精神，没有一点‘冒’的精神，没有一股气呀、劲呀，就走不出一条好路，走不出一条新路，就干不出新的事业。”①

深圳踏上改革开放征途，在本身资源极其有限，而且被各种原有制度局限的情况下，只能想办法为自己在制度上松绑，敢“闯”敢“冒”，有“破”有“立”敢创新，才能“杀出一条血路”，打开一片新天地。

第一节 试水改革

经过几年的改革开放的大胆探索和艰苦创业，在深圳，旧的计划经济体制已经被打破，市场经济的新体制、新机制已经发挥重要作用；对外开放的大门已经打开，外向型经济已经起步，城市建设已初具规模，为特区建设和改革开放奠定了基础。1984 年邓小平同志视察深圳时指出，“深圳的发展和经

① 徐永军．邓小平关于改革的论述及其思想探源［J］．党的文献，2006（3）．

验证明，我们建立经济特区的政策是正确的”。①

——张思平

林毅夫在新结构经济学中引入了基础设置这一概念。基础设置分为硬性基础设置和软性基础设置。硬性基础设置包括基础建设，诸如高速公路、通信、港口和电力设施等；软性基础设置包括制度，如金融管制决定着企业获得外部融资的难度，法律系统决定着合约签订和履行。上一章介绍了深圳改革开放以来的基础设施建设成果和对经济的影响，本章主要介绍制度方面的改革。

招商引资和对外开放

深圳在改革开放之初，面临几个巨大的挑战：经济基础薄弱、基础设施差、技术水平低下。在如此艰苦的环境之下，虽然深圳亟须外资的注入，而外资却对深圳不甚稳定的市场环境持观望态度。面对这种顾虑，深圳市政府奖励外商投资先行者，加大支持力度，借此激励后来者，达到“徙木立信”的效果。通过大力的招商引资，吸引了最早的一批港资进入深圳，包括第一家酒店、第一座加工厂等，深圳招商引资、对外开放的新局面就这样打开了。

为了提高基础设施的水平，与经济建设相匹配，深圳市政府提出利用外资和银行贷款进行基础设施建设。这在当时毫无疑问是对旧有计划经济体制下银行管理体系的创新，也是对外资管理体系的重大突破。

深圳就是这么敢于打破常规，而打破常规的好处，就是在改革之初“一穷二白”的时候，有了建设基础设施的资金和招商带来的新鲜血液。

① 张思平．深圳社会主义市场体制建立的基本阶段——深圳与中国改革开放四十年（二）[EB/OL]. http://www.aisixiang.com/data/110763.html.

价格体系改革

20世纪80年代，我国实行价格双轨制，也就是同一产品计划内部分实行国家统一定价计划外部分实行市场调节价的制度。经济特区在发展过程中，出现了和内地一样的问题，原有的价格体系越来越不适应深圳的高速发展的需要。旧的价格体系不合理主要表现在同类产品质量差价没有拉开、原材料价格偏低、农副产品的销售价低于收购价格等。在特区发展的前几年，人口急剧扩张，而价格体系又不能很好地反映供需关系，市场供需矛盾越来越尖锐；同时，外资进入的领域越来越广，也对深圳本地市场的需求造成了很大影响。例如，特区建设既要有粮食、蔬菜、副食品等生活资料，更需要大量的钢材、水泥等生产资料。尽管存在严重的需求大于供给，但是在计划经济体制下，各种商品的生产计划和定价都由中央统一制定，造成了商品短缺。

一个不能自发调整价格的市场是不可想象的，还是那句话：既然深圳要搞改革开放，要走中国特色社会主义市场经济道路，就要大刀阔斧改革到底，价格体系改革迫在眉睫。

在价格体系改革的过程中，深圳市政府采取的方针包括尊重价值规律和市场供求规律，合理调整不当的价格关系；循序渐进，先易后难，先小商品，后重要物资等。从1980年到1985年，以放开塘鱼、蔬菜价格为突破口，按照先农副产品后工业产品、先消费品后生产资料的顺序，遵循“调放结合，以放为主，放中有管，分步推进”的方针，在全国率先推进价格体制改革。深圳市政府就这样逐步放开价格管制，用市场的机制解决深圳建设和发展所需要的各种物资，率先取消了计划经济中的各种票证。这是全国最早推行的价格并轨改革（龚培连，2018）。①

① 至1984年初，占社会商品零售额80%左右的商品价格都放开或放权实行市场调节。1984年11月，深圳又在全国率先取消粮、油、肉等商品票证定量供应，改为议价或敞开供应，从而初步确立了以市场形成价格为主的价格机制。

实行价格体制改革后，深圳物价逐渐趋于稳定，供需关系达到平衡，① 工资涨幅超过物价涨幅。1984 年底居民储蓄存款金额 2.9 亿元，人均存款 960 元，比 1983 年底上升 92%。1984 年人均国民收入 3109 元，折合超过 1000 美元，达到“小康”水平。②

土地使用权制度改革

改革开放前，中国的土地政策是行政划拨、无偿、无限期使用，土地使用权的转让是不被允许的。但是经济特区成立以后，旧的政策和新的局面产生了剧烈的冲突和矛盾。招商引资、建设厂房、基础建设都需要给外商提供土地；中央投资特区建设的初始资金仅为 3300 万元，而经济发展需要大量资金。在这种情况下，深圳以出租土地、有偿开发等形式进行土地改革的试验。

正如经济学家周其仁所说，深圳的发展史，是一部改革开放引发快速城市化的历史。1987 年深圳土地的“第一拍”，打开了工业化、城市化的土地之门。1992 年邓小平“南方谈话”之后，深圳的增长速度更加迅猛，平均每年新增建成区面积 35 平方公里，相当于东部一个中等县级市的市区面积。

从 1979 年到 2011 年，深圳市的建成区规模从 3 平方公里扩大到 934 平方公里，增长 300 多倍；城镇人口从 3 万人增加到 1500 多万人，增长 500 多倍；GDP 从 1.96 亿元到突破 11000 亿元，增长 5000 多倍。这在城市发展史上是难以被超越的纪录（作为比较，上海 1843 年开埠，人口不足 10 万人，目前人口大约 2400 万，170 年间增长了 200 多倍）。③

---

① 1988 年 11 月 7 日，深圳市工商物价部门下发了《关于对部分主要商品实行差率控制的通知》，对已放开的、群众反映强烈的大米、蔬菜、进口钢材、水泥、木材、彩电等重要商品价格实行特别差率管理制度。市局采价中心综合计算出当日的平均行情价格后，再通报给各国营、集体、个体等门店、市场，并在报纸、电台、电视等媒体予以公告，以供商贩、消费者、执法人员监督检查，从而制止和打击了哄抬物价、扰乱市场秩序的行为。

② 周秉腾．深圳经济特区价格体系的改革［J］．社会科学，1985（8）：22-24.

③ 北京大学国家发展研究院综合课题组．更新城市的市场之门——深圳市化解土地房屋历史遗留问题的经验研究［J］．国际经济评论，2014（3）：56-57.

第二节　蛇口工业区的改革

简练、有力的"时间就是金钱，效率就是生命"提出后，时人誉之为"冲破旧观念的一声春雷""划过长空的第一道闪电"。

——蛇口春雷："时间就是金钱，效率就是生命"

如果说深圳是全国改革开放的领头羊，那么蛇口工业区就是领头羊坚实的羊角。1979 年，深圳市蛇口工业区的第一声炮响，使蛇口工业区成为特区中的特区。蛇口工业区开始了改革开放的大胆探索，是最早成功建立全新的劳动用工制、干部聘用制、薪酬分配制、住房制度、社会保险制、工程招标制及企业股份制的工业区。

搞基建，降税率，挖出个"资金洼地"

时间就是金钱！蛇口工业区招商的速度就体现了这一点。

为了吸引客商，完善基础设施，蛇口工业区实施"五通一平"建设，也就是通水、通电、通车、通航、通电讯和平整土地。而蛇口工业区刚开始招商时，"五通一平"还在建设中。如果我们在"五通一平"工程完成后才开始着手招商的事情，那么从完成"五通一平"工程到投资商实际到场建设工厂之间这一段时间内，场地处于闲置状态，场地闲置意味着资金的浪费，这是一种无形的损失。

蛇口工业区紧邻香港，蛇口招商局向香港投资商开出的价码是：五年内，保证资本利得税在 10%水平不变（这在蛇口招商局的历史记录中还能找到）。而当时香港的资本利得税是 16.5%（有限责任公司）。显而易见，这对香港投资者的诱惑非常大。但是香港投资者还是有所顾忌，直到蛇口招商局的代表做出保证：若超过这个税率，多出的由蛇口招商局自己来填补。有了这个承诺，香港投资商才放心下来。而后国家规定利得税为 15%时，蛇口招商局也确实履行了诺言。

再回到开始，为什么香港投资者会来蛇口投资呢？看似理由已经很充分了：有“五通一平”，有低税率保障。但是实际上，很多地区也已经具备了这些条件或是更优的待遇（比如“七通一平”），却仍然招不来投资者。当然，具体问题需要具体分析。但就蛇口成功的案例来看，其实是选对了对象和选对了位置的问题。

种树引凤——人事制度、分配制度和住房制度改革

蛇口顺利引进了资金，如何让投资转动起来，为投资方提供服务，才是蛇口工业区今后发展的关键。有了场地，还需要大量的劳动者，需要吸引人才来落户，于是蛇口开始了人事制度改革、分配制度改革和住房制度改革。

人事制度改革的起点是干部调配机制。蛇口工业区对干部的选用采取了弃用干部调配，采用公开自由招聘的方式。弃用干部调配还有一个重要的原因：“这一批借调或调任的干部、技术管理人员及职工，都是根据蛇口工业区后勤服务基地的思路配备，仅仅限于水务与交通方面，远不能满足一个综合型工业区的发展建设需要。”① 于是，蛇口工业区面向全国各地和各类重点大学，公开透明地招聘工业区所需的各类专门人才。蛇口工业区的负责人袁庚主张废除干部职务终身制，实行聘用制，将工作的责任落实到具体的人身上，并与其利益挂钩，使其能充分发挥自身的能力。

蛇口在人才的追求方面是执着的。1981 年 4 月 20 日，蛇口开始筹办企业管理干部培训班。最后一大批人才被发掘出来，并涌入蛇口工业区。“人才是第一资源”，蛇口力求拥有一个多样化的人才团队。

不再拥有“铁饭碗”，1983 年蛇口从首届管委会成立开始，每年举行一次信任投票。据《袁庚传：改革现场（1978—1984）》中记载“参加投票的下属干部共 300 余人，回收 295 张信任票，其中 82 张对两委的工作提出了尖锐、诚恳、有价值的意见。投票结果统计，管委会成员的信任票全部过半数，袁庚的信任票最多。”这既是对干部自身的评价，也是对干部的警醒。该机制

---

① 涂俏. 袁庚传：改革现场（1978—1984）[M]. 北京：作家出版社，2008：193.

在一定程度上促进了干部工作能力的增长和办事效率的提高。

淘汰机制对蛇口工业区的工人同样适用，《袁庚传：改革现场（1978—1984）》中记载着这样一段故事，1981 年，在招商宣传会议上，有港商问道："如果老板请了工人做工，可不可以炒工人鱿鱼。"袁庚愣了一下，但还是肯定地回答道："能炒，当然能炒。"相比同时期，内地绝大多数是采用非雇佣关系的企业。蛇口工业区工人的工作效率是可想而知的。

蛇口率先探索按劳分配制度，开始采用定额超产奖励制，摒弃"大锅饭"。《袁庚传：改革现场（1978—1984）》记载，通过在运泥工作上采用定额超产奖励制度，司机起早贪黑，甚至为了节省上厕所的时间而减少喝水，最终使得原计划于 1980 年 3 月底完工的工程，整整提前了一个月，为国家多创产值达 130 万元。而其中工人在定额超产奖励制下所得奖金仅仅占了他们多创价值的 2%。

随着人才的不断涌入，原有住房制度的弊端逐渐浮出水面。在原住房制度下，居民住房主要由财政和企业全包，以至于不断增长的住房投资始终无法满足住房需求。据深圳市政府统计，自 1979 年到 1987 年底，住房投资共约 22. 4 亿元，占特区总投资 97. 67 亿元的 23%，共竣工 596 万平方米的住房，住房投资占国民收入 110 亿元的 20. 36%（全国是 8. 8%）。然而，住房问题仍得不到缓解，而且越来越紧张。1983 年初缺房 5000 户，到 1987 年约缺房 22000 户。

于是，蛇口工业区率先进行住房制度改革，实行职工住房商品化，迈出了全国住房制度改革的第一步。通俗来说，以前住房基本不花钱，每年只用交纳工资的 1. 5%作为房租。而当房子需要购买时，人们就会做出利益取舍，在省钱还是舒适上做出选择。企业方面，企业也不会盲目建设最好的房子。由于房子已经成为一种商品，在过剩的需求下，供求关系会促使更多供给进入市场。

以上三点改革都是针对人才的改革：人事制度改革是打开大门让人才流入，分配制度改革和住房制度改革是吸引人才、留住人才。因此，不管是哪一种改革都是以人为本，为民着想。也只有这样才能获得最有利的人力资源。以现代空间经济学的观点来说，创新往往发生在高新技术人才汇聚的地方。相信这一点是不难理解的，我们可以从外部效应来分析，特别是知识外溢上。

一个很通俗但又十分恰当的比喻："你有一个苹果，我有一个苹果，我们交换，结果我还是只有一个苹果，而你也只有一个。但是若将苹果换作是思想，我们交换，每个人就有两个思想了。"

人才的集聚是知识密集型产业出现和发展的基础，进而形成高新技术产业园区。一个产业园区是一个产业横向发展的表现。产业中的企业可以各取所需地进行人才技术的协助和交流，进而强化产业链，促进企业发展。蛇口工业区放弃"三来一补"，通过"双创"走上了高速发展的道路。

思考改革过程

最后还有一些问题，经常被我们所忽略，但是又很重要。比如"我市也是按深圳市的改革方针，跟随深圳市的脚步，为什么我市没有取得效果?"的疑问。

一个待开发的地区在条件方面也许已经具备了一定优势，但投资商不一定会来。不是人们不够理性，而是信息不完全或者在信息太多的情况下，理性分析所有选择太难了。

由此，我们应该认识到政府行为的重要性。尽管克鲁格曼模型指出"因聚集的积累性，经济活动的集聚具有很强的抗拒外部冲击的性质"，意思是说政府在企业集聚过程中起的是促进作用，而不是根本作用。

不仅政府宣传要到位，服务更是要到位。这是一个信息时代，很多观点都错误地认为，自己发出的宣传信息一定能传达到。但事实是，这是一个信息爆炸的时代，发出去的信息很可能就淹没在信息海洋中，没有强信息检索能力的人根本接收不到。而提高信息透明度和对称性，是降低交易成本、促进市场活力的一个重要手段。

蛇口工业区的改革是改革开放的起点，但是它对后世的影响还没有到达终点。

参考阅读 蛇口流传的三个笑话①

正在建设中的蛇口工业区是一种全新的尝试，需要新知识新思想的人才

① 蛇口流传的三个笑话［N］. 中国经济报，2018-07-12.（有删节）

和管理干部。袁庚想在蛇口做一次尝试，在几十年铁板一块的单位体制上打开缺口。

在蛇口曾流传着3个真实的笑话，都发生在蛇口工业区建设早期。

一是英国剑桥大学派访问团访问蛇口，工业区一位干部很谦虚地问，你们是“建桥”大学，主要建造多大的桥啊？二是美国商务代表团参观蛇口，工业区一位干部笑容可掬地问对方，英国人是讲英语，请问你们美国人讲什么语？三是谷牧视察蛇口时，一位干部汇报说，刚到香港考察，思想有很大的变化，不只是180度的转弯。谷牧笑问：那是多少度啊？这位干部认真地说，是360度的大转弯。谷牧笑着说，同志，那你转到哪里去了？

这些笑话，袁庚在不同场合多次讲过。袁庚讲这三个笑话有其特别用意。当时，正在建设中的蛇口工业区是一种全新的尝试，需要有新知识、新思想的人才和管理干部。当时，香港通行的做法是招考聘任制，袁庚想借鉴香港的办法，在蛇口做一次尝试，在几十年铁板一块的单位体制上打开缺口。

1979年11月，邓小平在一次讲话中专门谈到人才问题，强调要破格选拔人才，不能按照老规矩办。根据邓小平讲话精神，4个月后，谷牧在广东福建两省汇报会上，谈到蛇口工业区的问题时，首次提出一个崭新的概念，“择优招雇聘请”，并说：“你们要把蛇口工业区先办好，就可以取得一些经验”。参加会议的袁庚大喜，两天后致信谷牧，希望在允许招聘、招考和解雇之外再加上一条，对应聘应考专业人才，所在单位不要为难，谷牧当天批复同意。

当下，人员流动是一件很正常的事，但在20世纪80年代，所有人都是一个萝卜一个坑，很多人跳进那个坑里可能就会待一辈子。袁庚想摆脱干部对企业的人身依附，他认为这样才能让人才得到最大的自由发挥。他采用了两种办法：一是冻结，交通部冻结向蛇口工业区派干部；二是招聘，在全国范围内造势招聘干部。

1981年，蛇口工业区在广州、武汉、北京等地，以企业管理培训班招生的名义刊登招聘广告，公开招聘干部。王潮樑是武汉地区唯一通过笔试和面试的人。由于招录到的干部调动困难，原定1981年10月20日开学的第一期培训班，不得不推迟开学。即使如此，在开学以后，仍有学员陆陆续续报到。

1981年12月8日，后来被称作“蛇口黄埔军校”的企业管理培训班在简陋的教室里举行了一场迟到的开学典礼。袁庚在典礼致辞的第一句话就是“我对不起诸位，把大家骗来了”。培训班40多名干部一时间不知道他葫芦里卖的什么药。袁庚说：“蛇口工业区什么都没有，只有沙子和海水，如果我们干不好，就只能吃沙子喝海水。我是一个大冒险家，你们是些小冒险家，我在全国范围内把你们这些小冒险家网罗到蛇口工业区来，我们来冒一些险，搞一些改革。”

从内地到蛇口，尽管大家有备而来，但仍然不同程度地存在着转变观念、更新知识、扩大视野等众多实际问题。为此，袁庚举办的企业管理培训班实行一年学制，除了英语、粤语、驾驶、外贸实务、企业管理等外，还有一些专题讲座，最主要的任务就是解放思想。培训班曾请过加拿大多伦多大学的心理学教授江绍伦来讲授心理学。当时有人质疑，为什么要请资产阶级学术权威来散播唯心学？袁庚笑笑答道：“西方学者把人类行为学植入经济管理中，作为一门学科来为企业经营者服务。把‘效率’和‘满足感’放在经济学中来考察，也有可借鉴之处嘛。”

但6个月后，学员们便以崭新的面貌，奔赴各自的岗位。袁庚提前半年初步实现了他举办培训班的目的：培养蛇口工业区急需的中级管理人员，使之适应改革开放的形势，具备国际交往的能力。

为了进一步释放人才潜力，袁庚主张取消干部等级制度并实行聘用制，不分身份，不分等级，职务随时可以调整变动。顾立基是第二期培训班班长，“文革”后的第一批大学生，在清华大学曾发起成立了学生经济管理爱好者协会，并在1981年成为北京海淀区人大代表。当时，招商局在北京设点，专门负责毕业生招录，在北京出差的袁庚翻看学生资料时对顾立基感兴趣便亲自上门“考察”。顾立基回忆与袁庚的谈话时说：“当时他讲了改革开放，招商局需要有一批人跟他一块儿突破体制，给我印象最深刻的是，他说整个体制像一堆螃蟹，你钳着我，我钳着你，谁都动不了，谁都别想动，招商局在蛇口工业区就想解决这个问题。”

1983年，蛇口工业区领导班子调整，中层干部青黄不接。顾立基、周为民等4名学员，仅仅培训半年后便提前毕业，走马上任。工业区正式启动干部制度改革，实行聘任制。作为工业区招考引进的第一名干部，这一年11月份，王潮樑被任命为“海上世界”总经理。

“海上世界”是由一艘豪华游轮“明华轮”改装而成。“明华轮”1964 年诞生于法国，因戴高乐总统曾坐过而闻名于世，后来被广州远洋公司买下。1983 年 8 月，“明华轮”完成最后一次航行后，袁庚用 300 万元将它迎到蛇口。经过整修改造，成为集酒店、娱乐为一体的我国第一座综合性海上旅游中心。“海上世界”一经推出，就风靡深圳，是游客必到之处。1984 年 1 月 26 日，邓小平在蛇口视察最后一站就是这里。

被任命为“海上世界”总经理仅仅 3 个月后，王潮樑就体会到了什么是能上能下。“我被解聘的事还上了《人民日报》。”王潮樑回忆，“开头我都能背出来了：在深圳蛇口有一个著名的‘海上世界’，前不久它的总经理被解聘了，这个人作风正派，工作辛苦，但是没有做出开创性的事业，所以被解聘了。这就是新的蛇口观念。”

“蛇口的观念创新在改革中起到了引领作用，有了思想观念的解放，才会有执行层面的创新和思路。”樊勇介绍说。除了“时间就是金钱，效率就是生命”，蛇口流行过的口号还有“大胆走，莫回头”“空谈误国，实干兴邦”等。

……当蛇口进一步招商引资，开始全面建设的时候，面对的已经不单单是奖金制度、招标制度，它还必须面对用工制度、干部制度、住房制度、社会保障制度等几乎所有框框的制约，蛇口工业区被倒逼着一件一件去改、去试。

改革开放初期，房子是困扰我国千家万户的“老大难”问题，也是蛇口开发区早期不得不面对的一大难题。在改革人事制度的第二年，蛇口正式启动了住房商品化改革，蛇口也成为我国最早实行房地产改革的地方。

1981 年，蛇口第一批职工住宅竣工，当时蛇口职工的收入要远远高于全国其他地方，而蛇口的职工住房也一改过去低收入、低房租的老路，开始采用成本核算的办法，实行按质按量论价，由职工自由选租，从国家包供给、低房租的“大锅饭”制度转变到按成本计租。当时，内地一套房的月租金不过三五元钱，但在蛇口三室一厅的房子月租金是五六十元，约占职工月收入的 1/4。这样一来，蛇口的很多职工宁愿住小房子也不住大房子，宁愿住楼层采光差一点的丙类房也不愿意住甲类房，甚至出现了领导住房比普通职工小的现象。

随着工业区的建设推进，蛇口的人口也越来越多，住房需求量越来越大。1984年12月，蛇口工业区在全国率先实行租售结合的住房商品化改革。在提高房租让人感到租不如买的同时，鼓励职工购买住房并将回笼的资金投入建造新房，实现资金良性滚动。在1984年蛇口的一份房改文件中还出现了首付、月供、土地使用年份、房产权等新名词。

……在实践中最早走出住房商品化这条路的就是蛇口。4年后，深圳经济特区开始房改，全国的住房改革，是在1998年才真正全面铺开。为什么又是蛇口？“其中一个简单的答案，就是因为招商局是一个自负盈亏的企业，蛇口房改的动力离不开企业的贷款压力、资金压力。回头看当时的房改、实行干部聘任制，其背后有一个共同的主线，就是要摆脱铁板一块的单位束缚，从旧的僵化体制中把人解放出来。”樊勇介绍说。

当年蛇口突破重重阻力甚至冒着巨大风险实行的改革，很多在今天看来已是再平常不过的事了，可在当时，其主要目的就是打破计划经济的束缚，解决企业没有自主权的问题。随着蛇口经济发展和企业权力增加，袁庚开始考虑权力的束缚问题。在干部监督问题上，后来袁庚常常引用一句话，说权力导致腐败，绝对权力绝对导致腐败。

“在蛇口开发的前几年里碰到了数不清的障碍，这些障碍看起来是经济问题、观念问题，是每一个具体的人的问题，但最后都归结到了一些根本性的制度问题。”樊勇介绍说。

“当时我们事业发展起来了，招商局这边有银行、酒店，等等，就开始考虑几万人怎么监督？”梁鸿坤回忆，1983年4月，蛇口工业区第一届管委会宣布正式成立。袁庚在成立大会上说，从现在开始，将废除干部职务终身制，以后每届任期两年，每年一次民意测评，信任票数不超过半数者立即下台。

新任命的管委会委员，平均年龄46岁，知识结构、学历、观念等方面符合袁庚的期望。一年后的1984年4月，第一届管委会首次民意测验，300多人参加，收回信任票295张，7名委员全部过关。

第三节 资本市场的创立

在深圳的经济发展过程中，资本市场功不可没，可以说，深圳证券市场的发展是与深圳的经济发展同步的。当深圳被划为中国第一个经济特区后，前赴后继赶来的创业者、追梦人，在这片新大陆上恣意驰骋，新兴产业层出不穷，由此推动了证券市场的发展。而证券市场的发展反过来又推动了各企业的发展，二者合力促进深圳的经济发展。

深圳证券交易所创建人之一、第一任副总经理禹国刚曾说过，“许多外国人并不知道深圳在哪里，但是他们知道中国有个深圳证券交易所，深圳的股市行情全世界都能够看到，深交所已成为深圳经济特区的一张特殊名片……”言语中不乏自豪。

证券市场之路

回顾历史，我国证券市场的发展始终是困难重重。自鸦片战争之后，股票传到我国；清政府又因为几次战败背负了巨额赔款，不得已采取“息借洋款”引进了公债，可以说，早期证券市场的形成完全是被动的。直到南京国民政府时期，随着大批学业有成的学子归来，他们开始主动对证券市场探索。这一时期，公债、产业债券、交易所的重要性陆续被不同的人提及，证券交易活动进入高速发展时期。战争年代，证券市场喜忧参半。中华人民共和国成立后为我党稳定市场、吸收社会游资、安抚资本主义工商业者起到巨大作用。但随着计划经济体制的建立完成，证券市场一度遭到摒弃，这是因为证券市场隶属于商品经济，可以说是经济制度的必然的内在选择。直到 1978 年，国民经济进入调整恢复时期，证券交易活动才得以恢复。

经济体制改革使股票、债券得以再次现身市场，多种形式的经济联合体如雨后春笋般大量涌现。1982 年，广东省宝安县联合投资公司在深圳成立，这是国内首家通过报刊公开招股的公司。次年，“深宝安”股票凭证诞生。随后，大批企业进军股票市场，证券交易在深圳如火如荼地展开。1986 年 10 月

14 日，邓小平赠予访华的约翰・范尔森——时任纽约证券交易所董事长——一张面值 50 元的上海飞乐音响股份有限公司的股票。我国首次向世界发出了我们也要发展股份经济的信号。

以股票等证券进行融资、投资的方式渐渐被更多的人接受。由于参与证券交易市场中的人越来越多，交易数量也随之暴增，但尚无固定地点、相关机构可用于交易，造成交易困难，成本极高，也导致了黑市的产生及活跃。于是在 1987 年，国家正式开始了对股票市场的规范管理。1991 年前后深沪两地证券交易所的成立，标志着我国证券集中交易市场的诞生，因为交易所的存在，我国的证券交易渐渐由分散的、场外的市场交易转向集中的、场内的市场交易。

中华人民共和国成立后首家证券交易所诞生①

交易活动开始之初，股市日趋火爆。在 1990 年 6 月，深市“老五股”——“深发展”“深金田”“深原野”“深万科”与“深安达”都有不同程度的暴涨。最低的也有 100%的涨幅，最高的涨幅达 380%。深圳“股票热”很快便引起了党中央、国务院的高度重视，国家开始对深圳企业股份制改革和证券市场进行了多次调查，随之而来的还有关于股票市场是去是留、企业采取股票制是利是弊的激烈讨论。

改革如用兵，兵贵神速，有时候快刀斩乱麻才会收获奇效。国内从没有过这方面的经验，于是时任深圳市委书记兼市长的李灏率团远赴英、法、意三国考察。在考察期间的一次座谈会上，欧洲的代表们向李灏建议中国应该尽早完成规范的证券交易机构的建设。可以说，这趟国外之行更加坚定了深圳人早早完成证券市场的规范管理、早早完成设立证券交易机构的决心。

但任何事的转变都不会一蹴而就，据深圳证券交易所第一任负责人王健回忆，当年他曾被西方一位记者问得哑口无言。这位记者问：“你们有公司法吗？有证券法吗？有会计法吗？有证券商吗？什么都没有。无法过户、无法交割，

① 此处是以深圳证券交易所试营业的时间计算。

发的股票不就是一张废纸吗?”一语惊醒梦中人,“当时就说一定要把‘法’建立起来,把交易所建立起来,把各种规章制度建立起来,否则股票像魔鬼。”

尽管当时我国的证券市场已有雏形,证券交易开展得也有声有色,但是我国在证券这一领域的相关法律法规建设远远不够。想要完善法律法规不是一朝一夕能够完成的,但是基本条件一定要有,否则要建立规范的证券交易机构,不知要等到什么时候。作为中国历史上第一批外派日本学习金融证券的留学生之一,禹国刚受命担任领导小组属下专家小组组长,担负起主持起草特区证券市场相应法规和规章制度的重要工作。

因为国内从没有过这个领域的尝试,而仅仅靠我们自己一点点摸索时间上又等不及,于是时任市委书记兼市长的李灏下达了“移植借鉴国外证券市场成熟经验”的指示。禹国刚遵从指示办的第一件事,就是大量收集并迅速翻译外国证券市场相关法规。由于经费紧张,禹国刚和协助他翻译的几名研究生就在他家中开始了这项工作。历时五个月,禹国刚等人不仅成功大量翻译了国外的相关法规制度,还因地制宜地根据深圳的实际情况起草了适合经济特区的证券市场发展的相关法规制度。经过多次论证,最终汇总成33万多字的《深圳证券交易所筹建资料汇编》,简称《蓝皮书》。这对深圳证券交易所乃至上海证券交易所的筹建,都起到了指导性的作用。

在后一步开始筹备建设交易所的上海借走《蓝皮书》后,一度传来上海要先一步深圳建立证券交易所的消息。这给深圳方面的工作人员带来了极大压力。因为1990年深圳的股票市场过热,导致关于深圳的讨论也最持久,因此尽管深圳要比上海早一步向中央提交了申报,但因为上海方面要顾及浦东开发的速度,在政府的支持下,上海证券交易所的“出生证明”呼之欲出。

这时,李灏再一次起到了关键作用。1990年11月22日,李灏与几位市领导前往视察深交所筹备工作,一进门便问:“准备工作做得怎么样了?今天我们可是来拍板的!”禹国刚当即表示:“你们今天拍板,明天我们就开业。”不少人当时仍有疑虑,对此,禹国刚的解释是,如果深交所能够尽早开业,当前市场上85%的毛病都可以立即清除掉,反之当断不断,任由柜台交易继续乱下去,总有一天会发展到不可收拾的地步。最后李灏的决定是,深圳应该充分利用中央给予的特区试验权,在培育健康有序的股票市场方面先行一步。“12月1日开业！此事今天就拍定了！以后不再开会研究！”后面的事就简单多了，1990 年 12 月 1 日，王健敲响了深圳证券交易所试营业的钟声。同年 12 月 19 日，上海证券交易所正式挂牌成立。而直到 1991 年 7 月 3 日，深交所才举行正式开业典礼。至此，可以说中国的证券市场正式诞生。①

1992 年，邓小平在“南方讲话”中明确指出：“证券、股市这些东西究竟好不好，有没有危险，是不是资本主义独有的东西，社会主义能不能用？允许看，但要坚决地试。看对了，搞一两年。对了，放开；错了，纠正，关了就是了。关了，也可以快关，也可以慢关，也可以留一点尾巴。怕什么，坚持这种态度，就不要紧，就不会犯错误。”

在当时的情况下，市长李灏与禹国刚、王健等人所做的事需要何等的胆识与魄力。“坚决地试！”一锤定音。这就是改革年代的探路者应该具备的宝贵的精神。

股市“核裂变”

没有什么会是始终一帆风顺的，在资本市场给经济带来巨大活力的同时，一场危机也在酝酿之中。

1992 年 1 月，“股票认购证”悄然出现并迅速席卷股市。5 月 21 日，上交所由于操作不当，引起股市暴涨，价格连飙两日，导致越来越多的人开始相信股市可以让人一夜暴富。8 月 10 日，深圳的“股票认购证”摇号吸引了数以万计的股民，当时号称超过百万人参与认购。

此次股票认购风波给深圳股市和上海股市都造成了重大打击，两市股价都发生了大幅下跌。这也给我国经济发展敲响了警钟。

通过这件事，笔者也不禁思考：我们一直在赞美市场经济，但是也要认识到资本“既能载舟，亦能覆舟”的力量，尤其是股票市场，由于监管体系还不完善，人们缺乏投资意识，于是容易产生这种“一窝蜂”抢的不理智行为。

---

① 苏荣才．前深圳市委书记李灏回忆深交所建立的前后［EB/OL］．深圳新闻网，2010-10-15.

参考阅读① 深交所创始人禹国刚："深交所" 开启深圳资本市场

新中国第一只股票是"深宝安"，还是"小飞乐"？新中国第一个证券交易所是深交所还是上交所？这两个问题的答案一直有争议。

74 岁的禹国刚给出了答案："深宝安"于 1983 年 7 月 8 日公开招股，而"小飞乐"是 1984 年 11 月 18 日。深交所"先生下孩子"（1990 年 12 月 1 日），而上交所"先拿到准生证，后生下孩子（1990 年 12 月 19 日）。"

禹国刚是中国证券市场的先行者和拓荒者。他是深圳证券交易所创始人、前法定代表人，也是当时深圳证券交易所主持工作的副总经理。近日，他向记者讲述了 20 多年前新中国第一家证券交易所成立背后的故事。

禹国刚 1968 年毕业于西安外国语学院。1981 年春节，他变卖了家里的一台三洋收录机和一台十四英寸的黑白电视机共 700 元，带着老婆儿子闯深圳。1983 年，作为深圳爱华电子公司党委秘书兼日语翻译，禹国刚被全国青联选派到日本学习证券。回忆起当时的情形，老人家至今仍激情澎湃。

深交所筹建"一波三折"

1988 年 5 月，时任深圳市委书记李灏在全国第一个提出创建深圳资本市场。1990 年 5 月，禹国刚和王健等人去北京报批深交所开市，得到的回复是："'深圳证券交易所'这个名字太敏感了，不能批。建议更名为'深圳证券市场'。"他开玩笑说："如果我们挂牌叫'深圳证券市场'，这样和卖菜、卖肉的市场有什么分别？"深交所的"准生证"也因此迟迟没有拿到。

1990 年 11 月 22 日，深圳市领导来视察交易所筹备工作。当时，有两派意见，一派主张开业，一派主张不开。李灏当机立断：深圳证券交易所筹备工作已经就绪，1990 年 12 月 1 日，开始集中交易。就这样，在还未领"出生

① 深交所创始人禹国刚："深交所" 开启深圳资本市场［N］. 广州日报，2018-08-07.（有删节）

证”的前提下，深圳证券交易所于1990年12月1日就开始了集中交易。18天后，上海证券交易所也开始集中交易。

“深交所能成立太不容易了。因为如果有了上交所，中国第一家证交所还轮得到当时只是小渔村的深圳？不可能！”禹国刚感慨道。

新中国第一只股票是“深宝安”，还是“小飞乐”，一直以来都存有争议。禹国刚的家里有一面墙，陈列着当年的股票及报纸等“史料”，逢人问及，他便立马用当年的“铁证”来说明：此事无须再辩。他示意记者去阅读墙壁上当年当日《深圳特区报》的刊文，及当时“深宝安”和“小飞乐”的股票样本，称“深宝安”于1983年7月8日公开招股，而“小飞乐”是1984年11月18日。

1990年下半年，深圳证券交易市场已经发展到了5只股票和12家证券部。但深交所开市的第一天，仅有一只股票挂牌。在“老五股”中，安达首先办好了托管手续。当时本着先托管、先上市的原则。安达成为深交所第一只挂牌上市的股票。当时报纸的报道就是最好的证据。

禹国刚认为，中国证监会首任主席刘鸿儒的说法非常准确：深交所试营业在先，上交所是正式营业在先。“这个表述道出了深交所、上交所先后开始集中交易的历史真相。不仅尊重历史，而且符合国际惯例。”

股票像白菜一样装麻袋

20世纪80年代，老百姓对股票不了解，当时股票发行工作十分困难。禹国刚透露，30多年前，老百姓购买股票如同在菜市场买菜一般，“人们买了股票，往麻袋一装，朝床底下一放。”

1990年5月，为了筹集1000万元作为深圳发展银行的开业资金，禹国刚等人不惜采用了“菜市场”的那一套法子：把股票放在解放牌大卡车上，再装上两个高音喇叭，开到沙头角，开到蛇口、岗厦等当时的农村地区，吆喝着“快来买股票”。

有些人稀里糊涂买了股票却发了大财。深圳市模范市民陈观玉便是其中一个。1987年，本着支援国家建设的心态，陈观玉购买了两万股深发展股票，没想到这笔原始股从1990年1月就开始不断升温，3月时，深圳发展银行迎来股票拆细，一股变作20股；再从5月到12月，原本十几元的股涨至了

120元。

“陈观玉的后人也不懂得股市，股票还一直在床底下放着呢。后来股价涨到最高价的时候拿了出来，获得了近百万的收益，但老太太全捐给了公益事业。投资股票你说难也难，你说容易也容易。”提起这个故事，禹国刚笑着说。

2亿元抓“龙头股”救市

禹国刚回忆说，20多年前由于人们对股票的风险估计不足，也出现过“股灾”。1990年5月29日起半年内，一直上涨的深圳股市从12月8日开始狂泻。1991年8月，深圳股市几乎崩盘。

“救还是不救?”1991年7月10日，深交所召开了第一次救市会议。会场上出现了两种声音：一种是以禹国刚、王健为主的“企业出资救市”；一种则是以深圳本土企业老总们为主的“反对救市”，二者争论了许久。心系股市命运的王健当场因心肌梗死晕倒在会场。

禹国刚一边与病重的王健商量对策，一边找市领导要政策，终于在9月2日的第五次救市会议上，深圳市市长郑良玉同意他的救市方案。禹国刚争取到2亿元的“股票调节基金”，买入深发展托市。

但实际上，2亿元对于当时总市值为50亿元的深圳证券市场来说，是杯水车薪。于是，禹国刚想到了抓“龙头股”，“只需要抓好深圳发展银行，抓住了龙头，就能以龙头带动龙身龙尾。”

精心布局下，证券市场温度逐渐回升。从9月7日“龙头股”跌至13.40元，到10月3日深发展挂出了14.95元的价格，许多先前对证券市场丧失信心的股民，又一次杀回了证券市场，股价再次狂升。当年10月8日的成交金额就有3685万元，创下1991年全年的最高纪录。

“当时救市真的是赌一把。那时深圳市政府一年的财政也就是三四十个亿，要是失败了，就打了水漂了。”20多年后，回忆起这段不同寻常的救市经历时，禹国刚依然唏嘘不已。

在禹国刚看来，深交所当时就像是一个刚出生的婴儿，如果不救市，可能就夭折了。

没深交所就没深圳的今天

1992—1993 年，禹国刚担任深交所法定代表人，在他的主持下，深交所开始全面实现交易电脑化、交收无纸化、通信卫星化、运作无大堂化。其中，交易电脑化、交收无纸化使得纸质股票被电子信息记录所取代，不仅降低了发行成本和交易成本，更解决了存在许久的黑市买卖问题；通信卫星化，首创证券卫星通信系统，解决了股市行情远距离通信问题，延展了深交所的辐射范围；运作无大堂化，解决了效率低下、人为操纵等问题。

在禹国刚看来，深交所的创建无论从深圳还是全国金融改革开放的角度来说，都是具有里程碑意义的。深圳过去 40 年的高速发展更是离不开金融产业的带动。当前深交所上市公司市值已经超过了香港交易所。长期以来，深交所的日成交金额超过了上交所、港交所和台湾证券交易所，稳居榜首。“可以说，没有深交所，就没有深圳的资本市场，也就没有深圳的今天。”

1995 年，禹国刚从深交所法人代表的岗位上退下来，转为对国内外股市发展趋势研究，2000 年调至中国证监会政策研究室。

2004 年，时年 60 岁的禹国刚办理了退休手续。但他对中国股市的关注却从未减弱。他说，希望中国股市能健康、平稳发展，证交所有朝一日能和纽约、伦敦的证券交易所平起平坐。

编者札记

对于深圳的飞速发展，一直存在一种片面看法，认为深圳当年是倾全国之力建设的特区，这是与历史不符的错误说法。回顾深圳发展过程，可以说，由国家和政府投入的资金是非常少的。深圳的起步，可谓“缺钱、少人、无技术”，捉襟见肘，虽然有土地资源，但也因为各种固有的法律法规限制，无法发挥作用。按照经济增长理论的生产函数模型分析，经济增长的所有关键要素都不具备或不充分，理论上本不具备发展的空间。深圳之所以能够脱颖而出，在于解放了这些生产力要素：缺钱就引资，用土地换资金，借船出海，主要依靠外部投资；没有人才，就争取改变人事、工资等分配制度，建立激励机制，种上能引良禽之木；没有技术就从低端制造开始学起，滚雪球式地发展壮大；所有这一切都是从 0 到 1，靠的都是突破约束性的制度限制。如果说中央支持了深圳，也主要是在制度层面上，给深圳开了一个个“小口子”，而且这也是深圳努力争取来的，并不是从天而降、张口能吃的“馅饼”。很多都是深圳率先试验，之后才推广到其他地区甚至全国（经济特区的“特殊政策”也只是到 1995 年前为止①），其间需要顶住多少非议、争论和压力，应该说制度的破立和创新，才是深圳这一段创业过程的真正的引擎。

当然，毋庸讳言的是，深圳的发展具有时间和空间方面的重要因素，就是毗邻香港这个国际化的发达经济金融大都市，而且在时间上也满足了香港产业升级转移的要求，天时、地利都具备，可谓“近水楼台先得月”，这也正是本书从空间经济学角度入手解读深圳发展的一个主要原因。历史选择了深圳而不是距离香港略远的东莞或惠州作为经济特区，这是深圳发展的一个前因和外因，但是如果没有勇于改革、敢为人先的后天努力，结果也未必如此。

最后我们将资本市场的建立也放在本章，不仅仅是因为深圳证券市场建立最早，具有改革标杆意义，而是仍紧扣深圳高速发展这条主脉络。资本是工业化时代经济发展的主要动力源，深圳如果只是解决了引入外资和外部劳动力的问题，而没有资本造血再生功能，未必就能如此快地发展起来。建立深圳证券交易所和其他所有先行先试的改革举措一样，充满了艰辛。

---

① 唐杰．“新常态”增长的路径和支撑——深圳转型升级的经验［J］．开放导报，2014（6）：11-18；胡彩梅，郭万达．深圳转型升级和创新驱动：分析与借鉴［J］．开放导报，2015（5）：23-28.

05 第五章 小政府vs大社会

在高科技产业的每个行业，包括细分行业，深圳都涌现了一批领军企业，有些还成为著名的世界级企业，如华为、腾讯、比亚迪、大疆等。是什么原因成就了深圳高科技产业发展的辉煌？从我在深圳近三十年的工作经历和亲身体会来看，我认为深圳高科技崛起的根本原因是小平同志所确定的改革开放大方向，是深圳几十年来坚持市场经济取向的改革，是在正确处理政府与市场，民企与国企，自主创新与对外开放等方面大胆探索和实践，并取得一系列制度创新成就。

——深圳市前副市长张思平

第一节 创新从知识产权保护抓起

深圳一家机器人企业的负责人黄培坤最近异常忙碌。这几年，3C 电子行业的智能制造需求剧增使公司的发展走上快速轨道，这阵子正在引进投资者做 A+轮融资。不过，深圳即将出台的一则知识产权方面的法规，可能会让他忙上加忙。

该法规是指《深圳经济特区知识产权保护条例》，这也将是全国首部综合类知识产权保护条例。近日，深圳市人大常委会办公厅公布了该条例的草案。其中，颇受关注的一点是，该条例拟规定在侵权所得收益难以确定的情况下，最高罚款 500 万元，堪称史上最严知识产权保护条例。

黄培坤是深圳一家科技公司的负责人。让他忙上加忙的是，他需要开始建立自己公司的知识产权体系和法律团队。不同于资金雄厚的大企业，也不同于小企业——前者大多已经建立了知识产权团队而后者专利甚少，处在中间地带的他对这一需求尤为迫切。①

众所周知，随着经济全球化进程的不断推进，知识产权在企业竞争优势中的占比越来越大。知识产权可以转化为生产力，有时也是公司的核心竞争力。

为什么说知识产权是核心竞争力？我们要明确核心竞争力的作用：它可以使企业保持长期的竞争优势，获得稳定的超额利润，且不易被竞争对手模仿，并使企业实现可持续发展。

一些企业通过技术创新，然后迅速实现工业化，将其转化为新产品和新工艺，抢占市场，获得效益。市场成熟后，这些技术又将被转让给其他公司并从中再次受益。同时，掀起新一轮技术创新抢占新技术制高点，占领新市场。这也是创新的持续性来源。

真抓实干为企业创新护航②

从 20 世纪 80 年代到 21 世纪，中国的知识产权制度只用了 20 年就取得了令人瞩目的发展成就，实现了从本地化到国际化的转变。2003 年是中国政府进一步加强知识产权保护工作并取得新进展的一年，这一年，中国的知识产权制度得到了进一步完善。2010 年国务院公布了新修订的《中华人民共和国知识产权海关保护条例》，国家版权局修订了《著作权行政处罚实施办法》，国家知识产权局制定了《专利实施强制许可办法》和《专利代理管理办法》，修改或废止了 26 项与世界贸易组织规定不一致的知识产权规章或文件。

广东作为全国率先认识知识产权问题的省份，其佼佼者——深圳也在自身创新发展的道路中，摸索出了一套知识产权保护办法。2003 年 9 月 2 日，深圳市政府还联合广东、香港知识产权署举行研讨会，重点研讨内地与香港的知识产权保护制度，寻求加强粤港知识产权方面的合作。2004 年设置深圳

---

① 王蒙．史上最严知识产权保护令将落地，侵权最高罚 500 万［N］．第一财经，2018－08－20.（有删节）

② 深圳将实施最严格知识产权保护［EB/OL］．http：//www. shenkexin. com/news/info－news－1151. html；广东、深圳和香港将研讨加强知识产权保护合作［EB/OL］．http：//law. southcn. com/jjfz/zscq/200308260319. htm.

市知识产权局（挂深圳市版权局牌子）。早在 2008 年 4 月 1 日，深圳市就率先出台了全国第一部综合性知识产权保护的特区法规《深圳经济特区加强知识产权保护工作若干规定》。2009 年，深圳率先建立了专利、版权、商标和技术秘密“多合一”大型知识产权管理体系，成为全国唯一实施全面知识产权管理的城市，建立了知识产权三级联动管理体系。2017 年 8 月 24 日，深圳市政府常务会议通过了《深圳市关于新形势下进一步加强知识产权保护的工作方案》，提出到 2020 年，将努力建成全国最严格的知识产权保护体系。

建设国家最高标准的保护示范区，严格保护知识产权，可以为企业提供良好的创新环境，使创新型企业家能够安心实现发明创造。自 2009 年以来，深圳已查处各类知识产权侵权案件 7396 件，其中商标侵权案件 5845 件，侵犯专利案件 1053 件，侵犯版权案件 498 件。设置国内互联网行业最高数额的行政处罚。此外，还处理了在国内外具有重要影响力的知识产权案件，如“苹果”手机屏幕罚款超亿元，严厉打击了各类知识产权违法行为。2017 年，深圳市各级人民法院新收知识产权案件 28027 件，与 2016 年受理案件总数（21609 件）相比，增幅达 29.7%。

深圳南山区目前是以科技创新产业为支柱产业的一个行政区，也是知识产权保护的直接受益者。通过对辖区内知识产权案件的执行到位，为科技创新企业打造了适宜发展的良好市场环境。深圳在知识产权保护实施方面所做的部分工作，如表 5-1、表 5-2 所示。

表 5-1 2012—2015 年深圳市南山区人民检察院办理侵犯知识产权案件数量

单位：件/人

年份	处理情况					
	受理提请批准逮捕	批准逮捕	受理移送审查起诉	提起公诉	不批捕	不起诉
2012	32/63	26/48	29/70	29/62	6/15	4/13
2013	25/68	12/28	21/49	12/32	12/37	4/7
2014	24/55	13/23	19/43	13/33	12/35	5/27
2015	34/81	22/52	27/69	15/32	10/24	5/12
合计	115/267	73/151	96/231	69/159	40/111	18/59

资料来源：深圳市公安局。

表 5-2　2012—2015 年深圳市南山区受理移送审查起诉侵犯知识产权案件情况

单位：件/人

序号	类别	知识产权案件	2012 年	2013 年	2014 年	2015 年	合计
1	商标类	假冒注册商标	15/35	6/15	8/21	8/18	37/89
2		销售假冒注册商标的商品	9/24	7/12	7/10	9/17	32/63
3		非法制造、销售非法制造的注册商标标识	0/0	1/1	1/4	3/14	5/19
4	专利类	假冒专利	0/0	0/0	0/0	0/0	0/0
5	著作权类	侵犯著作权	3/4	4/12	2/7	4/9	13/32
6		销售侵权复制品	0/0	0/0	0/0	0/0	0/0
7	商业秘密	侵犯商业秘密	2/7	3/9	1/1	3/11	9/28
8	合计		29/70	21/49	19/43	27/69	96/231

资料来源：深圳市公安局。

2016 年，深圳的知识产权在数量和质量上均稳步增长，并创造了多项国家第一。2016 年，深圳国内专利申请量达到 145294 件；国内专利授权量达 75043 件；国内累计有效发明专利达 95369 件，万人拥有发明专利 80.09 件，在全国所有主要城市中排名第一，是全国平均水平的 10 倍，达到了日本、美国、欧洲的发达国家水平。商标注册申请数量为 253275 件，是 2014 年商标注册申请数量的近一倍；商标注册审批数量为 139763 件，在全国大中城市中排名第三，居广东首位；截至 2016 年底，深圳市有效注册商标共有 555421 件，在全国大中城市中排名第四。2016 年，深圳增加了 4 个中国驰名商标，并在广东省增加了 34 个著名商标。深圳在广东省累计拥有 166 个驰名商标和 506 个著名商标。一般工程的版权登记总数为 3467 件，占广东省登记总数的 9.9%；计算机软件著作权登记数量为 43550 件，占计算机软件著作权登记总数的 10.68%，占广东省登记量的 47.48%，深圳包括计算机软件在内的技术型企业的创新能力大大提高，进入了快速发展的新阶段。

2017 年，深圳国内专利申请量达 177103 件，同比增长 21.89%；其中，发明专利申请 60258 件，同比增长 6.96%。国内专利授权 94250 件，同比增长 25.59%；其中，发明专利授权 18926 件，同比增长 7.13%。截至 2017 年底，深圳累计有效发明专利量达 106917 件，同比增长 12.11%，占全国有效发明专利总量（1413911 件）的 7.56%。每万人口发明专利拥有量为 89.78 件，为全国平均水平（9.8 件）的 9.2 倍。有效发明专利维持 5 年以上的比例达 86.72%，居全国大中城市首位。PCT 国际专利申请量突破 2 万件，达 20457 件，占全国申请总量的 43.07%（不含国外企业和个人在中国的申请），连续 14 年居全国大中城市第一名，其中，华为、中兴位列全球 PCT 申请量前两位。

“1+1+5+N” 知识产权运营模式①

在众多措施中，最值得注意的是引入市场机制进行知识产权保护。近年来，深圳积极引入市场机制，以市场化的方式解决知识产权经营困难的问题，全面打造深圳“1+1+5+N”知识产权运营模式。

第一个“1”是指华南知识产权运营中心和国家知识产权运营平台的建立。第二个“1”是指设立约 20 亿元的知识产权运作基金，其中政府将投入 5 亿元引导基金。对于具有良好市场前景和社会效益的知识产权成果，对其进行工业化发展和项目包装形成专利池或专利组合。然后通过技术交易、技术合并和收购转让和许可，以加快知识产权成果转化的过程。“5”是指培养五个国家级知识产权经营者。“N”是指开发不同类型（如交易、评估、咨询、投融资、保险、证券、互联网+、权利保护等）的新型知识产权业务。

如何创建良好有序的知识交易环境，这是政府的责任所在。深圳在培育知识产权市场方面不遗余力。

在知识产权交易市场，交易和托管项目的数量大幅增加。根据《深圳市 2016 年知识产权发展状况白皮书》的统计，2016 年，国家专利技术（深圳）展示交易中心完成知识产权交易 543 次，成交金额 1335 万元。截至 2016 年底，交易中心共完成专利交易 1375 件，成交额达 8350 多万元，交易量位居

① 中国知识产权的国际化之路——专访北京中兆律师事务所马一德律师［EB/OL］. http://ip.people.com.cn/GB/11458661.html；兰磊：创新视角下的知识产权——反垄断法关系［EB/OL］. http://www.docin.com/p-1162171854.html.

全国前列。截至 2017 年底，交易中心共计展出 3300 项以上专利技术产品，累计发布预交易专利信息 15800 余项，可交易专利项目 6692 项，覆盖了电子机械、新能源等近 30 个技术领域。2017 年，该中心共完成专利交易 190 件，交易额度达 468 万元。历年累计完成专利交易 1565 件，累计交易额度达 8503 万元。

2017 年，深圳企业作为专利权人的专利（职务发明）达 156055 件，占全市国内专利申请总量的 88.12%，深圳企业作为创新主体的地位明显。其中，深圳微芯生物、国民技术、华为终端、华讯方舟、腾讯科技、大疆科技等公司还荣获专利、商标等金奖。

如何激励创新，深圳政府的做法是补充和完善产业链，完善也包括合同执行在内的市场规则体系。例如，在移动电话行业的转型中，深圳政府做出了一件看似微不足道的事情：当时，手机上网必须通过北京检测中心的检验，而 3~4 个月的检验过程不能满足产品更新换代的需求。于是深圳政府向工信部申请设立深圳检测中心，并通过财政补贴的方式为中心提供运营支持。政策出台后，迅速引发深圳“山寨”手机向自主品牌转型，进而带动整个手机产业链升级。

深圳政府做了很多不那么引人注目的工作，即支持、引进和培育市场。例如，2017 年深圳知识产权保护局与平安产险集团签订战略合作协议，在全国范围内首推全新险种——专利被侵权损失保险。截至 2017 年底，深圳共有 759 家企业的 5671 件专利投保，保障总额达 20 亿元。2017 年，深圳为加强企业知识产权管理规范的推广工作，对通过贯彻实施知识产权管理规范国家标准认证的企业给予每家 20 万元的资助。2017 年，深圳市知识产权专项资金投入 2.649 亿元，用于资助和奖励国内外发明专利、PCT 专利申请、境外商标注册和计算机软件著作权登记等公共服务项目。

尊重市场选择，崇尚法治规范，致力于建设以市场竞争为导向，以政府公共服务为基础，激励创新，推动可持续经济社会发展。这是深圳政府作为一个有为政府，不盲目干预市场，知道有所为有所不为，选择遵循市场规律进行调整的体现。在这样的指导思想和行动推动下，深圳创新出现“四个 90%”的现象：90% 以上的研发机构在企业，90% 以上的研发人员在企业，

90%以上的研发资金源于企业，90%以上的专利发明出自企业。

非共识创新①

而在市场机制外，对于一些现阶段还不被市场认可的创新，深圳市政府也没有忽视它们——非共识创新。所谓的“非共识创新”是指经过科学开发已产生初步结果的创新，但尚未得到业界的广泛认可。②

“非共识创新”往往与权威论点背道而驰，由于其创新性，实现起来既困难又冒险。然而，这些研究可以说是科技创新的源头活水：量子理论作为现代物理学的支柱之一，是非共识研究的结果。当我们尚未能够确定哪些非共识性研究可以转为成果，哪些属于无效劳动前，社会对此应宽容。从“非共识”到“共识”，它可能属于“小概率”事件，但它往往孕育出创新之“火”。可以说，在本身知识转化率不足10%的创新市场，非共识创新绝不是市场的宠儿，它们转化率低，成本投入高，回报率低，指望完全由市场去鼓励这部分创新是不现实的。

首先，政府“支持非共识创新”与“站在巨人肩上”。这是因为如果有共识了，那就是常识，就一定不是创新。但在支持之前，一定要在对创新项目仔细评估的基础上进行前瞻。其次，政府支持战略性新兴产业，支持的方式类似于“湿地效应”。政府创造公平公开透明的政府规则，以保持生态系统的发展，但不把自己的行为蔓延进企业的生存空间。而支持战略性新兴产业的过程中，政府从来不包办代替企业创新，而是让市场主导。

2006年7月25日，深圳市人民政府办公厅印发《深圳市非共识技术创新项目资助计划操作规程》的通知。其中明确规定了政府对于非共识创新的资助对象和方式，以及包含一套严密的评审程序和监督检查制度。在笔者看来，

① 包容非共识创新 将孕育创新“火种”［EB/OL］. http://news.163.com/16/0426/06/BLICBRJS00014Q4P.html；唐杰：创新发展永不停步［EB/OL］. http://epaper.jzrb.com/html/2017-03/13/content_435915.htm.

② “非共识创新项目”，是全国人大前副委员长成思危视察科技部时提出“颠覆性创新，要到专家委员会通不过的项目中去找”的批评后，科技部反思项目管理程序和机制，所作的一项制度创新所使用的概念。（编者注）

深圳政府这是在为非共识研究搭建一个平台，因为非共识创新的成功属于小概率事件，采样量不能小；小了，就可能一个也没有。因此，要制定相应政策，“宁可看错一千，不可漏过一个”。毫无疑问，这样的尝试在短期看来是很难取得成效的，但是当一个政府愿意为这样的风险埋单，同时建立一个行之有效的评判机制来管理风险，其所带来的人文精神影响和科学研究激励都是不可估量的。

另外，值得提一下深圳的无人机产业。在被问及是否担心无人机产业离开深圳去别处发展时，我们发现，只有在深圳这样一个集聚产业群的支持下，它的生产系统才是最有效的，换言之，它离不开深圳。无人机产业需要的碳纤维材料行业、航空铝加工行业、特种塑料、锂电池、磁性材料等，深圳都是最强的。在无人机这个前沿领域，核心技术的创新速度很快，必然要求它的配套产业也要快速升级换代，不然便会被淘汰。在深圳这样的产业集群下，知识产权并未限制创新的传播，而是通过一个产品的前端和后端蔓延开，通过一条产业链在整个领域拉动创新。再将目光转移到几年前的华为 IDC 反垄断案。① 当华为一纸诉状告到华为总部所在地的深圳中级人民法院时，我们可以看到，中国政府在鼓励本土的自主创新问题上不遗余力，有帮助本土企业摆脱在科技产品的供应链上受制于国外专利技术掣肘的强烈愿望。

唐杰教授认为深圳成功的原因在于，在近四十年的发展历程中坚持市场化的方向不动摇。他将深圳政府的作用总结为三点：一是为创新活动提供有效的市场环境，通过行政和立法手段来规范市场行为，鼓励企业依靠创新、专利等知识产权获得持续增长动力；二是扮演企业创新推动者的角色，采取各种激励措施降低创新门槛；三是构建创新政策支持体系，引发全国甚至是国际创新成果向深圳汇集。

市场经济的本质是合约，合约的本质是能够在法治的框架下被履行。当前，法治化要解决两种并存的现象：一种是“搭便车”，尤其是破坏知识产权的行为；另一种是政府的越位，中国未来改革开放要合理界定政府和市场的边界。

---

① 王真. 还原华为反 IDC 垄断案，胜诉背后的反思［EB/OL］. http：//www. tmtpost. com/97754. html.

深圳政府鼓励创新，同时重视创新知识传播的重要性。这样一个有很强创新活力源头，同时又将创新成果源源不断输送到城市各个行业的创新网络就形成了。在笔者看来，深圳实行的知识产权保护，不仅是保护所有权，还保护了知识知情权。

创新来源于竞争，竞争依赖于公平有效的市场机制，这是一个保障创新企业可以切实得到创新收益的法治化市场。从此意义上说，政府调控的最终目标就是保障市场机制能够有效运转。

马克思最早观察到工业革命将进入大企业时代，熊彼特最早提出了大企业是创新主体的假设。随着科学的进步和创新模式的逐渐规模化，中小企业正在成为创新的支柱，创新型中小企业依赖科技突破击败大企业，成长为新的大企业正在成为一个普遍的经济现象。面对新的企业成长生态，政府应该做的是不分亲疏、不拉偏架，不袒护落后，放手让企业竞争，放手让优势企业击败劣势企业。

唐杰教授总结深圳的特征在于市场主导、企业主体、政府保证，实际上就是两句话——深圳支持创新，支持非共识创新。深圳有一个口号叫支持“湿地效应”，保持湿地和扶持战略性新兴产业。“有事找市场，不要找市长”，要保持生物多样性，但是深圳怎么支持战略新兴产业？就是对未来的技术、产业的变动做预估，预估以后，所有产业内部的企业是要依靠竞争获取资源。政府只明确未来在一项产业上花多少钱，把钱花在哪些关键点上？至于是由华为来做，中兴来做？还是由比亚迪来做？不是由政府决定，而是由市场竞争决定。因此，深圳在这两个基础上实现了市场与政府的有机结合。

参考阅读 深圳实施最严知识产权保护，让世界记住“深圳创造”①

“比亚迪电动大巴车已经占据英国纯电动大巴市场50%以上的市场份额，而在伦敦这一比例更是超过90%。”比亚迪董事长兼总裁王传福告诉记者。在比亚迪打造出欧洲最大规模的纯电动巴士车队的同时，微信支付国际业务主

① 杜艳，苏梓威．深圳实施最严知识产权保护，让世界记住“深圳创造”［EB/OL］．南方网，2018-07-13．（有删节）

管格蕾丝·殷则告诉记者，微信支付已经实现在全球40多个国家和地区支持13种货币的支付。

习近平总书记指出，科技创新是建设现代化产业体系的战略支撑。要着眼国家战略需求，主动承接国家重大科技项目，引进国内外顶尖科技人才，加强对中小企业创新支持，培育更多具有自主知识产权和核心竞争力的创新型企业。

“从‘深圳制造’到‘深圳创造’，深圳企业通过研发专利，形成专利群才真正可以走向世界，让这座城市的专利、产品和品牌站在世界舞台。”深圳大学管理学院教授马敬仁说。作为全国高新技术产业发展的一面旗帜，此刻的深圳正全面推进体制机制、科技、产业、商业模式等创新，着力构建多要素联动、多主体协同的综合创新生态体系，打造具有全球影响力的创新活力之都。

实施最严知产保护条例

“把知识产权价值链涉及的所有环节融入一个空间，这在全国还是首家。”近日，在去年底开始运营的南山知识产权保护中心，南山区科创局局长刘石明说，通过“政府+市场+社会”三股力量，该中心实现了知识产权行政执法、司法保护、仲裁调解和市场运营“一站式”服务南山的创新企业。

据统计，2017年，深圳市知识产权密集型产业增加值合计9184亿元，同比增长13.6%，占GDP比重达40.9%。“创新只有第一没有第二，保护知识产权就是保护科技创新，不保护知识产权谁还来创新。”省委常委、深圳市委书记王伟中表示。

2017年，深圳PCT国际专利申请量超过2万件，国内专利授权9.4万件，同比增长25.59%，深圳每万人口发明专利拥有量达到89.78件，为全国平均水平（9.8件）的9.2倍。

“在深圳，被认定存在知识产权侵权行为的单位或个人，将在3年内不得承接政府投资项目、不得参与政府采购，也不能获得政府的奖励、资助等。对于恶意侵犯知识产权的，还规定了最低5万元的处罚标准。”2017年10月，《深圳经济特区知识产权保护条例（送审稿）》公开征求社会意见。这意味着深圳正式立法加强对知识产权的保护。

站在新一轮科技突破起点

“研发人员几乎人手一台测试机器人，随时测试。”走进位于南山智园的优必选研发中心，仿佛进入了机器人的王国，优必选副总裁、研究院执行院长庞建新告诉记者，优必选研发人员占比超过40%。该公司仅用6年便成长为估值超过40亿美元的独角兽企业，是国内首家实现人形机器人商业化的公司。

“当每一波新经济浪潮袭来，都有一批深圳企业站立潮头。”下一步，深圳正加快关键共性技术、前沿引领技术、现代工程技术、颠覆性技术等领域的源头创新。

6月20日，诺贝尔生理学或医学奖获得者厄温·内尔教授同夫人伊娃·玛利亚·内尔教授到访深圳，在访问中国科学院深圳先进技术研究院时，双方还签署合作备忘录，约定共同筹建深圳内尔神经可塑诺奖科学家实验室。而这将是深圳第7个诺奖实验室。

为补齐源头创新“短板”，深圳不断向全球人才抛出绣球，包括诺奖得主在内的尖端人才纷纷汇聚深圳；为顺应全球新一轮科技发展趋势，深圳上马一批大科学装置工程；为加强成果产业化进度，深圳扶持新型研发机构，激发前所未有的活力。

数据显示，2018年一季度，深圳全社会研发投入达216.7亿元，增长15.1%，占GDP比重4.16%；新增各级各类创新载体51家。

“随着源头创新动能的不断增强，深圳站在了新一轮科技突破的起点上。”深圳市发改委主任聂新平说。

让创新“养分”加速重组

“如果你是一名工程师，想在5天或两周的时间内把一个创作理念变成现实，在哪儿可以实现？答案是深圳。”福布斯中文网这样形容深圳的优良创业环境。

在深圳湾科技园区，ARM、高通、顺丰、三星、微众银行等知名企业聚集于此，众多中小企业高速成长，成为深圳高技术企业集聚的超级总部基地。

“推动科技创新、产业创新、管理创新、商业模式创新和金融创新等方面有机结合，深圳一直在积极努力构建综合创新生态体系。”深圳市科创委相关负责人表示。

截至2017年10月底，深圳创业投资引导基金共评审通过101只子基金，承诺出资587亿元，这一数字在全国领先。

2018年3月，首期规模为50亿元的深圳天使母基金正式成立。借鉴以色列等创新国家的经验，深圳的“政府之手”正以更市场化的方式，介入到创新活动当中，助力打造现代化经济体系。

数据显示，2017年，深圳新增国家级高新技术企业3193家，累计达11230家，成为全省第一个、全国第二个国家级高新技术企业突破1万家的城市。

伴随深圳“基础研究+技术开发+成果转化+金融支持”的创新生态链快速构建，天赋、想法、资本这些创新“养分”将在创新生态系统中加速重组，一个具有全球影响力的创新活力之都或许就在不远的眼前。

第二节　深圳创业投资立法

从现在的情况看，深圳的创业环境和北京应该是不相上下，已经和上海拉开距离了。现在深圳有个深圳湾创业大街，它的整个体量规模已经远远超过北京的创业大街。包括深圳有个前海，这是针对深港合作的地方，我本人也是前海“梦想+”联盟的联席主席，深圳这方面未来有很多政策优势，包括深港合作有一些机会，所以我觉得总体环境深圳比北京更好，局部环境中关村与深圳相比，它有它的优势，但是总体来讲深圳的创业环境是超越北京的。

包括本身的自然环境，深圳的空气比较好，环境比较好，绿化也比较好，加上深圳本身青年创业者比较融合不排外，比较务实，加上这几年深圳形成的产业优势，我觉得跟北京已经不相上下了。从创业老兵的视角看，这两个地方已经没有太大差异了，甚至说综合的创业能力来讲，深圳是超过北京的。①

---

① 陈维伟. 北京创业环境不如深圳 上海已被抛在后面［EB/OL］. https：//business. sohu. com/20150915/n421186077. shtml.

相比于上海的“小资情调”、北京的“皇城根下”，深圳亲和宽容的市场体系在创新创业方面具有独特的魅力。改革开放以来，深圳的高新技术产业取得了突飞猛进的发展，以巨量中小企业为特点的经济结构和创新创业氛围也日趋稳定和有效。到今天，大家一提起“创新创业之城”，首先就想到深圳。从我们的学习生活中处处能窥见深圳“创新创业”的痕迹，例如，各种创业比赛、商业案例分析大赛，甚至有专门的创新创业奖金等。而深圳成为创新型城市与其发达的创业投资体系密切相关。

创业投资体系的初步建立①

产业升级和经济结构的变迁不能只寄希望于市场自发完成，还需要政府提供适当的引导和政策保障，从经济学原理上来说，是为了降低交易成本、补偿外部性，促进市场的有效性，尤其是一个完整的创业投资环境更加离不开制度的保障。

时间回溯到1997年9月，时任深圳市市长李子彬在深圳市政府二届第七十六次常务会议中，决定成立“深圳市科技风险投资领导小组”和办公室，负责领导创建科技风险投资机制的工作，并且担任领导小组组长。这就相当于政府为深圳的创业投资建设事业拉开了帷幕。

1997年12月，为启动深圳科技风险投资的资本市场，为高新技术公司、投资机构、个人提供中介和联系的服务，深圳市又首先建立了风险投资市场的中介组织“中科融投资顾问有限公司”。这是为科技公司与金融机构联姻搭桥。之后深圳市又牵头组建了“高新投”和“创新投”两个主要的投资平台公司。如今，“创新投”被认为是中国最大的“红土创业投资资本”，成为哈佛商学院研究案例。

“创新投”和“高新投”为我国创投产业“政府引导市场化运作和按国际化惯例管理”奠定了基本方向。这些意义重大的事件标志着深圳创业投资体系的初步建立。

---

① 唐杰. 从制度建设源头推动创业投资产业发展［N］. 深圳晚报，2016-08-10（A16）.

创业投资和立法

在创业投资产业初步建立之后，深圳面临的问题变成了如何建立一个完整的、可持续的风险投资体系。时任深圳副市长庄心一认为应该走立法的道路。为了使创业投资这一市场化程度很高的产业按照市场规律正常地运行，深圳出台了《深圳市创业资本投资高新技术产业暂行规定》（以下简称《暂行规定》）。虽然《暂行规定》没有单独给予财政优惠之类的政策，但是其在基础性、制度性方面具有非凡的意义。而在《暂行规定》诞生期间，还有一件趣事：时任深圳市长于幼军在审阅《暂行规定》相关文件时，将“风险投资”（Venture capital）改称为“创业投资”。自深圳市政府的《暂行规定》颁布后，“创业投资”很快就取代“风险投资”，成为标准称谓。

2003 年，深圳市人大正式颁布了《深圳经济特区创业投资条例》，相较于《暂行规定》，在创业投资企业的具体组织形式方面取得了重大突破，并且规定创业投资机构可以采取有限合伙等多种组织形式。2014 年印发的《注册资本登记制度改革方案》又大幅降低了公司的设立门槛，还权于市场，还权于市场主体，增强了社会创新创业的活力。

回顾一下经济学原理，科斯首先提出了“交易成本”的概念，交易成本指的是达成一笔交易所花费的成本。根据利润最大化原则，企业总是倾向于做出成本最小、收入最丰的经济选择。如果一个城市的创业公司交易成本太大，那么其经济活力势必受到阻碍。而对创业投资的立法越明确，产权界定越清晰，企业的交易成本就越低，这个地区的经济活力也就越强。清华大学启迪创新研究院发布的《2014 中国城市创新创业环境评价研究报告》和“2014 中国城市创新创业环境排行榜”上，深圳市凭借在 8 个单项指标中斩获 6 项第一的成绩，蝉联年度桂冠。①

---

① 亚洲最佳城市　深圳排名位居榜首［EB/OL］. https：//www. sohu. com/a/52690214_115401.

引进“活水”

对于投资来说，光有好的制度环境还不够，毕竟投资就是投钱，没有钱或者没有好的投资项目，再好的制度也无法发挥作用。

1998 年 4 月，深圳市高新技术创业投资公司（简称“高新投”）及高新技术产业投资基金成立，尝试引导社会资金及境外投资基金投资深圳的高新技术产业。1999 年 8 月，深圳市创新科技投资有限公司（简称“创新投”）成立，注册资金 7 亿元，市政府投入 5 亿元，社会集资 2 亿元。自成立以来，这家政府控制的公司就获得了投资决策的自主权，不受地域限制投资的承诺，允许投资回报按比例转移到员工奖励上。

高新技术产业在深圳的迅猛发展有着天时、地利、人和多重因素，其中发起举办中国高新技术成果交易会（简称“高效会”）发挥了重要作用。高交会每年在深圳举行，是目前中国规模最大、最具影响力的科技类展会，有“中国科技第一展”之称。1999 年首届高交会期间第一次引入国际创业投资资本进入深圳，美国国际数据集团（IDG）创始人麦戈文先生投资腾讯公司，开创了深圳成为创业投资热土的先河。

在完善的创业立法体系下，深圳吸引了大批创业人才和创投机构。问渠那得清如许？为有源头活水来。

2018 年 2 月，深圳市统计局公布 2017 年市新兴产业实现增加值同比增长 13.6%，占 GDP 比重 40.9%，均居全国第一。集中体现创新发展的新兴产业，实现如此量大、速度快的发展，一个重要原因是创业投资机构强有力的金融支持。数据显示，深圳创投机构数量占全国总量的 1/3，国内创投企业前 20 强半数在深圳。①

第三节　深圳碳排放交易立法

深圳作为中国首批低碳试点和碳排放权交易试点城市，在低碳发展上取

① 付玉婷，李铁．深圳创投机构如何做到全国第一［N］．大众日报，2018-04-10（02）．

得一定成绩。唐杰指出，深圳是中国特大城市中碳排放水平最低的，也是到目前为止碳排放增长最缓慢的城市。

值得注意的是，深圳在探索低碳环保模式的同时，经济总量也在不断提高，形成环保与经济效应双赢的局势。深圳作为经济特区，经过多年发展，目前经济总量与香港基本持平。深圳人均碳排放量增长放缓，每年增长0.5%，低于国际平均水平。①

相信每个在深圳生活过的人都有一个很深刻的体验，那就是，深圳的环境是真的好：绿化面积广、常年都是蓝天白云。相比之下，其他一线城市的环境就真的不敢恭维了，一些中西部的大城市，都无法解决伴随经济增长而来的这些“大城市病”问题。

2015 年，巴黎气候变化大会通过了《巴黎气候变化协定》，目的是应对全球气候变化，明确了“把全球平均气温升高控制在较工业化前水平 2 ℃之内，并把升温控制在 1.5 ℃之内”的具体目标。2016 年，中国向联合国交存了气候变化《巴黎协定》的批准文书。但是如何在发展低碳经济和调整能源结构方面取得成果，是我们需要思考的问题。作为改革开放的试验田，经济、法律制度都相对完善的大都市——深圳，率先通过市场机制和法律法规推行节能减排的方案。而我们之所以要在这里探讨深圳碳排放的问题，也是为了检验其市场化治理方案的成效。

深圳的碳排放交易模式②

在福利经济学中有个很重要的概念叫作外部性，它指的是一个经济主体在市场行为中对第三者造成的影响。外部性有可能让经济变得更好，也可能使经济脱离帕累托最优状态，造成市场失灵。外部性可以分为正外部性和负外部性。举例来说，一个制药企业生产平价药物，在其盈利的同时，促进了

---

① 孙忠一，杨佳欣．深圳原副市长唐杰：深圳在中国特大城市中碳排放水平最低[EB/OL]. www.chinanews.com/.

② 杨阳腾．碳交易的“深圳模式”[J]. 通信电源技术，2017（3）：180.

社会整体福利的改善，这就是正外部性。但可能有的企业生产的东西有大量废物排出，污染环境，这就是负外部性。

工业发展过程中的碳排放就是一种外部性行为，造成治理污染等社会成本上升。为了解决外部性问题，通常的解决方案是征收碳排放税，采取的是价格干预的方式。但是碳排放税有一个缺点，即企业可能会把税收通过价格转嫁给消费者，比如，政府对企业的每单位碳排放征收一定量的税，就会造成企业成本的普遍升高，那么这部分增加的成本最后往往转嫁给消费者。另一种解决方案是碳排放权的交易，是对碳排放数量的约束，是在规定排放配额下，由市场交易来决定排放权的分配。也就是说，政府规定每年每个企业的碳排放量是多少，而生产过程中肯定会有企业的碳排放配额不够用，还有的企业碳排放配额会有多余，这样就会产生供给和需求。碳排放交易市场就是为这种供给和需求而服务的。很容易看出，碳排放交易体系下，减排效果是相对确定的，而且企业不能普遍加价，因此，这种方式越来越受到各地政府的认可。①

2011 年，在国家发改委的批准下，深圳成为我国 7 个碳排放权交易试点城市之一。由于深圳的排放量较小，国家发改委在拟定首批名单时，起初没有把深圳列入其中。深圳之所以被列入国家试点范围，可能是因为深圳产业结构的特殊性。相比全国其他城市，深圳没有重化工、钢铁、火力发电等二氧化碳的大型直接排放源。而碳排放权交易是以市场化的手段，以较低的成本推动企业节能减排，最终实现绿色低碳发展。如何通过市场机制的建立，让一大批“间接排放源”实现节能减排，将是深圳此次试点的意义所在。

深圳市政府对碳排放权交易试点工作高度重视，专门成立了碳排放权交易试点工作领导小组和办公室。市领导挂帅并成立了由市发展和改革委员会牵头，财政委、人居环境委、经贸信息委、科技创新委、交通运输委、监察局、住房和建设局、水务局、地税局、市场监管局、统计局及法制办组成工作小组。由深圳排放权交易所、深圳市建筑科学研究院、清华大学深圳研究

① 林伯强．征收碳税与碳交易对比分析都有哪些不同特点优势和作用［EB/OL］. http：//www.tanpaifang. com/tanshui/2016/0915/56388. html.

生院、北京大学深圳研究生院等机构组织成专家研究团队。

为更好地完成深圳市碳排放权交易试点的各项工作，在深圳市政府的支持下，按照“总体设计、分步实施”的总体思路，经过精心、高效的筹备工作，2010 年 9 月 30 日，深圳排放权交易所成立。2012 年 4 月，交易所注册资本金从 1500 万元增加至 3 亿元，成为国内同类交易所中注册资本金额最大的交易所。深圳碳排放权交易市场于 2013 年 6 月 18 日正式启动，成为“七试点”中第一个鸣锣开市的碳排放交易试点，再一次发挥了深圳创新改革的引领作用。

目前，深圳已将 636 个重点工业企业和 197 个大型公共建筑纳入碳排放控制范围，并初步建立了一个多层次的碳排放交易市场。截至 2017 年 1 月 4 日，深圳碳排放市场配额总量约为 18.07 亿吨，总交易额约为 5.96 亿元，在 7 个试点交易所中名列第二。

在法律条文、政府规章方面，深圳市政府制定了《碳排放权交易暂行办法》《碳排放管理若干规定》等相关文件。对管控单位更是实行非常严格的核查。造假、未履约等严重违规者将面临严重处罚甚至列入“黑名单”。如果被列入“黑名单”，企业在财务、税收等方面将被“一票否决”。正是这种严格、有效的管理机制推动着企业节能减排、研发相关减排技术。

深圳在低碳金融交易方面表现了强大的创新能力和规范的立法能力。2016 年初，深圳能源集团股份有限公司控股的妈湾电力有限公司和 BP 公司在深圳排放权交易所的协助下，完成了标的为 400 万吨配额、交易额达亿元的碳资产回购交易。这是全国试点碳排放市场启动 3 年以来最大的单笔碳交易业务，也是国内首单跨境碳资产回购交易业务。

不仅如此，在联动国内外市场、促进开发合作方面，深圳也走在前面。2014 年，深圳碳排放市场成为世界银行国际金融公司（IFC）首个国内碳交易合作伙伴。双方共同探索和开发创新性碳排放权交易产品，为深圳建设可持续发展的碳交易市场和碳交易金融中心提供核心竞争力。

深圳产业结构中缺乏传统的重工业，碳排放管控单位的体量偏小，碳排放市场所获配额规模最小，但深圳碳排放交易市场却是目前国内碳排放配额流转率最高的一个。成熟的市场机制和丰富的商业机会，使得深圳碳排放市场托管会员的数量不断增加。

低碳成为产业转型升级的推手①

“既要绿色，又要发展”的环保节能型经济增长是什么样子？2013 年 3 月，《人民日报》以《深圳的 GDP 很“绿”》为题刊发报道，介绍深圳坚持绿色低碳发展，在 GDP 等主要经济指标取得持续突破的同时，实现万元 GDP 能耗、水耗达到全国最优水平，用水总量、汽柴油消耗量、制造业用电量下降的目标。

深圳的“绿色 GDP 密码”是什么？低碳经济是既保证经济的稳步增长，又能达到与生态环境协调发展的高级经济形态。新经济增长模式的转变离不开政府介入，过去政府擅长粗放式“大干快上”的发展模式，而现在已经变成绿色 GDP 考核，城市转型已经迫在眉睫。深圳面对的同样是大多数城市在工业化过程中遇到的难题。

1978 年，深圳第一家“三来一补”（来料加工、来样加工、来件装配和补偿贸易）企业——上屋怡高电业厂成立，开启了深圳工业化的历史进程。经过前三十年的快速发展，深圳的产业升级已经取得举世瞩目的成绩，但是与纽约、伦敦、东京、新加坡等世界先进城市相比，产业结构与层次差距仍很大，产业的“高碳化”特征非常明显，与创造低碳发展的要求相比，还有很大差距。以产业结构为例，世界先进城市经济结构中第三产业的比重一般都达到 70%以上，而“十一五”期间深圳第三产业占比一直在 50%左右。截至 2017 年上半年，深圳第三产业占比已经达到了 61.4%，正在逐步向国际先进城市基准靠拢。

深圳当时面临着瓶颈制约，空间、资源、人口、环境等方面的压力日益凸显，传统的经济增长模式难以为继，必须推进落后产业的淘汰转移，降低高碳产业排放，为传统产业转型升级和新兴产业发展“腾笼换鸟”。

深圳较早认识到高投入、高消耗的发展模式难以为继，因此坚定不移地

① 碳交易到底给深圳带来了什么？[N]. 中国环境报，2016-12-1.

推动产业转型升级，始终将节能减排作为低碳发展的重要载体，将优化产业结构作为低碳发展的重要支撑，走出了一条具有深圳特色的、绿色化发展的新路。

在这个转型过程中，深圳充分发挥了政府和市场这“两只手”的配合作用，除了通过制定《深圳市产业结构调整优化和产业导向目录》，科学界定高污染行业和高环境风险产品标准之外，还借力市场价格杠杆。高能耗、高污染、高排放企业由于利润偏低，因而对于成本投入有较强的敏感性。深圳注重发挥水、电、气等的价格杠杆作用，逐步提高低端企业运营成本，运用市场“无形之手”加快淘汰步伐。对已经认定的高耗能行业淘汰类、限制类企业，开展全面排查摸底和甄别认定，公开发布企业名单，并实施动态管理，严格落实差别化水电气价格政策。对能源消耗超过现有单位产品能耗（电耗）限额标准的企业和产品，推行非居民用户超计划、超定额用水电气累进加价收费办法，加大征收力度，提高排污费征收标准。

一方面，政府推动将最低工资水平由 2009 年的 1000 元提升到 2015 年的 2030 元，“实现七年翻一番”，提高劳动密集型企业的用工成本，倒逼低附加值企业转型。通过有序引导低端制造环节向市外转移，累计注销、吊销、清理低端企业 10 余万家，为新兴产业和高端产业发展腾出宝贵的空间。深圳市环保部门与金融系统合作，将环保违法企业信息纳入金融机构企业信用信息基础数据库，对环保违法企业停止发放贷款，直至其整改达标。另一方面，深圳将清洁生产理念引入产业集聚基地、产业带建设过程中，重点推进建材、电镀、家电、珠宝、印染、钟表等传统产业的集聚发展，开展 18 个旧工业区升级改造，建成了包括工业设计、汽车电子等 16 家特色工业园。

让绿色低碳金融助力深圳腾飞①

实施碳排放交易以来，深圳的结构性减排取得了巨大成就。第一轮实施

① 徐佳萱，刘燕，马晓明．深圳市碳交易体系的主要问题和政策建议［J］．管理现代化，2016，36（3）：47-49.

碳排放交易的实体中纳入了 635 家工业企业和 197 座大型公共建筑，占城市碳排放总量的 40%。到 2015 年 6 月 30 日，深圳的碳排放交易已经完成了两个完整的履约期，总共有 413 万吨的市场配额成交量，总成交额为 2.05 亿美元，在全国位于前三名。前两年的执行率分别为 99.4%和 99.7%。

2014 年，碳排放交易管控单位实际碳排放量较 2010 年下降了 402 万吨，下降率达 12.6%，万元工业增加值的碳排放强度较 2010 年下降 34.2%。根据绿色创新发展中心所提供的数据显示，这 635 家企业在碳排放交易实施后，碳排放量迅速降低。其中，造纸、印刷、化学品制造、家具制造等以煤炭和火电为主要能源来源的行业排放总量和排放占比均有所下降；以液化石油气、天然气等清洁能源为主要能源来源的医药烟草制造业、通信及电子设备制造业等行业的排放总量和排放占比则有所上升。在工业排放结构调整的背景下，碳排放贸易在整个深圳的能源消费总体结构中发挥了积极的调节作用，而天然气、石油气的比例也在上升。

在碳排放强度控制方面，碳排放交易并没有对企业和工业的管理造成损害，反而使经济增长和碳排放脱钩。深圳地区碳排放的结构性减少是显著的，能源结构的优化和工业加工的改善是重要因素。

我国现阶段在碳排放交易市场上的经验基本来自欧盟和美国，符合基本国情的方法和政策还在摸索和完善当中，深圳市每年规定的碳排放配额是按照“碳强度”乘以“工业增加值”计算得来的。然而，工业增加值受宏观经济影响波动比较大，造成碳排放配额出现“大小年”的情况。而对于出口企业来说，收取的是外币，结算的是人民币，汇率的变化同样导致碳排放配额计算不稳定，对企业来说也不公平。另外，碳排放交易还存在流动性不足、碳排放数据和计划不够公开等问题。深圳作为改革开放的先锋城市，在促进碳排放交易市场、完善相关法律法规方面应该继续探索和前进。

2016 年，深圳节能环保产业增加值 401.73 亿元，同比增长 8.20%；2017 年，节能环保产业增加值为 671.1 亿元，增长 12.7%。① 更加科学合理的顶层设计和法律法规将使深圳的碳排放交易市场乃至环保行业实现进一步市场化，

---

① 数据来源：《深圳市 2017 年国民经济和社会发展统计公报》。

信息交换和技术推广也变得更加容易。

参考阅读 深圳：单位 GDP 碳排放五年下降 22%①

龙岗区坪地街道曾经是深圳最落后、最高碳的区域，自 2012 年深圳国际低碳城项目启动以来，这里初步走出了一条绿色化跨越式发展道路，地区生产总值从 2011 年的 42.8 亿元增加到 2014 年的 85.2 亿元，同时碳排放强度显著降低。深圳国际低碳城通过持续转型，逐步成为新兴的绿色低碳发展实验区，这正是深圳加强生态文明建设的一个缩影。

据原深圳市市长许勤介绍，深圳努力以更少的资源能源消耗和更低的环境代价实现更高质量、更可持续的发展，我们试图走出一条绿色化发展的新路径。在绿色转型实践中，深圳注重规划引领、绿化先行，在 2010 年率先实施低碳发展中长期十年规划，制定了低碳城市发展的指标体系。

深圳坚持立法先行，出台《加快经济发展方式转变促进条例》《循环经济促进条例》，以及建设项目、环境保护、碳排放管理、环境噪音等 10 多部法规，形成了一套促进绿色发展的法规体系。

深圳在全国率先开展碳排放权交易，将占深圳碳排放总量 40%以上的 635 家企业上线交易，也将 191 栋建筑物纳入交易范围。目前，深圳的碳交易市场已经成为中国碳交易最活跃的市场，成交量累计超过 364 万吨，金额突破了 1.8 亿元，管控单位碳排放总量下降 10%。

深圳拥有全球第三大集装箱港口和中国第四大机场，大力推广使用港口、船舶岸电和低硫燃油，积极在机场采用光伏发电和桥载设备供电，努力减少泊岸的船舶和机场的碳排放。深圳倡导绿色出行，目前日均公交客运量超过 1000 万人次，地铁运营里程和在建里程达到 350 公里，慢行绿道达到 2400 公里。深圳还是全国新能源汽车应用规模最大的城市，累计使用新能源汽车超过 1 万辆，减少年碳排放量 22 万吨。

深圳还注重开放发展、互利共赢，广泛开展绿色低碳的国际合作。深圳参与发起设立的世界低碳城联盟加入了 C40 城市气候领导联盟，与世界银行、

① 深圳：单位 GDP 碳排放五年下降 22%［EB/OL］. 中国新闻网，2015-08-18.（有删节）

R20国际区域气候组织、世界自然基金会等国际机构建立了良好的合作关系，与各国城市携手，共同应对气候变化。

事实上，低碳不仅是城市建设过程中的美丽风景线，更是深圳创新发展的新动力。深圳低碳发展的过程中，产业结构的优化调整发挥了关键作用。数据显示，近5年深圳累计淘汰转型低端的落后企业超过1.6万家。2014年，全社会研发投入占GDP的比重达到4%以上，PCT国际专利申请量超过了1万件，约占中国内地城市的一半，国家级高新技术企业达到了4742家，5年增长了3.5倍，生物、互联网、新能源等7大战略性新兴产业的规模达到近2万亿元，目前已经成为战略性新兴产业规模最大、聚集性最强的城市。正是创新型经济的快速发展，使深圳的碳排放不断降低，实现了经济增长与环境改善的良性循环。

在推动城市绿色发展中，推动绿色建筑也是一种积极路径。从2013年起，深圳率先全面实现绿色低碳标准，率先在新建建筑中全面推行强制性绿色建筑标准，目前绿色建筑总面积超过了2100万平方米。全市公共机构一半以上建筑面积完成了EMC改造，累计超过了1200万平方米，年节电1亿千瓦时以上。

推广使用清洁能源也是深圳在实践绿色低碳发展模式过程中打出的一张牌。截至去年底，深圳市内核电、气电等清洁能源装机占全市电源总装机容量比重达到85.8%，核电、气电及外来电等清洁能源供电量占全社会用电量的比例大幅提升至88%，煤电供电量比例下降至12%。据测算，深圳市大亚湾核电基地6台机组与同等规模的燃煤电站相比，每年可减少标煤消耗约1471万吨，减少二氧化碳排放约3619万吨，二氧化硫约35万吨，氮氧化物约23万吨。

各项低碳举措推动着深圳的绿色文明建设持续发展。过去5年，深圳在保持经济中高速增长的同时，万元GDP能耗、水耗累计分别下降19.5%和44.7%。化学需氧量、氨氮、二氧化硫和氮氧化物的排放累计分别下降45.8%、37%、43.5%和23.8%。PM2.5平均浓度去年也降低了15%以上，空气质量居我国大城市最优水平。

深圳明确提出，到2020年万元GDP二氧化碳排放在过去5年下降22%的基础上再下降10%以上，清洁能源占能源消费的比重达到60%以上，建成国家低碳发展的先进城市。“绿色低碳没有国界，选择绿色低碳，就是选择可持续发展的未来。”许勤说，深圳作为一座负责任的城市，将始终坚持走绿色化发展之路，不断加强与世界各个城市务实合作，共同为应对气候变化、实现人类社会可持续发展做出不懈的努力。

编者札记

政府与市场的关系问题是现代经济学研究的一个重要问题，也存在激烈的争论。林毅夫创立的新结构经济学特别强调了“有为政府”对市场的引导作用，同时也强调这是一种辅助性的力量。主流经济学家其实也形成了市场经济中政府不能缺位的共识，问题只在于政府和市场的界限到底在哪里。怎样的政府才算是有为，而不是乱为或不为呢？唐杰教授有一个观点颇具启发性，政府的主要责任在于维护市场公平秩序，通过政府“有形之手”促进市场整体交易成本降低。换言之，政府是市场的守护人，是市场经济的推动者。而市场主体才是经济的引领者和主导者。政府无法替代市场主体的角色，市场主体也做不到政府能做的事情，如制度设定和执行落实。市场本身有活力，但是往往也会走偏或过度调整，导致全社会“熵增”，无论单纯的市场交易成本还是社会成本都会上升，对市场经济产生负面影响，此时，往往是政府的“有为之手”能起到纠偏和调节作用。

深圳能发展出全国瞩目的知识经济和绿色低碳经济，从单纯的经济增长有序地向更高治理质量的社会发展过渡，确实单凭依靠市场主体的自发行动是无法实现的。这是中国传统文化环境和制度演变过程决定的。因此，我们特意将知识产权保护、创业投资和碳排放交易作为反映政府与市场正向互动关系的重要例证列举出来。低碳经济是中国发展的必由之路，碳排放交易市场将金融资本和实体经济联通起来，通过金融资本的力量引导实体经济的发展。这是虚拟经济与实体经济的有机结合，也是金融发达国家为了保持实体经济竞争力必须选择的一条道路，代表了未来世界经济的发展方向。

关于“有为政府”的争议是政府很容易出现过度参与市场活动的情况，

无论是政策制定还是主导投资行为，容易对市场环境产生负面影响。如有民营企业反映企业最大成本负担中有60%来自政府部门的各种干预干扰，而政府投资对民营投资的挤出作用更毋庸置疑。在这方面，深圳凸显了与内地政府的不同。我们引用张思平的一篇文章，体会一位前政府主要官员对政府与市场关系的深刻理解。

参考阅读 **深圳市前副市长张思平在"科技与创新 2018——全球智能化商业峰会"上的演讲①**

深圳没有名牌大学，也没有国家级研究机构，但是在改革开放中，深圳高科技企业却蓬勃发展，成为全国领先的创新型城市，有人说深圳是"中国硅谷"。今天我讲讲深圳高科技发展中的制度创新。

一、深圳高科技的崛起归功于长期以来形成的以民营经济为主体，以国有企业为保障的产权制度和所有制结构的创新

深圳1.12万家的高科技企业中，我相信几乎95%以上都是民营企业、外资企业，国有企业比重很小，为什么？是深圳不重视国有企业高科技的发展吗？是国有企业不想发展高科技吗？绝对不是的！我认为，民营企业作为深圳高科技的主体是深圳发展过程中历史的选择和民营企业的优势所决定的。

深圳在20世纪80年代，便与中国科学院合办国内最早的科技工业园，试图把国家的科技成果以及技术先进的国有企业引进深圳，但实践证明并不成功。在20世纪80年代末，李灏老书记推动发展电子信息产业，把电子工业部的一大批技术先进的企业引入深圳，组建了当时全国最大规模的电子信息产业集团——赛格集团。赛格集团虽然为深圳电子产业发展做了重要贡献，但在现在高科技领域也无声无息了。在20世纪90年代，深圳把一批在电子、通讯、精密机器等领域技术先进的国有企业，重组到市属国有企业规模最大的特发集团，试图使国有企业在高科技产业领域占有一席之地，但特发集团最后几乎难以生存，不得已实行债转股，在艰难的经营中度过危机。深圳在80年代、90年代真心诚意地支持国有企业发展高科技，使其发挥主导骨干作

① 张思平. 深圳高科技产业崛起的制度创新密码（本文有删节）［EB/OL］. https://finance.sina.com.cn/roll/2018-10-26/doc-ihmxrk2x3143426.shtml.

用，但这些企业并没有很好发展起来，真可谓“有心栽花花不开”。

深圳改革开放的过程从一定意义上可以说是产权改革、所有制改革的过程，这其中既伴随着国有企业股份制改造，又促进了新的市场竞争主体的培育和民营企业的不断涌现。随着深圳改革开放的过程，在激烈的市场竞争中，民营经济逐步发展壮大起来了。1987年深圳市政府出台了全国首个《关于鼓励科技人员兴办民间科技企业的暂行规定》，鼓励高科技人员以技术专利、管理等要素入股，华为总裁任正非正是靠这个文件创办了今天世界级的华为公司。90年代以来，厉有为老书记不仅在实践中全力推动民营企业发展和国有企业员工持股的产权改革，而且也进行理论创新，他的关于所有制改革的文章影响全国，他认为社会主义发展的目标要使无产者变成有产者，使大多数人占有大多数生产资料，达到共同富裕，消除两极分化。

在民营企业发展过程中，政府给了一些必要的支持，但总的来说政府并没有为他们提供多少资金和大量土地，与对国有企业在发展科技产业给予的资金政策、土地等要素支持相比，对民营企业发展的直接支持是很少的。政府主要是创造公平竞争的市场环境和服务体系。在这种市场竞争机制和良好服务体系的大环境下，深圳的民营经济经历了80年代起步、90年代成长，21世纪初随着加入WTO后的快速崛起，进而成就了深圳高科技的辉煌。

在国有企业发展高科技遇到这么大挫折的同时，为什么深圳的民营高科技能取得如此辉煌的成绩呢？我认为主要有三个基本因素：

第一，民营企业产权清晰，权责明确，企业家有追求创新和资本增值的巨大动力。高科技产品一旦研发成功并实现了市场化、产业化，民营企业家就能获得几十倍甚至上百倍财富的增长。20世纪90年代以来，深圳的民营企业不断出现全国首富的神话，从医药健康领域中的朱保国（健康元），生物制药领域的李锂（海普瑞），互联网领域的马化腾（腾讯），新能源领域的王传福（比亚迪），等等。民营企业对高层管理团队和科技人员在薪酬、股权激励等方面的激励力度，是国有企业无法相比的，华为内部几万人员工持股就是成功的案例。国有企业这些年也在探索建立内部动力激励机制，但实践中无法与民营企业相比。

第二，民营企业具有良好的风险承担机制。即使在发达国家的成熟的现代化市场经济国家，创新的成功率只有5%左右，我国连5%可能都达不到。这些年来，深圳的高新技术企业在创业过程中，成功是少数，绝大多数失败了，在激烈的科技竞争、市场竞争、产品竞争中被淘汰了。正因为有少数成功后巨大财富所创造的动力，才能使无数民营企业家前赴后继，勇往直前。国有企业的领导人、国有资产管理部门敢去投资成功率只有5%的项目吗？能承担95%失败的风险吗？

第三，民营企业决策主体单一、决策程序简化，具有决策快、效率高的机制。民营企业面临着市场的激烈竞争，商机转瞬即逝，只有快速地决策才能在瞬息万变的市场中生存下来。而国有企业的性质决定了国有企业经营者遇到项目需要层层委托代理，层层监督管理，重大决策必须设立繁多的程序和规定，经过多层的审批程序，受到各种规章制度的约束规范，大大降低了决策效率。

在民营企业崛起的同时，国有经济在21世纪初逐步找到自己位置，深圳根据中央关于国有经济“有所为有所不为”的国有企业布局调整的要求，深圳的国有企业基本上退出了包括高科技在内的竞争性领域，主要集中于基础设施、公共服务领域，为城市运行和经济发展提供基本保障，也为高科技企业提供了基础保障。深圳现代产业体系和产业链中国有企业与民营企业的关系与全国不太一样。刘鹤副总理日前提道：“我国国有企业和民营企业已经形成了完整的产业链。国有企业多处于产业链上游，在基础产业和重型制造业等领域发挥作用，民营企业越来越多地提供制造业产品特别是最终消费品，两者是高度互补、互相合作、互相支持的关系。”但是，深圳的国有企业不处于产业链的上游，而集中于城市基础设施、公共服务领域，对城市经济起保障作用。深圳民营企业在现代产业体系和产业链中也不是处于下游，而是处于整个产业链和现代产业体系中的主体地位。一个是主体作用，一个是保障作用，相互支持、共同支撑着深圳的现代产业体系以及高科技产业的发展。

二、深圳高科技发展归功于多年来形成的优胜劣汰、公平竞争的市场体制机制创新

在深圳几十年高科技产业的发展史中，产业结构不断升级，企业结构不断调整，从电子视听产业、电子信息产业到互联网、生物工程、人工智能等。

在这种过程中，不知道有多少产业衰退了、消亡了，又有多少新兴产业诞生和壮大了；不知道有多少知名企业被淘汰了、不见了，又有多少新型企业被发现，并成为著名企业；不知道有多少产品进入了历史博物馆，又有多少产品成为市民消费追捧的对象。在这一过程中，深圳高科技产业不断升级，企业不断更新，产品不断迭代，形成了现在所谓七大战略新兴产业，包括新一代信息技术产业（4592.85 亿元）、互联网产业（1022.75 亿元）、新材料产业（454.15 亿元）、新能源产业（676.4 亿元）、生物产业（295.94 亿元）、节能环保产业（671.1 亿元）、文化创意产业增加值（2243. 95 亿元）。

深圳的产业结构是怎样调整的？高新技术产业是怎样升级的？新兴产业是怎样形成的？是政府依靠产业政策，采取行政手段扶持的结果，还是政府营造公平竞争、优胜劣汰的市场竞争机制形成的？

当然，不能说深圳市的产业政策和行政手段没有任何作用。在几十年产业结构调整发展过程中，深圳市政府出台了不少产业规划，发布了不少产业导向目录，包括鼓励什么，限制什么，禁止什么，还出台了不少支持高新技术发展的优惠政策，成立了一些资助高科技发展的产业基金。这些规划、目录、基金和优惠政策对高科技产业的发展也起了一定的作用。尤其是深圳的民营企业还没有成为高科技产业主体的 20 世纪八九十年代，在深圳公平竞争、优胜劣汰的市场机制还不完善的时候，政府的产业政策发挥了重要作用。例如，20 世纪八九十年代，以国有企业为主体的，面向国内市场的电子视听产业的发展，主要是政府主导的行政手段的结果，对深圳当时的产业升级和产业基础的形成起了重要的积极作用。

但是，21 世纪初以来，随着民营企业逐渐发展壮大，发展高科技的市场环境进入逐步成熟的时期。随着公平竞争、优胜劣汰的机制不断完善，市场在资源配置中逐步发挥了决定性作用，从而促进了 21 世纪以来深圳高科技产业的快速崛起，形成了深圳最重要的主导产业和支柱产业，也使深圳成为全国最重要的高科技创新型城市。试问 21 世纪以来深圳哪个高科技产业、哪个知名高科技企业、哪一代高科技产品，是政府用行政手段，按照产业规划和政策发展起来的？华为、中兴不是，腾讯不是，大疆更不是。可以说深圳著名的高科技企业大都依靠自己的创造力，在公平竞争、优胜劣汰的市场机制下，经历了千辛万苦和曲折磨难而逐步成长起来。

为什么深圳高新技术企业和产业取得的辉煌主要是靠优胜劣汰、公平竞争的市场机制，而不是政府的产业政策和行政手段促进深圳高科技的崛起？

这是因为在市场经济体制下，企业是市场竞争的主体，与政府相比，企业离千变万化的市场需求和未来捉摸不定的科技前沿最近，企业是市场信息变化的第一个接收者，对市场信息、市场需求最为敏感；而政府可以说是市场需求和市场信息传递的最后接收者，政府根据最后一条信息制定的产业政策，往往跟不上市场的变化，是滞后的。尽管政府多年来一直在改进管理，提高办事效率，但总的说来，当前政府仍然效率低下、程序复杂，制定规划、确立政策、设立基金往往需要几年的时间，因此主要靠政府的产业基金扶持政策的企业，很难有多少在市场竞争中取得成功的。据我几十年来的经验观察，凡是天天找市长，向政府要政策的企业，或者采取各种方式，甚至不择手段去争取政策资金支持的科技企业，没有几个最终能成功。同时，高科技发展面临着巨大的市场风险和科技创新风险，企业是风险的具体的直接的承担者，一旦企业在产品选择、产业选择、技术路线选择等方面脱离了市场需求和科技发展方向，就要承担倾家荡产、前功尽弃的风险。这些人比起坐在机关里起草产业规划、制定产业政策、审批分配产业扶持基金的公务员来讲，压力不知要大多少倍。因此，只有主要靠企业的科技和管理创新，靠优胜劣汰、公平竞争的市场机制，才能促进深圳产业结构不断优化，高科技产业不断发展升级，高科技产品不断涌现，才能成就深圳高科技产业的辉煌。

总的来说，在深圳的高科技发展历史上，主要是市场推动了深圳高科技的发展和繁荣，政府在早期也发挥了一些作用。根据深圳的实践，在制定产业规划和产业政策方面，当规划、政策、资金支持比较接近市场时，发挥作用可能更大一些。但是一旦政府的产业政策脱离或严重脱离市场时，一些政府主导的产业和重大项目，也走过一些弯路，也出现过一些重大失误，付出了一些沉重的代价，有过深刻的教训。比如，20 世纪末，当显像管技术的电视产品已经被新液晶显示技术和产品淘汰的时候，深圳市政府还投入了大量的土地、资金和优惠政策去支持个别企业大规模扩大采用显像管技术的生产线，项目投产之日就是企业关闭之时，付出了沉重的代价。21 世纪初，深圳一度把汽车产业作为重要的产业去扶持，由市领导亲自挂帅，引进内地国有汽车企业，划拨了大量的土地，借出了大量财政资金，给予了大量的优惠政策，结果也只是生产了少数样车，以关闭而告终。2005年前后，深圳还提出了适度重型化产业政策，希望依托惠州石化基地发展精细化工，并规划建立化工产业园，幸好由于种种原因没有搞成，否则必然会给深圳带来巨大损失。

三、深圳高科技的崛起归功于为其提供高质量服务体系的政府体制创新

十八届三中全会《中共中央关于全面深化改革若干重大问题的决定》指出，经济体制改革的核心是处理好政府和市场的关系，使市场在资源配置中起决定性作用和更好地发挥政府作用。深圳在几十年改革开放和高科技发展过程中，既坚持了以民营企业为主体，以建立公平竞争、优胜劣汰的市场机制为导向的市场化改革，又注重政府体制改革的创新，不断转换政府职能，更好地发挥政府的作用。

深圳从90年代开始，为促进高新技术的发展，做了很多的努力，出台了一系列促进高科技发展的政策，建立了若干高新技术产业园，尤其是在为高科技发展提供高质量的服务体系方面取得了巨大的成功，成为深圳高科技不断发展壮大的重要支撑。实事求是地说，没有深圳政府提供的高质量的服务体系，深圳的高科技产业发展也不会如此成功。深圳为高科技产业提供的服务体系是全方位的，最重要有以下五个方面：

第一，建立和完善不同层次的为高科技发展服务的金融服务体系。

高科技是高投入、高风险的产业，没有不同层次的金融资本服务体系，高科技的发展是不可能的。经过几十年历届市委、市政府的持续努力，目前深圳不仅有主要为高科技机构服务的中小板、创业板的证券市场，也形成大批的天使投资基金、风险投资基金、产业投资基金以及私募基金等为高科技产业发展不同阶段提供金融服务的多层次、多元化资本市场，还有高质量的法律、审计、投行等专业服务体系。例如，深圳在1994年成立了全国第一家为解决中小科技企业融资难问题设立的“高新投”，1999年，成立最大规模的专门从事创业投资的“创新投”。21世纪初，又专门成立为中小科技企业提供担保的“深圳中小企业信用担保中心”，等等。目前，深圳拥有创投机构数量占全国的1/3，国内20强创投企业中，近半数为深圳企业。深圳中小创

业板上市公司数量连续11年居全国大中城市首位。

第二，建立高科技产业服务的人才服务体系。

人才是高科技产业发展最重要的要素资源，深圳没有多少大学，也没有国家级研究机构，企业需要的高科技人才只能靠政府建立多层次的人才市场来吸引。为此，自1992年开始，深圳市领导亲自率团到海外招揽人才，这种招揽人才的方式，是深圳市在全国各省市中的首创。这几年，深圳引进留学人员连续三年增幅超过40%，2016年，深圳一年从海外引进人才超过10000人。相比来讲，多年来内地各级政府无数次来深圳招商，有多少来招人才呢？

又如，深圳多年来持续建立和完善有形人才市场。1984年，深圳设立“人才交流服务中心”，寄放具有干部身份的科技人才档案，让企业放心与人才签订合同，解决科技人才的后顾之忧。1996年，成立深圳市人才大市场，为各类人才提供人事管理方面的公共服务和市场化服务。在深圳还活跃着大批高质量的国内外“猎头公司”，每时每刻为深圳高科技企业搜索、推荐了大量的人才。

再如，多年来深圳出台了一系列人才服务政策。1993年出台《关于企业取消干部、工人身份界限，实行全员劳动合同制若干重大问题的意见》，深化企业劳动、人事制度改革。2000年，推出高层次专业人才“1+6”政策，即《关于加强高层次专业人才队伍建设的意见》，2006年，发布《深圳市产业发展与创新人才奖暂行办法》，2010年，通过深圳经济特区关于引进海外高层次人才的“孔雀计划”，每年投入不少于10亿元培养和引进海内外高层次人才和团队，对引进的高端团队和项目给予特殊的资金支持。深圳还确定每年11月1日为“深圳人才日”，体现了对人才的高度重视和尊重。

第三，建立以高交会为主要平台的高科技交易市场体系。

1999年10月，朱镕基亲自到场并宣布首届“中国高新技术成果交易会”开幕，目前已成为中国规模最大、最具影响力的科技类展会，有“中国科技第一展”之称。每届高交会都有无数的科研成果与投资基金、科技企业之间进行洽谈、沟通、交易，推动了大批高新科技企业的诞生和发展。马化腾在首届高交会上拿着改了66个版本、20多页的商业计划书跑遍各个展馆，募集到第一笔风险投资——IDG和盈科数码投资的220万美元，为腾讯的发展奠定了重要基础。

第四，建立以高新园区为平台的区域服务体系。

为了发挥高科技企业的集聚效应，并为高科技企业的发展提供区域的系统服务体系，深圳是最早成立高科技园区的城市，从 80 年代的科技工业园到 90 年代的高新技术园区，再到近些年的软件园、孵化器等等，其中 2017 年底深圳累计培育近 90 家孵化器载体。深圳成千上万家高科技企业、上百家高科技上市公司，都在这些不同类型的园区中诞生和发展，享受各级政府提供的土地、厂房、资金、人才、后勤保障等全方位的服务。

第五，建立以华强北为代表的为高科技产业服务的产品配套市场体系。

高科技企业的发展，既需要企业在研发、产品试验和规模生产等重要环节进行攻关，也需要外部环境提供系统的配套供应链作为支撑，任何一个高科技企业都不可能自己形成完整的产品生产体系。深圳在促进高科技企业发展的过程中，高度重视发展为高科技企业提供生产配套体系，形成区域性的比较完善的产业链。其中以赛格大厦为核心的华强北电子产品配套市场，就是最为典型和成功的高科技产业的配套市场。华强北电子市场有大小商户 10000 多户，从业人员 10 万多人，市场规模之大、品类之全，堪称世界第一。华强北电子产品配套市场的价格与国际接轨，是全国电子产配套产品的“晴雨表”并逐步辐射全世界。个别新的科技产品，依靠华强北电子配套市场，甚至可以做到半天出小样，一天出大样，无缝衔接生产，这为深圳高科技产业发展提供了很好的配套环境。

四、深圳高科技的崛起归功于以国际市场为导向的外向型经济的体制创新

改革开放是中国特色社会主义最显著的时代特征，深圳是改革开放最成功的经济特区。深圳高科技的发展和崛起，既是多年来坚持市场经济改革的成果，也是不断加大对外开放、坚持以国际市场为导向、参与世界经济一体化的重要成果。

从深圳几十年历史来看，深圳高科技产业的发展既是依靠发挥人民群众“大众创业、万众创新”积极性的成果，更是依靠打开开放大门，与世界经济接轨，学习、借鉴、引进外国先进的技术、人才和管理经验，分享经济全球化带来的红利的结果。从 80 年代到 90 年代初，深圳主要依靠引进港资、台

资，以“三来一补”来料加工为主要模式，诞生了“深圳加工”；90年代后期加入WTO后，在“世界工厂”成形过程中形成了“深圳制造”；再到21世纪一大批具有自主知识产权的民营高科技企业不断改革创新而崛起了“深圳创造”。每个阶段，每一步的发展都离不开对外开放的良好的外部环境。尤其是加入WTO后，深圳高科技产业与世界经济基本接轨，中国对外开放的基本国策和融入世界经济体系的基本方向，也是成就深圳高科技产业崛起的不可缺少的重要制度创新。这是因为：

首先，外资企业、合资企业是深圳高科技产业的重要组成部分，为深圳高科技产业发展做出了重要贡献。80年代深圳首先吸引了港台资本在这里投资发展加工贸易，奠定了深圳外向型、出口加工型经济的基础。90年代后，伴随着经济全球化和国际产业资本的大规模转移，深圳在引进港资、台资的基础上，吸引了一大批世界跨国公司在深圳建立生产制造基地，使深圳成为珠三角世界工厂的主体部分，成就了“深圳制造”。在与国外资本和跨国公司合作过程中，诞生了一大批高科技民营企业，他们从中获得了市场，学到了技术，引进了管理，有的还“青出于蓝胜于蓝”，成为“深圳创造”的重要来源。

其次，国际市场为深圳高科技产业发展提供了广阔的市场。截至2017年，深圳外贸出口连续25年居全国第一，2017年深圳出口16533亿元，其中高科技产品7713亿元，占整个深圳产品出口46.6%。从地域来看，2017年深圳出口主要集中在中国香港地区、美国、日本和欧盟28国，其中美国占出口总额约15.3%。离开了西方发达国家的广阔国际市场，深圳高科技产业是难以成功的。

再次，对外开放为深圳高科技产业发展提供大量的国际人才。多年来，深圳通过营造良好的投资环境、人才发展环境以及多项鼓励外国优秀人才的政策，成功地吸引了一大批科研团队、高层次人才、大批归国留学生以及部分外籍科技人才来深工作，他们为深圳高科技产业的发展做出了重要贡献。

最后，深圳通过对外开放引进了大量先进的技术和科技成果。经过几十年的改革开放，已有多家全球500强跨国公司在深圳投资高新技术产业，如计算机产业的IBM、康柏、希捷、三洋、施乐，通信产业的菲利浦、北方电信、朗讯科技，新材料产业的杜邦，等等。外资高新技术企业对深圳高新技术产业发展、产品出口起到了很大的作用，也为深圳高新技术产业的发展积累了资金，培养了人才，带来了信息。

今年是中国改革开放40周年，也是深圳特区成立38周年。40年来包括高科技产业在内的深圳经济社会发展取得了巨大成就，创造了世界工业化、现代化、城市化奇迹。但同时，当前乃至今后相当一段时期，随着国内外经济发展环境的变化，深圳的高科技产业的发展也遇到了困难和严重挑战。从国内来讲，随着中国高速增长进入中速增长的新常态，随着中国经济转型和供给侧结构性改革的不断深入，随着企业经营成本的提高和经营环境的改变，一大批高科技企业，尤其是中小型民营高科技企业遇到前所未有的困难和挑战，有的已经难以为继，其中不少企业已经把部分制造基地甚至整个企业迁离深圳，深圳面临着产业空心化的风险和危机。从国际环境来看，中美贸易摩擦日益加剧，对深圳高科技产业的出口和发展带来严重影响。尤其是随着美国与日本、欧洲、加拿大、澳大利亚、韩国等西方发达国家的零关税、零壁垒自由贸易谈判的成功，世界经济格局、世界经济体系和世界经济程序将面临着重大调整，对未来深圳高新技术产业发展带来极大的不确定的因素。对此，中央确立了更进一步加大改革开放的力度，来应对未来的外部挑战的基本方针是非常正确，也是非常及时的。

06

第六章

从低端分工走向高端创新

深圳是个由无限个传奇故事编织起来的年轻城市，其中“五个一”的故事最为经典。如今“五个一”的边陲小镇已成长为我国重要的经济、贸易、金融中心和创新发展的代表，1980 年前深圳 GDP 是香港的 0.2%，2017 年为 2.24 万亿元，与香港持平。人均 GDP 2.7 万美元，二、三产业比例 6∶4，高新技术产业占比 33%，金融业 13.6%。在深圳之前，全球还没有哪一个城市能够在如此短的时间内，实现由农业经济向知识信息经济的连续跳跃。

——深圳市前副市长唐杰

第一节 “三个为主” 拉开工业化序幕

1985 年，深圳提出：“要瞄准国际市场的需求，开发一批竞争力强、稳定适销的‘拳头’产品，争取工业制成品 60%以上能够外销。经济特区的种植、养殖、旅游、建筑、商贸和金融等其他行业，要围绕建立以工业为主的外向型经济协调发展。”简而言之，即“以外商投资为主、生产以加工装配为主、产品以出口为主”，推动深圳工业化发展。这就是我们所说的“三个为主”。由此深圳开始了工业化的进程。

深圳通过这样的“三个为主”实现了发展，也积蓄了力量，本节我们分析为什么深圳当时会提出这样的“三个为主”，怎样支持“三个为主”，以及为什么这样的“三个为主”会成功。

禀赋决定“三个为主”

林毅夫老师提出的新结构经济学理论认为，给定任何时点，经济体的禀赋特征是给定的，一个经济体的最优产业结构内生决定于该时点上的自然资源、劳动力、物质资本和人力资本的相对丰裕程度。用通俗的话来说，一个地区选择产业要考虑自己的实际情况，比如想在东北发展种植热带水果业，那肯定是会失败的。深圳当时之所以选择了“三个为主”，是由其禀赋决定的。下面我们通过分析深圳当时的禀赋情况，解释深圳选择“三个为主”的合理性。

从自然禀赋来看，深圳是我国南部滨海城市，地处珠江口东岸，东临海湾，西濒江口，南接深圳河与香港，有利于发展港口贸易。从物质资本和人力资本来看，深圳特区建设，中央和广东省没有提供资金，人才也比较匮乏。深圳主要依靠外商投资带来资金和技术，早期外资进入规模较小，对特区改革开放的一系列优惠政策持观望态度（见表 6-1）。

表 6-1　早期深圳利用外商直接投资的数量及规模

年份	项目（个）	协议金额（亿美元）	实际金额（亿美元）
1980	37	2. 4	0. 28
1985	282	7. 93	1. 8
1990	757	6. 79	3. 9
1995	1633	34. 63	13. 1

资料来源：根据《深圳统计年鉴（2006）》《深圳统计公报（2006）》《深圳统计公报（2007）》以及陈恩、周科选的《外商直接投资对深圳特区经济增长影响的实证研究》一文整理得出。

从劳动力来看，特区建设吸引了大量外来年轻劳动力，使深圳的人口结构发生重大变化。从年龄结构上看，1982 年劳动适龄人口比重为 58. 36%，1990 年上升到 88. 3%，此后保持在 80%以上；从户籍结构上看，深圳是一个典型的移民城市，1995 年，非户籍人口是户籍人口的 3. 53 倍；从人口职业结构来看，外来就业人口主要集中在工业、制造业等劳动密集型产业，平均文化程度较低，大部分为初中及以下学历①。

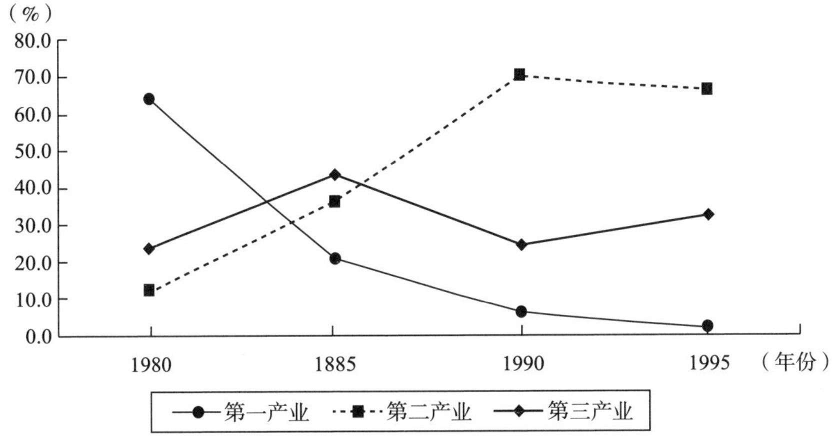

图 6-1　深圳人口就业分布变化趋势

资料来源：深圳市统计局。

初级青壮劳动力和廉价土地的充裕，以及资本与技术的稀缺，决定了劳动密集型主导产业与当时深圳的比较优势相符合，具有较大竞争力。一方面，外来人口的流入带来了大量的廉价劳动力，降低了劳动力成本，这是外商青睐深圳的一个重要原因；另一方面，进口组装技术无须高学历的劳动者。改革之初，流入深圳的劳动力受教育程度普遍不高，与劳动密集型产业需求相适应。故而这一时期，劳动力人口迅速向第二产业部门流动，第一、第三产业从业人员占比不断下降，尤其是农业部门迅速被加工贸易业取代，劳动密集型产业成为深圳经济增长的支柱。

除此之外，深圳还因为毗邻香港，有运输成本低的优势，因此外商投资选择项目时自发倾向"来料—加工—出口—增值"模式。

① 《深圳统计年鉴（2006）》《深圳统计公报（2006）》《深圳统计公报（2007）》；陈恩，周科选．外商直接投资对深圳特区经济增长影响的实证研究［J］．广东工业大学学报（社会科学版），2008，8（4）：37-41.

以“三来一补” 开始的产业结构变迁

1980—1985 年，依靠内资流入和外资注入带来的资金和设备技术，深圳在一定程度上弥补了资本和技术相对稀缺形成的短板，但基础设施薄弱的问题亟待解决。于是政府对社会固定资产投资力度持续加大，并吸引港资参与深圳的大型基础设施建设，进一步吸引内地企业和外商来深圳投资建厂。因此，这个时期以基础设施建设为主导的第二产业，尤其是建筑业的发展突飞猛进，深圳的产业结构也初步形成，极大地改善了深圳的基础设施条件。这段时间的第三产业则以批发零售、餐饮服务为主，产业之间配套关联度并不高。这也为当时深圳的发展状况做了一个注脚，即当时并非没有工业，而是主要聚集在以建筑业为主的狭小产业板块中。基础设施薄弱的特区当时确实没有条件立刻加速进入制造工业化阶段。

1986—1990 年，在经历初创时期的交通运输网络快速建设之后，深圳进一步发展海港、空港，尤其是对大型港口码头的开发，进一步降低原材料进口和产品出口的贸易成本，为外向型经济奠定了基础。而且不仅“硬”基础设施得到改善，“软”基础设施也得到了发展。在这期间，深圳证券交易所开张，金融体系改革升级。这一时期工业产值相对前期有所减少，主要原因是建筑业增长放缓，但工业增加值仍保持高速增长，表明深圳进入了工业化高速平稳发展时期。加工组装以来料加工和进料加工并重，形成了“产业以电子为主，资金以利用外资为主，产品以外销为主”的工业化格局，产业结构从劳动密集型逐步向劳动密集型与技术密集型并重转变。

1990—1995 年，农业比重从有到无，第二和第三产业比重相当，产业结构向劳动密集型、技术密集型和资金密集型“三密”方向转变。深圳充分利用内外资和政策优势、地缘优势，调整产业结构，以第二产业为主导，工业中又以制造业为主，大力发展工业品出口。第三产业从特区建设前十年的以餐饮服务、批发零售为主，向以金融保险业、交通运输、通信转变，配套设施的发展适应了产业结构调整（见图 6-2）。

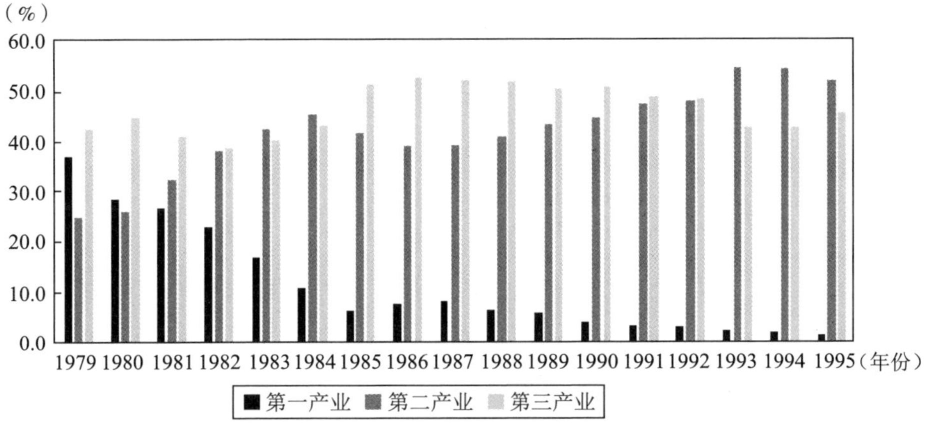

图 6-2 1979—1995 年深圳产业结构变迁

资料来源：根据深圳市统计局数据整理得出。

深圳经济特区的工业化发端于“三来一补”。到了 20 世纪 90 年代中期，深圳成为有了具备世界影响力的箱包、运动装、运动鞋和轻家电的加工装配中心，液晶显示模块是当时技术含量最高的工业产品。1995 年，伴随经济特区政策的全国性争论，深圳经历了一轮明显的经济收缩，大量劳动密集型企业沿着新开通的广深高速公路向东莞迁徙。

经过这十年的发展，深圳实现了资源禀赋结构的升级与软硬基础设施的改善。通过积累大量物质资本和人力资本，完善产业配套基础设施，优化了深圳的投资环境，从而推动了产业结构的调整与升级。深圳也从农业型社会进入工业化社会，产业结构发生很大变化。“三来一补”对于深圳就像火箭的助推器、燃料舱，是腾飞必不可少的组件，而到了合适的时机，这些部分脱离火箭主体也是不可避免的。

1995 年 7 月，深圳市召开全市科技大会，提出贯彻全国科技大会精神，实施“科技兴市”战略，把推进高新技术产业发展作为今后的中心工作。3 个月后，深圳市委、市政府发布《关于推动科学技术进步的决定》，明确“以高新技术产业为先导”的战略构想。在外界充满怀疑忧虑的眼光中，深圳义无反顾地走上发展高新技术产业的道路。到 2010 年，深圳高新技术产业产出已经超过了万亿元，利税超过千亿元。事实证明，深圳在 1995 年自身要素变化后，用壮士断腕的决心，没有去挽回曾经给自己带来辉煌的初步工业化，而是利用这一基础继续进行产业升级，这是一个充满勇气和智慧的决策。

对标与借鉴

诸葛亮在《隆中对》里在推荐刘备选择益州作为根据地的时候有一句话很有说服力："高祖因之以成帝业。"就像一家饭店要选址开业的时候，肯定要参考其他之前和自己现在情况类似而走向成功的案例。同样，我们要研究深圳初期的发展，也希望能够找到深圳可以模仿和学习的对象，于是我们选取了1990—1995年之前20年其人均收入水平与深圳相近的国家，经筛选有韩国、巴西、马来西亚、哥伦比亚（见表6-2）。

表6-2　1990—1995年各国人均收入　　单位：美元

年份	国家				
	中国	韩国	巴西	马来西亚	哥伦比亚
1990	330	270	440	400	330
1991	350	310	500	420	360
1992	390	340	590	470	400
1993	410	410	750	600	460
1994	460	530	970	790	550
1995	530	630	1170	900	590

资料来源：世界银行，按图表集法衡量的人均国民总收入（GNI，现价美元）。

而从人均GDP增速来看，哥伦比亚增速相对较慢，巴西增长波动较大，且多次出现负增长，马来西亚于1985—1987年间出现负增长，韩国始终保持高速增长（见图6-3）。

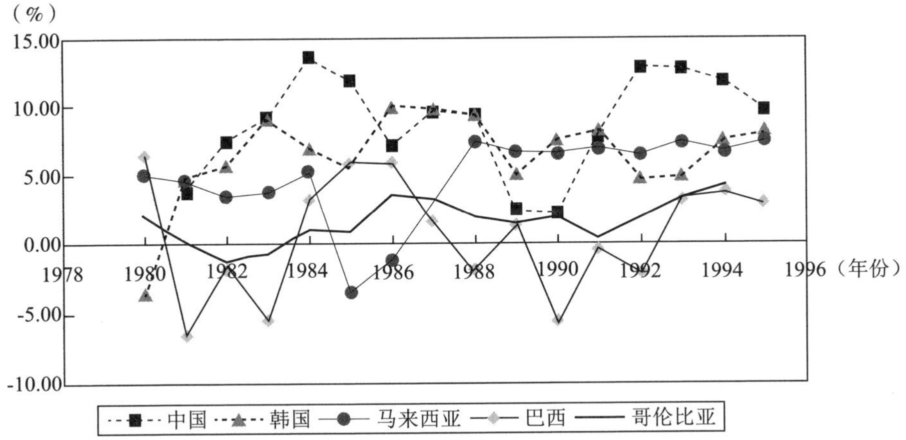

图 6-3 1978—1996 年人均 GDP 增长率的国别比较

资料来源：ERS International Macroeconomic Data Set.

以韩国为参照，韩国的工业起步与深圳类似，都是从劳动密集型产业开始启动工业化进程。20 世纪 60 年代，是韩国工业化起步阶段，韩国利用大规模招商引资发展出口为导向型的轻纺工业，如服装、制鞋业、玩具、食品加工业、塑料等。20 世纪 70 年代后期，随着劳动力短缺，工资上涨和来自发展中国家的竞争，韩国纺织品、服装等优势开始下降，在大规模引进外资的同时，韩国鼓励电子、机械、钢铁、金属制造等行业的发展。到了 1980 年，韩国电子工业中黑白电视机出口量已经占世界出口总量的 21%，居世界第一，彩电出口居世界第三。值得注意的是，从韩国的产业政策来看，韩国始终坚持以出口为导向的产业政策，根据国情鼓励出口和提高出口竞争力。

由于深圳与韩国 20 年前发展的情况的类似性，我们认为深圳可以借鉴韩国的发展道路。韩国曾经的纺织业、电子及设备制造等，都是深圳的潜在优势产业。在图 6-4 中我们也能发现，服装业和电子科技业的增长速度明显快于卷烟和水泥。我们看到，深圳的经济增长轨迹与林毅夫老师的理论不谋而合：进行自身要素禀赋的辨识，模仿类似要素禀赋的成功者，并不断改善自己的要素禀赋。

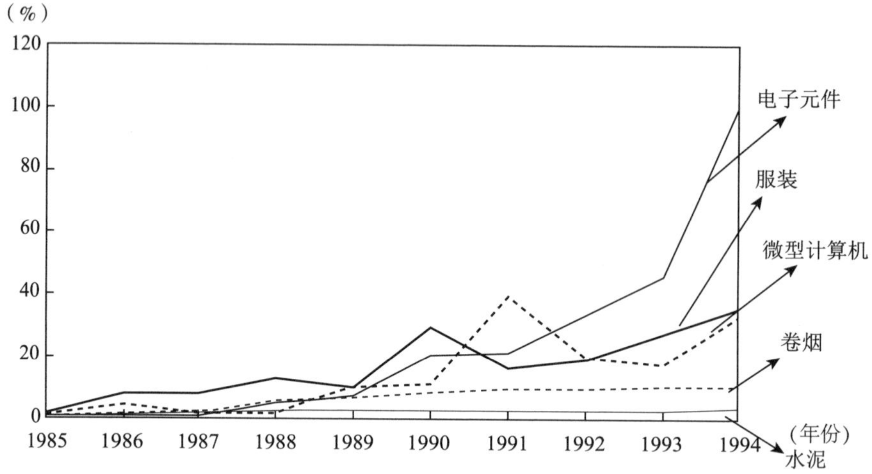

图 6-4　1985—1994 年深圳部分工业品产量增长情况（以 1985 年产量为标准求比）

资料来源：深圳统计年鉴。

尽管当时的深圳缺乏获利能力比较高的企业，但在承包外资生产的过程中，深圳学到了一些经验与管理技术，形成了比较大的出口加工制造业规模，出现了富士康等一批优秀电子产品代工企业。这些企业利用外商投资资金以及先进技术、全球完善的销售网络等，吸取经验，并不断探索出新的发展模式。实现产业升级并非一蹴而就，融入全球价值生产只是一个开端，这为后来深圳的产业创新与发展做了重要准备。

第二节　模仿性创新

到 20 世纪 90 年代中期，深圳从 1978 年改革开放，1980 年设立经济特区，已经经历了十几年的摸索和创新。相较于一开始的一穷二白，深圳市场经济体制框架已经初步搭建，开始走向市场经济体制的完善时期，内生的禀赋结构相较于 80 年代初期已经有了很大的变化。而随着禀赋的改变，深圳的产业也摆脱最简单的来料加工，开始有了自己的品牌，不过和大家现在熟知的深圳华为或者玛丝菲尔还有所不同。

深圳产业转型的第二阶段，即走向模仿创新的生产制造。20 世纪 90 年代中期，深圳经济大滑坡，产业外迁加剧，大规模生产和装配能力转向模仿，山寨现象（CopyDog）成为标志。本节我们分析深圳产业升级的理论根据以及山寨现象的合理性。

完成初步工业化

到了初步工业化的20世纪90年代，深圳的代工技术与规模和基础建设已经走上正轨。深圳已经参与到全球垂直分工体系中，承接了由“亚洲四小龙”转移过来的国际化企业制造外包环节，有了一定的技术积累。经过80年代的大规模基础建设，深圳也吸引了一大批劳动力，深圳依然是一个拥有人口红利的城市。与此同时，深圳的工业产值巨幅提升，从1979年不到500万元增加到1990年的78亿元，增加了1500倍。深圳也因此超过上海、天津、青岛等制造业城市，成为包括自行车、电风扇、电冰箱、电视机在内的消费品生产基地和低附加值加工贸易项目出口工业区。

不仅如此，深圳的工业化效率也位居前列，这从深圳当时生产的大量“A货”就可见一斑。由于深圳在进行代工生产时，上游企业配发原料会比最终产出需求多3%~5%，而深圳的代工工厂总是能利用这些边角废料，用同样的流程生产一样的产品，然而商标就那么多，这些多出来的产品就成了“A货”。由此可见，在深圳发展的第二阶段刚开始时，深圳的要素禀赋具有以下特点：首先是相对充足的有一定技术技能的劳动力资源，其次是代工技术已经有了相当规模的原始积累，深圳已经完成了初步的工业化。

“山寨机” 现象

现在一说到“山寨货”，可能就代表着低端、劣质，等等。但其实“山寨货”有其存在的意义和合理性。比如《我不是药神》里的“山寨药”，可能短期来说，对整个社会是有正面促进作用的。而深圳“山寨货”之所以能够存在并大肆传播，除了价格上的优势外，比大品牌更切合消费者需求的特点也是十分重要的。

例如，十几年前，手机还不是很普及，有一些商务人士因为业务需求，需要有2个手机来处理事务。这样会让他们很不方便，于是诺基亚等红极一时的品牌研发了能够插两张卡的手机。但是这种手机两张卡只能有一个有信号，双卡却只实现了“单待”功能。于是深圳出现了这种“双卡双待”的“山寨手机”。“山寨手机”也有一定的技术含量，是在国外手机的基础上略加改造而成的。这种“山寨机”推出后大受市场欢迎，是今天我们普遍使用的双卡双待手机的雏形。甚至有的“山寨机”还具有“三卡三待”和“四卡四待”功能。山寨手机功能十分齐全，只有我们想不到，没有他们做不到，比如超长的待机时间、防水、太阳能充电等功能。

实际上，这种不断满足消费者需求所做的“简单”创新现在也仍然存在：如我们现在新买的手机充电口一般都经历换代，而耳机口被取消，想要使用有线耳机需要通过一个手机附赠的转换器用充电口插入。但很多消费者希望可以一边戴耳机一边充电，于是市场上就出现了非官方的转换器，可以在一边充电的同时一边插耳机（有的甚至能插两个，给情侣看电影用）。这种紧密切合市场需求的创新精神，常常是大厂所不具备的。

那句广告词“一直被模仿，从未被超越”，在“山寨机”产业是不存在的，大家的竞争十分激烈，是一种“一直被模仿，一直被超越”的状态。这样“山寨机”的更新换代会特别快，消费者使用的手机也是性能越来越好、功能越来越多。而且“山寨机”的价格比其他手机低，因为无论是生产，还是中间的过程和最后的营销，“山寨机”成本都比品牌手机低。因此，在价格上，“山寨机”有天生的绝对优势。人们对“山寨机”的另一个误解是认为它们是在手工小作坊里，用简陋的烙铁和螺丝批量鼓捣出来的。其实从华强北电子市场附近某个办公室出来的手机，只是在那里完成最后的组装和包装，很多组件都来自设备先进、生产规模大的正规工厂，深圳的手机制造快速发展阶段也是在那个时段。根据不完全统计，进入21世纪后，深圳的手机产量曾经达到6亿~8亿只，出口占到70%~80%。

我们看到“山寨机”可能是很符合简单的经济学理论的产物：产品价格接近成本价，只要市场有需求，厂商都会努力去适应和满足，而且每个厂商不会搞“饥饿营销”，只要有钱赚，那就多生产。这一方面是因为深圳当时的技术能力还不足以进行基础创新，资本投入难以扶持长期创新投入；另一方面，是因为深圳刚刚接触“市场”，就好像走进了市场的“原始森林”，大家用最基本的市场法则一起努力，培养出了勇于创新、勤于学习的深圳精神。

而“山寨现象”也是“干中学”模型的重要范例。这个模型由经济学家阿罗于1962年提出，认为人们是通过学习而获得知识的，技术进步是知识的产物、学习的结果，而学习又是对经验的不断总结。因此，通过实际生产和学习，可以产生不断的、持续性技术进步。而“干中学”模型中为人所质疑的“技术进步是一个渐进的过程”，更是在深圳的这个时期与现实相吻合。“山寨厂商”为了能够快速满足市场需求，保持着不断地创新，可以近似认为这是一个渐进的过程。通过这个“练兵”过程，深圳培养了许多有实际经验的研发人员，积累了进行产业升级，走向创新的雄厚的人力资本。而与此同时，深圳通过模仿别人的产品，一方面，为创造真正的深圳品牌打好了基础；另一方面，也自然而然集聚了一批上下游企业，形成了坚实的产业链。

模仿性创新更是发展中国家追赶的重要知识溢出途径。在模仿、学习之后才能有自主创新。在“山寨”过程中，深圳的企业有机会和动机研究产业内的核心技术，让自主研发开始萌芽和生长。倘若没有“山寨式”生产，今天深圳有可能还停留在分散化的加工贸易阶段。“山寨化”生产使生产进入了专业化和差异化产品生产过程，深圳很多的著名品牌都产生于那个黄金年代。

山寨大营：华强北

如果说我们想找一个“山寨机”的大本营，那么是不可能绕过华强北的。这个地方在电子产品交易行业名气之大，甚至外国元首来深圳都要来华强北看看这个“中国电子第一街”的盛况。

华强北起初是依托央企，靠工业起家。而自1985年起，华强北逐渐开始蜕变。因为活跃的市场经济迎来了大量新生电子类企业。1985年后，为解决芯片交易效率低下问题，第一个1400平方米的电子配套市场在华强北成立。没想到市场意外的火爆，短短半年间，其规模就从半层楼面扩张到整栋大厦八层楼面，这也是华强北“中国电子第一街”的起点。随后，中电信息时代广场、桑达电子等电子市场相继开业，华强北由工业区蜕变成了大型电子专业市场。①

当时的华强北的零件来源也多种多样，除了正常的生产，有些通过港台和已经报废的手机通过拆装和翻新，成为零件的来源。虽说零件种类层出不穷，但想在华强北生存下去就要持续学习，否则就会被淘汰，因此，各个店主都能做到拿一个手机过来，现场拆机，告诉你各个零件的成本价格。一位华强北从业者坦言道："在美国，幸运的话，3 个月时间能够找齐各种电子元件，但在华强北，一天就能找齐所有材料。"②

华强北依托着山寨产品发展，但却打造了巨大的电子行业基础。因此，即使 iPhone 的出现导致那个手机百花齐放的时代一去不复返，智能手机替代了千奇百怪的"山寨机"，而深圳慢慢走向高端生产，华强北依然能够依靠自己的优势，为各大手机厂商提供零件。而更多的"创客"在华强北通过大企业的外包、招标等形式，进入大企业的供应链，给华强北源源不断注入血液。虽然华强北的热闹与当年相比有所衰减，但产品的科技含量却不断上升，华强北也在新征程上不断迈进。

对于一个地区来说，在发展的初期发展这种模仿性创新，是有其深层次的合理性的。"山寨货"从某种意义上来说是一种学习之后的模仿过程，是走向深圳创造的必经之路。因此，我们应该正视"山寨现象"，这只是一个短期内的过渡选择。如果放任"山寨药"，那么也就没人研发生产新药了。"山寨现象"只是深圳在转型发展中一个必然经过的、承上启下的阶段，深圳想要长期健康发展，接下来的道路必须走向深圳创造。

参考阅读

【中国企业家网】（CNN 消息）希望你的 iPod Touch 能当 iPhone 用吗？感谢中国的山寨产品，Apple Peel 520 款"多功能"手机可以做到这一点。这款山寨多功能 520 出自深圳一名 22 岁的工程师之手。从外形上看，它就是 iPod

---

① 城 PLUS. 华强北：混沌中的迭代［Z］. 2018-09-26.

② 冯叶，朱丽惠. 华强北阳谋：创客、老板与官员的三角盟［N］. 南方周末，2015-11-05.

Touch。但穿过马甲后，520 拥有 iPhone 的功能。

Apple Peel 520 有一块电池、接口、支持语音通话的 SIM 卡。用户需要安装特别的软件才可以发短信或者正常使用 iPod。安装程序以后，520 可以通话 5~6 小时，待机 120 个小时。CNN 采访了 520 发明者 Maxpy 的制造动机。拒绝电话采访的 Maxpy 在 QQ 上表示："我爱 iPhone，但 iPhone 对中国人来说太贵了。"据了解，Maxpy 去年 4 月就有了"山寨"的想法，520 是上月通过"衍生科技"公司面市的。

iPhone 今年 10 月才在中国大陆正式上市。在美国，iPhone 在亮相两年多后价格为 588~740 美元，iPod Touch 的价格大约在 235 美元。但 Apple Peel 520 的价格只有 57 美元……

盗版的 iPhone 不但便宜，还功能完备。一般盗版机都有无线网，正版的手机却不具有。移动 2.0 论坛创始人王先生告诉 CNN 记者："想买 iPhone 的人早就找到拿货的方法了，绝大多数人不会选择联通卖的 iPhone，因为官方的太贵了。"

目前为止，520 是否对中国消费者有吸引力，又是否会影响到 iPhone 在中国的销售还有待观察。Maxpy 告诉 CNN，目前 520 只在淘宝上预定了 150 台。CNN 问 Maxpy 有无大量生产 520 的想法，他说有，但要确认 520 没有侵犯知识产权后衍生科技公司才会大批量生产。Maxpy 表示，希望盈利，但还没有具体计划。他希望知道，对"挪移"的 iPod Touch 外壳，苹果有什么说法；苹果对他们的 520 感不感兴趣；还想通过 CNN 联系上苹果老总史蒂夫·乔布斯。

Apple Peel 520 被检测有若干小故障。根据对 M. I. C. Gadget 的采访，520 无法使用 3G 网络，打电话有时间延后，无法转发和删除短信。然而，更多人被 520 的多功能所震撼。一位假名为"攀泰"的台湾山寨网站编辑认为，"这是硬件功能上的历史突破"，57 美元的价位对 iPod Touch 来讲，都很便宜。从省钱的角度看，这款机器固有市场价值。

Apple Peel 只是中国兴旺山寨市场的冰山一角。深圳手机制造工厂充斥着各种仿造来的手机，通常价格比正品低，功能比正品多。每年都有百万的山寨手机出品，满足本土市场的同时外销发展中国家。Garnter 数据显示，山寨机极大挤压了正版产品的市场空间。北京网络咨询公司 Plus&Star 公司创始人 Benjamin Joffe 认为，中国很快就不只是“制造”产品，而是“拥有”产品了。“从苹果制造厂都在中国的情况看，中国也不是生产不出高质量产品。”Joffe 表示，剩下就看价值链怎么设计，市场怎么营销，产品怎么分销。而中国现在正在学习，雇佣天才设计师，用钱买自己不具有的。

深圳创客长成记①

蝶　变

2000 年，梁鸿恩跟刘兴华一样也是创客，但有着比后者丰富得多的社会经历。梁鸿恩最早做过显示器，科技网络股泡沫时期又做过互联网，总之他总在追赶时代潮流。现在是一个自由职业者，大部分精力用在做智能穿戴设备上，剩下的时间基本待在深圳一个老牌开源创客社区 SZDIY 里边，既可以做东西，又可以轻松地与朋友聊天分享。认识他的人都亲切地叫他“老梁”。

在深圳住了 15 年，老梁可以说是见证了这边整个制造业发展的高潮与低谷，其中最重要的分水岭正是 2007—2008 年。在这之前，虽然制造业为深圳贡献了大部分的经济增加值，但其优势在国内并不明显。如传统代工不只深圳有，上海、江苏等地也有，一些厂商往往把针对出口的高端笔记本生产线放在江浙而非深圳。

2008 年山寨机在深圳风行改变了这种格局。“山寨机一味追求低价和更短的生产周期，导致原来只做出口高端的生产线也不得不迎合它们接一些低端、薄利的订单。”老梁认为，正是在这个过程中，深圳整个产业链的高中低档全部给补齐了，反观上海、江苏，没抓住这轮机遇，只能在智能硬件、智能穿戴和物联网想象空间大幅度被提升的今天懊悔不已。而这几个领域正是创客运动在内地兴起的产业基础。

山寨对深圳的贡献不仅限于此。“它还为本土培养了一大批研发工程师，起码是具有初步研发能力的工程师。”据老梁说，山寨鼎盛时期，MTK 的市场份额一度高达 70%~80%，而之后成功转型做自主品牌的厂商也都经历过这

① 有删节，前一部分内容见第二章参考阅读资料。

波山寨浪潮的洗礼。更重要的是，山寨还培养了一大批具有跨界能力的人才，在老梁看来，这些人才的跨界能力并不比美国差。整个过程就像蝶变，其貌不扬的山寨链条通过慢慢积累幻化出美丽的翅膀，激发出庞大的生命力和创造力。2008 年，刘兴华正好赶上这波山寨浪潮，校门口那接不完单的小厂是最好的例证。相比老梁，他也许更幸运，不用经历什么转型阵痛，就能直接坐享深圳蝶变的硕果，并因此快速得到成长。

第三节　集聚推动深圳制造走向创新

深圳市在产业发展的过程中集聚效应十分明显，产业集中度不断提高。这是深圳产业转型的第三阶段，即从深圳装配向深圳制造的转变。建立研究开发体系，华为、中兴以及具有核心技术居产业链关键环节的中小型企业群体崛起，专业化分工和协同创新体系初步形成。随着聚集成本的提升，低端产业向内地转移，推动产业聚集向产业集群转化，深圳已逐渐形成了以高新技术产业、传统优势产业和先进制造业为标志的三大产业集群。

深圳市在以来料加工为基础的初步工业化和模仿性创新的专业化生产后，虽然并没有核心研发竞争力，但却可凭借简单模仿形成大规模生产。2003 年以后，山寨模式开始流向内地，深圳优势式微，为了实现更高水平的增长，专业化加工装配、专业化制造和协同创新开始出现。到了 2010 年前后，深圳更是走向了创新驱动，往日的“世界工厂”“山寨之都”华丽转身，成为全球创新前沿，新能源、生物技术、互联网技术引领潮流。

在经历了城市发展的两个必然阶段之后，深圳步入了专业化分工创新阶段。其最大的特点也是深圳市最引以为傲的特长，就是完整的产业链。而现在的深圳不仅培育了华为、中兴、腾讯、比亚迪等一批国际级创新型企业，更重要的是如大疆科技、柔宇科技等海量创新型高成长的中小企业仍在大量涌现，这就是深圳制造产业链的最好体现。本节我们将围绕产业链，分析从深圳制造到深圳创造的发展过程。

分工与协同打造强健产业链

简单来说，产业链就好像是一个人想开厂子生产方便面，他既能找到面粉供应商，面桶、餐具供应商，也能找到运输、销售渠道。对他来说，他只要做好生产就可以，而不用担心找不到原料来生产，找不到销售渠道销售。因此，对他来说，只要保证自己的产品有优势和一定的资金，那么基本可以保证自己能够成功。这样的市场情况，很像自由市场，因为不会出现一个厂子明明不应该继续存在，却因为霸占了整个产业链，而赖在市场中，其他厂子也无法进入的情况。因此，每个厂子都有很大的紧迫感去努力提升自己的效率，改进自己的产品。因为只有这样，才不会被市场淘汰。

产业链的存在除了间接保护了市场的公平，更明显的是大大提升了市场的效率。因为各个厂家都相互独立，而不存在同气连枝的现象，所以只有质量最好的、效率最高的厂子才能生存下来。而且对于一个新的想法，产业链也会有更快的反应速度，而不像如果是一体的企业可能会出现延误的现象，也不会因为彼此的产业地距离太远而导致效率的下降。例如，曾经笔者去企业参观，企业负责人表示之所以选择深圳，就是因为深圳的产业链比别的地方更全。这位负责人举了一个例子：他在美国建厂，有一个新的点子，告知生产厂商之后，等了半年左右，才拿到生产好的新产品样本。而当他在深圳同样有新点子之后，却只等了一个星期就拿到了样品。这种速度上的明显提升，深刻体现了深圳的产业链的重要作用。

产业链还能起到促进创新的作用，正如深职院的地产研究所所长邓志旺所说"这种产业链的精细化分工也让创业成为可能，因为专注产业链上一个很小的环节，不需要很多资产"。由于生产的每个部分都是被分包给各个不同的厂商，所以当一个新的需求出现时，各厂商有动机去创新，满足这个需求。就比如一个手机品牌希望能做出一个可以检测指纹的屏幕，如果没有产业链，就需要自己进行创新，但将这样的需求下放给市场中的供应商，各个厂都会去努力创新满足这个需求。这样创新的个体数量就大大增加，创新的质量和数量也都会大大增加。因此，我们不难看到，深圳的 PCT 国际专利申请量达到 2.04 万件，占全国总量的 43%，连续 14 年稳居全国首位；4G 技术、超材料、基因测序、3D 显示、新能源汽车等领域创新能力处于世界前沿。

产业链的构成，是深圳曾经来料加工和模仿创新留下的遗产。因为已经拥有生产每个产品的工厂，所以重要的就是保护每个工厂的生存能力，加强工厂和产业间的联合和联系，减少彼此的交易和交流成本，让上游的企业购买的方便、下游的企业售卖的便利。而就像我们买衣服希望去大商场，买菜想去菜市场，这是便于交易。因此，加快工业园区的建立并让各个工业园区有彼此的区别，是促进产业链构成的重要手段。

早在 2011 年，深圳市政府发布的《关于加快产业转型升级的指导意见》中就指出，旧工业园区应该转化为一个新兴的工业园区和现代服务产业集群，区域通过全面改造、环境建设和设备改进，升级低端落后社区产业运营商，引导以低端制造为主的产业园区向高端专业化发展。自 2008 年以来，深圳已建成 42 个特色工业园区，总面积超过 700 万平方米，平均产业集聚率约为 65%；与此同时，深圳支持旧工业区混合城市的更新，包括全面改造和功能改变。

在过去的 3 年里，有 48 个老工业区被进行了改造和推广，涉及占地面积为 253 万平方米。每个区都有侧重点，南山本来就是科技强区，产业比较全面；宝安以制造业为主；龙岗土地多，空间大，布局未来产业、新能源产业；罗湖是传统老区，空间有限，还是以珠宝产业、文化创意产业为主。这种分区分产业发展，促进了深圳的产业有机构成，促进了产业链的形成。产业链的存在，给深圳品牌的出现打下了坚实的基础。除了深圳的华为、中兴等企业依托产业链实现持续发展，众多的中小型企业也实现了自己的崛起、发展和壮大。他们作为重要的创新主体，是深圳走向“创新之都”的重要条件。

《深圳特区报》报道，2015 年上半年，在错综复杂的经济大环境下，深圳特区交出了一份亮丽的“发展答卷”。2015 年 1—6 月，全市实现生产总值 7550 亿元，同比增长 8.4%，其中战略性新兴产业增加值增速达 11.6%；全市一般公共预算收入增长 27.9%。

在这些数字的背后，是新常态下深圳创新动力的持续增强、经济发展方式的根本转变。2015 年上半年，深圳全社会研发投入超过 300 亿元，国际专利联盟（PCT）专利申请量近6000件，约占全国一半。在深圳国家级高新技术企业达4700多家，占广东全省一半，华为、中兴、腾讯等一批企业已经成为引领全球市场的行业翘楚。

深圳是经典的创新转型案例。来料加工装配，到山寨模仿，到创新制造，直到全球创新中心，深圳创造了为世界瞩目的深圳速度，也经历了持续40年的长期增长率的下降，能够如此不断转型升级的城市在世界范围也不多见。①

深圳经过了最开始的来料加工和模仿创新，走到今天已经成为世界瞩目的创新中心。2017年，深圳社会研发投入超过900亿元，占GDP比重4.13%，接近全球最高的韩国和以色列水平；每万人发明专利拥有量将近90件，达到了全国平均水平的9倍以上，其中有效发明专利维持超过5年占比86%，位列全国大中城市第一；拥有各类创新载体约1700家，国家级高新技术企业约1.1万家。

在《2017全球创新指数报告》中的GII指标下，深圳不仅超越北京和上海，而且也超越了世界上无数知名的创新地区。深圳在4G技术、5G技术、超材料、基因测序、3D显示、无人机等产业领域的创新能力都位居世界前沿。那么，为什么深圳能出现这么多创新？有人曾比喻，说创新仿佛是盛开的美丽花朵，需要充足的阳光雨露、适宜的温度、湿度等环境。而深圳无疑就是提供了这样一个好的环境，让创新能在这里扎根、发芽、壮大。

“无人机”产业的诞生

众多专业化创新企业在产业集群内竞争生存就构成了产业链协同分工效应。众多企业在多领域、多层次、多环节创新，协同创新构成了资源重组和有效再配置，这是一个新兴产业崛起的根本所在。深圳最新崛起的无人机产业集群就是竞争生存与协同创新的经典案例。

深圳过去五年凭空产生了一个无人机产业，这个产业是怎么形成的呢？

无人机最需要的是碳纤维材料，全球碳纤维生产装配使用最发达的城市

① 唐杰，王东．深圳创新转型的理论意义［J］．深圳社会科学，2018（1）：25-26.

是我国深圳，研发水平最高的是美国、日本、俄罗斯、以色列，而应用水平最高的也是我国深圳。深圳 40 年前给人加工钓鱼竿，给人做羽毛球拍、网球拍都是使用碳纤维。深圳的航空铝被应用于制作手机的材质，特种塑料和锂聚合物电池产业，在深圳都有很好的产业基础。

与无人机制造协同，提升精密制造能力，使相关企业获得新一轮创新增长的机会。比如为无人机生产提供外壳、螺旋桨和低值易耗的零配件等的特种塑料行业。锂聚合物电池产业是手机生产的基础，也是深圳传统优势产业。无人机从悬停状态达到最高速度的时间越短，无人机性能就越高，对电池瞬时提高功率的要求也就越高。因此，动力电池的能量密度要远高于手机电池，体积能量密度或质量能量密度的高低，成为传统手机电池生产企业转型生存的关键。

在不同领域、不同环节进行不同技术方案的竞争，造就了无人机产业在深圳的崛起，一个不断扩张的产业集群也为几百家相关企业提供了更加庞大的市场需求。值得一提的是，微型电机是无人机最重要的组成部分，磁性材料是微型电机生产的核心材料，用量小、价值大、创新难度系数高。单一企业会付出更大的代价，承受更大的风险。

在市场和企业可能不足以承担的关键方面，政府补上了缺口。深圳政府做了一件事，就是支持磁性材料和机器人产业。政府没有预见到无人机产业的崛起，却清楚微型伺服电机是机器人产业发展的核心技术，在公共服务和研究开发领域对磁性材料的研究开发给予了关键性支持，对深圳电动机产业升级发挥了“四两拨千斤”的作用。

企业须创新， 政府需“有为”

深圳的产业转型已经进入了第四阶段——从深圳制造迈向深圳创造。在新一代无线通信技术、基因测序分析与装备制造、新材料、新能源汽车、显示技术等领域形成了较强的自主创新能力，依靠大规模产业技术创新过程，逐步缩小与国际产业技术前沿的差距。

我们可以看到，深圳产业转型过程中，政府采取了必需和必要的行动，有效地为创新活动扫清了道路，间接推动了创新经济的快速发展。我们可以总结为以下几个方面：

1. 立法保护

在前面讨论模仿型创新时，我们就谈到了“山寨货”只能是一时之计，因为如果不限制模仿行为，那么创造欲望就会消耗殆尽。就像在高考的考场上，如果作弊不被压制，那么就不会有人努力学习一样。深圳鼓励大家都努力学习，互相帮助，但不是在考场上投机取巧，必须保护努力学习的同学的成果不被其他人无代价掠夺走，因此就必须立法保护。

我们知道，市场经济的本质是合约体系，法治是创新的保障。合法签订合同，合同能够有效执行，市场经济才可以运行。假如其他企业可以抄袭模仿一个企业的创新成果而不受到惩罚，就不会有企业愿意创新。合约能够履行，要以法治而不是政府行政管制作为基础。政府要致力于消除行政垄断的行为，这是对创新的最大支持。深圳早已认识到了这一点：有问题找市场是法治，有问题找市长就会引发政府的不当干预。

建立完善了创业投资和股权投资体系，形成了知识产权保护制度。早在1994年，很多地方还没有提出“无形资产”概念的时候，深圳就制定了《无形资产评估管理办法》。1995年针对困扰创新企业的跳槽人员带走技术秘密的问题，深圳出台了《企业技术秘密保护条例》①。同年7月，深圳市明确了以高新技术产业为先导的转型战略，开始实施一系列的支持高新技术产业发展的政策措施。1997年9月，深圳明确提出创建科技风险投资体系，1998年11月，正式启动风险投资立法程序，以法律形式确定了知识产权可以成为股权资产；2003年深圳市人大常委会通过的《深圳创新投资条例》，为深圳创新投资产业发展奠定了法律基础，为2005年国家发改委等十部委发布《创业投资企业管理暂行办法》提供了有益的立法与借鉴。2012年9月，深圳积10年实践，颁布了修订后的《深圳经济特区创业投资条例》。我们看到，在深圳的发展转型路上，深圳政府一直不断地根据自身情况设立、调整法治，积极保护企业的创新积极性。

---

① 深圳自主创新型企业群雄竞起　创新路径因企制宜［N］. 经济日报，2006-04-20.

2. 聚集创新

阿尔弗雷德·马歇尔在其《经济学原理》中，分析三个导致产业聚集的原因：一是聚集能够促进专业化投入和服务的发展；二是企业聚集于一个特定的空间，能够提供特定产业技能的劳动力市场，从而确保工人较低的失业概率，并降低劳动力出现短缺的可能性；三是产业聚集能够产生溢出效应，使聚集企业的生产函数优于单个企业的生产函数，企业从技术、信息等的溢出中获益。马歇尔进一步指出，同一产业越多的企业聚集于一个空间，就越有利于企业所需生产要素的聚集，这些要素包括劳动力、资金、能源、运输以及其他专业化资源，等等。而空间内诸如此类的投入品，或者说生产要素的供给越多，就越容易降低整个产业的平均生产成本，而且随着投入品专业化的加深，生产将更加有效率，该空间企业也将更具有竞争力。

马歇尔的聚集理论解释了为什么企业聚集会使聚集起来的企业更加富有竞争性，我们在这里更希望解释为什么产业聚集会有利于创新的产生：我们知道，知识和技术是创新的主要源泉，知识技术的交流传播对创新有着很大的影响。深圳通过构建创业园区，通过让企业之间互相交流，鼓励和促进了知识文化的互相交流融合：大家互相交流需要的创新点和突破点，创新的火堆因为大家的添薪加柴而愈发兴旺。而最有特点的一个体现就是众多创业园区大大小小的咖啡馆：这些人才通过约在一起喝咖啡互相交流，促进了创新。

除了企业之间的互相聚集，企业与大学的聚集也尤为重要。深圳全市都正处于“工业园区+大学园区”模式，从传统的生产基地向研发高地过渡。深圳通过企业与大学的聚集，让学生能够更早地接触企业，在学习和研究时更能考虑到企业的实际需求；为企业注入更多的新鲜血液，创新的知识基础也会更加的稳健。

3. 人才引入

在影片《天下无贼》里，葛优曾经说过这么一句话：“21 世纪最缺的是什么？人才！”虽说三个臭皮匠赛过诸葛亮，但不懂电路真的无法研发手机，不会物理真的做不了无人机。因此，一个城市如果想向高端创新前进，就必须要有人才的流入。而具体对人才的吸引，目前深圳市比较有名的两个政策，分别是杰出人才培育引进计划和已经实施了很久的“孔雀计划”。杰出人才培育引进计划主要针对的是“两院”人才，以及诺贝尔奖得主等国际一流人才。而“孔雀计划”的覆盖面则更广，涵盖了海归、博士后、博士等人才。深圳通过对人才的吸引，让这些人才帮助深圳逐渐开启第三次产业发展变革，引领深圳市的创新创业。

4. 强化市场

以北京为代表的来自全国甚至全球的科研创新成果，如何与深圳企业创新活动融合，或者说北京的科研成果为什么大量进入深圳，而不是其他城市？核心不在于政府行为的差别，而在于政府行为差别产生的市场主导创新的结果差别。科学研究成果的产业化发端于合理市场定价的“惊险一跃”。知识就是力量，个人知识产权收益高，就会激励更多的知识发现。企业要降低创新成本和风险，希望支付更低的知识产权费用。从世界范围看，创新活动活跃的区域是创业投资最为集中的区域，就像中国创新投资最为活跃的城市高度集中在北京、深圳和上海。

5. 指引方向

2006 年深圳提出了一个影响深远的口号，支持“非共识创新”。这是一个充满哲学含义的口号，也是曾经引发质疑的政策主张。

2010 年深圳提出了“深圳质量”的转型发展理念，制定了更加严格的限制性产业发展目录，实施了更加积极的集约性发展政策，产业结构调整中企业快速外迁。2012 年一季度深圳经济增速曾经骤降为 5.8%，低于全国、全省平均水平，深圳仍然坚持方向不变、步伐不停、力度不减。2013 年深圳推出了生命健康产业规划及相关产业政策要点。其中明确提出，要建设干细胞库等重大医疗基础设施，建立个体化细胞治疗的临床疗效与安全性评价体系。美国食药监管局和我国药监局都明确规定，细胞产品应用必须有严格的质量检测，若缺乏政策支持，细胞产业的发展将陷入无路可走的困境。所幸深圳给予企业发展的必要条件，给企业展示出其可以发展的方向。2018 年深圳已经先后完成了干细胞库及全国首家免疫细胞质量检测实验室的建设。从中可以看出，有效的产业政策可以加快弥补产业发展过程中的关键性短板，只要不违反竞争性获得资源的市场原则，产业政策就有利于市场在资源配置中决定性作用的发挥。

荀子在《劝学》中写道：“积土成山，风雨兴焉；积水成渊，蛟龙生焉。”唐老师在演讲中也曾经把深圳比作“创新湿地”。湿地是自然界最具活力的生态系统，具有极其丰富的物种多样性。经济活动的湿地就是公平、公正、公开的市场竞争环境，只要政府不伸手拉偏架，市场竞争就可以决定谁是创新的优胜者。虽然创新的产生有其随机性和偶然性，但能够产生创新的源泉却有其要求特点。深圳通过给创新一个好的土壤，让创新如雨后春笋般不断涌现。

编者札记

本章回顾了深圳从一个禀赋缺乏、工业基础薄弱的边陲小渔村发展成为创新型工业化城市的过程。唐杰教授将深圳产业结构转型分为三个阶段：第一阶段（1985—1995 年），是深圳开始工业化的过程。那个时期深圳的特点就是三个亿，所以深圳就被命名为“血汗工厂”。深圳对内可以说是高速增长，在外面被称为“血汗工厂”。第二阶段（1995 年），深圳开始进入深刻痛苦转型期，往哪里转？当时可以走的路就是模仿创新，通俗说法是“山寨”。现在为止还有人认为深圳是山寨城市，那个时候世界名牌产品都在深圳生产过，无非是仿造、A 货两种方式。那个时候深圳典型的词就是 CopyDog。第三阶段是 2003 年前后开始了新一轮转型。2003 年左右大规模的产业外迁，大规模金融机构向上海移动，外部原因有一个，就是深圳主板停发，创业板中小板没开始，在这样的过程中深圳开始大规模的制造。过去十年深圳基本上完成了从制造到创造的转变，成为一个创新的城市。

如果单从深圳这个案例看，从特区建立初始的商贸出口经济形态，到“三来一补”加工制造业的迅猛发展，都合乎发展经济学理论。中国人擅长商业，很多成功的企业家也是从这个最基础的行业起家的，这也是最低的起步点，基本上依靠劳动者个人的勤劳苦干就可以安身立命。我们不能否定当时深圳“商贸经济”的正面意义。在形成了一定的出口贸易和出口转内销市场之后，深圳聚拢了人气。同时，基础设施和交通网络都有了长足进步，发展“三来一补”的禀赋条件已经具备：低成本劳动力、低地价土地、较好的港口和交通运输等基础设施等。此时在政府的积极推动和支持下，大量引进外资加工型企业，进入出口导向型经济阶段是水到渠成的事。

在这两个阶段之后，20 世纪 90 年代中期，深圳和国内其他城市一样，都面对经济大滑坡形势，产业外迁加剧。在这个关口上，深圳市政府起到了引路人的作用，提出“以高新机性[illegible]业为先导”的战略构想，实施加快引进高级人才、风险投资和知识产权保护、举办高交会等各项配套改革措施。由于深圳当时已经形成了相当完善的制造业产业链条，而且在电子制造业有大量成规模的现代化工厂，所以依托配套速度快、制造能力强的特点，只需要在技术上做一些改进，很快就推出了各种扩展功能和型号的“山寨机”，这是深圳走上创新经济道路的前奏，也是一场“实战演习”。创新基因在规范市场和创新引领政策的培育下，使深圳很快涌现了一批真正的有知识产权的创新企业。

我们可以看到，深圳没有拘泥也无法拘泥于既成的比较优势之中，企业的前方和背后一直都有一只有力的手在引导和推动，这就是政府的力量。比如，1987 年出现商贸经济过度现象时，中央政府下决心要求深圳必须转型，深圳立刻调整产业指导政策，大力招商引资，将加工制造型外资企业引入深圳；1995 年左右，来料加工已经发展到极致开始走下坡路时，深圳市最快着手贯彻全国科技大会精神，把推进高新技术产业发展作为今后的中心工作。深圳政府所做的这些工作，可以笼统地视为产业政策，其实很多都是为了引导、培育和规范市场，鼓励创新和企业家精神。当然，深圳政府也有失败的尝试，比如当初曾经大力引进内地国有大企业来深圳，以推动深圳产业升级。再如，深圳政府也有一段时间被质疑改革推进缓慢，政府官僚主义严重。这些问题恐怕是任何一个政府都无法彻底根除的，这是由政府本质属性所决定的。深圳政府和作为微观经济主体的企业家、民营企业在这个过程中良好互动，提高工作效率，减少市场障碍，维护市场秩序，也成就了深圳这个国内独有的“小政府、大社会”式发展样板。

林毅夫先生倡导的新结构经济学以企业自生能力为微观分析基础，以每一个时点给定的要素禀赋结构为切入点，提出经济发展是一个动态的结构变迁过程，需要依靠有“有效的市场”来形成能够反映要素稀缺性的价格体系，以诱导企业按比较优势来选择产业、技术，形成竞争优势，也要有“有为的政府”来解决结构变迁过程中必然出现的外部性问题和软硬基础设施完善的协调问题。一个国家只有同时用好市场和政府这“两只手”，才能实现快速、包容、可持续的增长。

深圳的产业升级和转型实践很好地支持了这个动态结构变迁过程，其中，“有效市场”和“有为政府”是两个关键条件。深圳企业家之所以能够正确选择企业成长路径，是因为这个市场能够发出清晰可识别的价格信号。同时，市场是培育企业家精神的摇篮，企业家有动力在具备基本条件下，发挥主观能动性，去争取获得潜在比较优势，并进而形成竞争优势。之后又再次在市场中得到证实和支持，从而形成积极的正反馈循环。这样做的结果是形成了生产力要素的科学合理的空间集聚和分布。这也证实了唐杰教授的观点——创新的活跃度有显著的空间差别，这种差别与市场机制的完善程度和政府行为有着密切关系。这个有效的市场绝非市场参与者自身能够自发独立地形成。可以设想一下，如果没有中央和地方政府的干预和引导，市场参与主体很可能在盈利惯性下继续沿着之前成功的方向前进。这是在其他市场经济体里屡次发生的现象，深圳也许会沉迷为一个依靠进出口贸易的商业化都市，也可能在第二阶段变成一个从制造业大市，和内地一些沿海开放城市一样，一路走下坡路，丧失了进一步发展的良机。深圳政府有忧患意识和紧迫感，有前瞻性的发展导向，妥善地处理好了“无为”和“乱为”的矛盾，较好地解决了政府越位、错位和缺位问题。我们似乎可以这样说，“有为政府”首先是有层次标准的，最起码要能维护和打造一个有效市场；其次是能够引导企业识别潜在比较优势，并为企业形成竞争优势提供必要的政策支持。相信通过分析深圳案例，有助于为丰富和完善新结构经济学提供有价值的参考。

07

第七章

企业家精神与产业升级中的标杆企业

深圳是一座最富有改革开放创新基因的城市，这就是“深圳奇迹”的不竭动力。深圳有很多令人称羡的特质，最突出的莫过于荡漾在这座城市每个角落的企业家精神。一座创新型城市，一个创新型国家，核心就是企业家创造企业家的过程。100 名创新企业家带动 100 名创新企业家能够持续不断推进的结果就是边际收益递增的过程。中等收入陷阱是缺乏创新的边际收益陷阱的表现，世界上高收入国家掉入边际收益递减陷阱的案例也很多。

——深圳市前市长唐杰

经济活动的微观主体是企业家，市场是企业家发挥和表现的舞台。经济活动的主要动力是企业家个人的主观能动性，而市场为企业家提供了脱颖而出的环境条件，与政府行为息息相关。要想深入观察深圳经济活力的内核，就需要我们把目光集中到企业家和典型企业上来。

第一节 创新的核心——企业家精神

深圳经济的动力和经济的活力来自创新，而创新靠的是企业家精神。创新的关键是发挥企业家精神，企业家的好奇、冒险、创意与融合，对深圳的创新具有重要的作用。

——中国（深圳）综合开发研究院常务副院长郭万达

培根说过“知识就是力量”，邓小平同志也说过“科学技术是第一生产力”，足见创新的重要性。毫无疑问，技术创新是带动经济发展和社会进步的根本力量，而创新的出现是以企业家为载体，创新的核心就是企业家精神。

企业家在市场驱动下会自发选择创新。来自市场的动力主要有两个：利润与竞争。现在社会中信息传播速度越来越快，消费者越来越懂产品，对产品也越来越挑剔。企业面临激烈的同行竞争，谁能降低成本谁就能占据价格优势，但是怎样才能挤出那一点成本折扣？答案是创新。新的生产工艺、新的流水线、新的组织模式、新的理念，都可能降低成本。利润对企业的吸引力是企业家行动的一个动力。模仿式创新可以让企业在短期松一口气，而根本性的创新则可以为企业筑起护城河，远离竞争者的威胁，甚至将原来的行业老大一把打倒在地。

通过分析斯密、马克思、熊彼特以及索洛和罗默的经济学理论，唐杰老师指出持续不断的创新就是来自市场竞争，依赖于科学技术的进步。创新扩散的速度决定了结构变动速度，创新扩散范围决定了空间差异。深圳在短短的35年里实现由农业经济向知识信息经济的连续跳跃，这在全球都是极为罕见的。深圳是全球最重要的移动通信装备生产和技术创新城市，正在成长为生物、新能源与材料科学的引领中心，是当之无愧的全球PCT专利申请第一城。深圳的快速崛起，可以说明企业家与城市的创新精神是最宝贵的财富。

创新是现代企业内有组织有设计的系统性行为，依赖于企业家的洞察力，依赖于高效激励机制和企业内外部的人才资源。

再说回深圳。深圳这么多年来的每一次经济转型背后都有“创新的影子”，也都有政府和企业两方面在携手努力。

首先，产权清晰的竞争体系是创新的后备力量。如果专利和发明不能为自己带来受保障的利益，我想没有个人和企业会去搞发明和创新。其次，创新是一个高风险的过程，尽管企业家不畏惧风险，但不是盲目追求风险，政府可以制定合适的产业政策补偿这种风险。尽管有人指责这违背了自由市场精神，但是从补偿外部性的角度来讲，政府可以发挥信息、资源和组织优势降低大规模创新活动的风险，加速创新活动的进程。

那么如何实现创新呢？有两种模式是值得我们注意的，深圳的案例也深刻阐述了这两种模式的成功之处。

一种是经济全球化过程中的模仿式创新。比如，改革开放后大量出现的中外合资企业就为这种模仿式创新提供了温床，勤劳勇敢的中国人积极吸取发达国家的先进技术和经验，先是模仿，然后才有了自己的创造。

另一种是参与国际分工体系中的专业化竞争创新。产业链的金字塔结构为这种模式提供了一种激励机制。底端的企业为了向利润更高的层级爬升，不断创新打败同级的对手，然后又进一步打败高一级的对手，在升级的过程中实现了创新的生长和扩散。

自古华山一条路，推动增长方式转变的核心就是深化市场化改革，强化法治化，推动有效市场的形成。政府要能够提供有效的公共产品，完善有利于创新的开放型科研体系，探索打破垄断鼓励创新的竞争性产业政策。

深圳聚集了众多来自世界各地非常有想法、有闯劲的人。这些不同文化、思想的碰撞会产生创新的火苗，火苗通过资本和产业环境、政策变成熊熊燃烧的大火，再往里面加炭，就会产生源源不断的能量。深圳拥有了富集的创新创业群体、创业资金以及成熟的产业集群，企业家精神作为催化剂使这些特点不断放大，这些优势让这里具备了独特的、难以复制的创新基因。

深圳的经济发展不会忘记千千万万成功或者失败的企业。看看那些成功的企业，哪个不是创新、冒险、追求利润的企业家精神的结晶。看到一个个企业，就是看到了背后一个个为改革开放做出杰出贡献的企业家。

参考阅读 企业家与创新：深圳的路径与经验①

为什么说深圳是一个创新型城市？深圳的创新主要体现在这几个方面：

一是深圳经济不靠投资拉动。深圳固定资产投资占 GDP 的比重为 21%，低于北京、上海、天津等其他城市。同时，深圳经济也不靠土地财政。深圳 2016 年全年的土地出让金 1018.87 亿元，与公共财政收入的比值仅为 0.13。

① 参见 2017 年 8 月 24 日中国（深圳）综合开发研究院常务副院长、全国港澳研究会副会长郭万达博士关于深圳创新的几大表现、企业家对深圳创新发挥的作用、对深圳创新的路径与经验的分析。

二是深圳战略新兴产业的发展。2016年，深圳七大战略新兴产业增加值为7700亿元，占GDP的比重为40%，其中，新一代信息技术占45%、文化创意占25%、互联网产业占11%、新能源占5.8%、新材料占4.7%、节能环保占4.6%、生物产业占3.6%。

三是深圳对研发的投入居世界领先水平。2016年，我国研发投入占GDP比例为2.08%，深圳全社会研发投入占GDP比重提高到4.1%，居全国领先水平。根据经合组织最新数据，美国科研投入占GDP比重为2.8%。深圳PCT国际专利申请量连续12年位全国之首，2016年占到全国的50%。

四是深圳是高科技之城，是创客之城。2016年，深圳全市高新技术产业增加值超过7800亿元，全市的国家级高新技术企业达8037家，创新载体达1493家，创客空间有210多个。

此外，深圳还是“硬件产业的硅谷”，这里是全国最大的电子信息产业基地，具备智能硬件创新所需的各种要素和资源。深圳是风险投资的集聚地。2016年深圳VC/PE机构约5万家，注册资本3万亿元。深圳市登记注册VC/PE机构数量和管理资本额均占全国的1/3。

创新的关键是发挥企业家精神

企业家的好奇、冒险、创意与融合，对深圳的创新具有重要的作用。企业家以“好奇”改变了世界。马化腾中学时是天文爱好者，大学时是机房里的病毒高手，业余爱好是惠多网的马站长，中国第一批的互联网人。1998年，他和五个同学创办了腾讯公司。腾讯发布的2017年一季度财报显示，营收495亿元，增长55%；净利润144亿元，同比增长58%。2017年5月23日，股价158元，腾讯市值超过3000亿美元，超过了深圳的GDP。

企业家不断地“冒险”，通过创新把知识转变为财富。华为轮值CEO郭平在《华为公司2016年年度报告》中说：“我们不但要有理想，还要有理论，理想能拉远我们的眼光，理论能垫高我们的双脚。我们要敢于探索未来十年、二十年的技术思想、数学模型、算法，为人类社会提供一些基础理论。”2016年，华为从事研究与开发的人员约8万名，占公司总人数的45%，研发支出760亿元。近十年，华为研发支出累计超过3100亿元，在全球设立了16个研究所。

此外，企业家还不断寻找产业变革转型之路，催生出产业的不同业态以及商业模式的不断创新。通过不断“融合”，产生了新产业、新技术、新业态。通过把“火花”转化为“创意”和“设计”，使人们的生活更加美好。如艾美特拥有强大的研发能力和工业设计团队，40年来专注于电机的研发设计。每年可自行开发200款以上的新产品，平均每1.5天开发一款新产品。

政府要着力解决什么问题?

环境和公共服务，人才和人力资本，移民和宽容失败的文化，重视教育是政府在创新发展中要着力解决的几大问题。

要摆正政府与市场的关系，制度创新重于技术创新。深圳市于1987年颁布《关于鼓励科技人员兴办民间科技企业的暂行规定》，允许科技人员用专利等知识产权入股。这份文件就是中国民营科技企业的“出生纸”。就是这份文件促使任正非最后下定自己创业的决心，华为公司由此起步。

如2013年，深圳启动商事登记制度改革：营业执照不再记载经营范围，企业也不需要年检，实行公司注册资本认缴登记。推行营业执照、税务登记证、组织机构代码证“三证合一”制度。2013—2015年，深圳新增商事主体超过了前30年。截至2016年12月，深圳商事主体由改革前的不足100万户，迅速翻番达到了256万户，总量由此跃居全国大中城市首位。

同时，政府建立了宽容失败的文化。2016年5月，深圳出台《关于支持改革创新建立容错纠错机制的若干规定》，“支持改革创新，宽容失误”“对改革创新发展中出现的失误，予以从轻、减轻或者免于处理”“成立由纪委牵头，组织、监察、审计部门参加的市、区两级容错认定协调小组，对需要容错的事项进行协调认定”。

深圳有多个“90%”：90%的创新型企业是本土企业；90%的研发人员在企业；90%的科研投入来源于企业；90%的专利生产于企业；90%的研发机构建在企业；90%以上的重大科技项目发明专利来自龙头企业。深圳把创新和产业化结合在了一起。以中国科学院先进技术研究院为例，自2006年由中国科学院、深圳市人民政府、香港中文大学合作成立，先进院由最初的5人团队发展到1283人的规模（2016年），十年来累计申请专利4437项，已授权1619项，PCT申请214项。近三年，科研单位国内发明专利申请量全省第一，全国第二，转移转化率达29%，先进院共获批纵向科研项目2180项，留院合同总额累计19.07亿元。2006—2015年，建设了62个国家/省部及市级创新载体。

此外，政府重视“技术移民”。2016年5月4日，深圳市委、市政府发布《关于促进人才优先发展的若干措施》，财政每年投入不少于10亿元用于人才建设。三类人才（国家级、地方级、海外），分别奖励300万元、200万元、160万元；海内外“团队+项目”，最高1亿元奖励；引进医学团队，800万~1500万元奖励；博士后流动站资助80万元。留学人员创业，可给予30万~100万元补贴。根据《深圳市人才安居办法》（2014年），购房补贴分别是：国家级领军人才75万元，地方级50万元，后备级40万元。租房补贴分别为：博士3万元，硕士25000元，学士15000元。

政府还通过营商环境的改善，降低企业的成本。早在1997年，深圳就在全国率先开展行政审批制度改革，至今已开展了7轮。同时，深圳政府通过供给侧结构性改革，降低企业的成本。如2016年3月底，深圳出台了三个文件：《关于促进科技创新的若干措施》《关于支持企业提升竞争力的若干措施》《关于促进人才优先发展的若干措施》，健全创新激励机制，增强企业活力。

要坚持让创新成为发展基点，拓展发展新空间，要处理好科技创新与产业创新的关系，要真正重视人才和教育，这是深圳创新的经验，创新还需要凝聚社会的共识，与这座城市一起成长、一起突破。

第二节　华为——从技术跟随到引领创新

全球著名信息技术研究和顾问公司Gartner（高德纳）发布统计数据称，华为在2018年第二季度首次超越苹果，成为全球第二大智能手机厂商。

据统计，2018年第二季度，三星售给中端用户的智能手机为7234万部，全球市场占有率19.3%，列全球智能手机厂商首位；华为智能手机销量4985万部，市场占有率13.3%，列全球第二位；苹果智能手机销量4471万部，市场占有率11.9%，列全球第三位。小米和OPPO分别以3283万部销量、市场占有率 8.8%和 2851 万部销量、市场占有率 7.6%，分列全球第四和第五位。

华为从小型交换机代理商起家，发挥低成本的比较优势，以质量和价格取胜，其辉煌在电信交换机方面赶英超美，称霸国际市场的早期表现就可见一斑。一路走来，华为从注册资本 2 万元的小公司发展到了今天总资产上百亿、主要业务为研发和生产现代通信设备的民族高科技企业，背后强大的企业家精神是其根本保障。

“狼性” 华为的崛起之路

1983 年，时年 39 岁的任正非在南油集团任职，但是因个人失误导致公司 200 多万元贷款无法收回，而当时内地月平均工资还不到 100 元，毫无疑问，他的“铁饭碗”保不住了。灰心、沮丧、家庭破碎，未来在哪里？一切都让这个中年男人心灰意冷。说实话，如果换作是别人，真的很难想象自己还会有翻身的可能性，又怎么能想到二三十年之后自己还能成为一个新的商业帝国的领头人？然而，军人出身的任正非绝非寻常人，5 年之后，他漂泊到了改革开放的前沿城市深圳，以 2 万元创立了一家叫作华为的电子公司。

现在一提到华为，相信大家心中首先就会蹦出几个词：智能手机、民族企业、创新……但是其实华为是做通信设备起家的——也就是做路由器、交换机、网卡、天线等通信系统配套的硬件设备。

1992 年是华为通信的第一次转机，这一年华为自主研发的大型交换机成功问世。然而，此时通信市场上有阿尔卡特、朗讯和西门子等国际巨头，华为的设备根本得不到信任，也无法进入市场。

逆袭来源于“农村包围城市”的策略——华为凭借低价战略迅速抢占了农村市场，当年年底，华为销售额就超过一亿元。1996 年，华为在农村站稳脚跟后，又进入城市发展，面对电信部门的不信任，华为又出奇招：与电信职工集资成立合资公司，只要在华为买的设备都从这家公司进账，电信员工因此也获得了高额回报。一年内，华为成为国内增长最快、毛利最高的电信企业。

逆境往往能激发企业家出奇制胜的本领。不靠天、不靠地，凭一股韧劲，一个本来被逼上绝路的男人实现了传奇的新生。

最终要打败 iPhone

华为一路攻城略地，终于攀上了国际电信设备行业巅峰。但是登上了第一宝座的华为，反而不知道下一步该向哪里走了。华为之前的技术跟随战略很成功，在技术方向明确的前提下，结合研发成本优势和生产规模优势，成功地赶超了全球电信第一梯队的其他竞争对手。①

华为在 2003 年以前一直在做通信设备，之所以有卖手机的“华为终端有限公司”的诞生，源于两个契机：一是有一次在销售系统设备时，客户提出，能不能有配套在网络上可以跑的终端产品？二是产品销售情况不佳，必须寻找突破口。引用一下任总的话：“当年我们没想过做终端，我们是被逼迫上马的，因为我们的 3G 系统卖不出去，没有配套手机，要去买终端，买不到，才被逼上马的。”

最初的华为手机是营业厅“办卡送手机”的赠品。直到 2008 年，苹果掀起了智能手机行业的滔天巨浪，手机行业开始重新洗牌，无限机会涌现了出来。华为观察到 5000~7000 元的价格段位，除了三星还没有和苹果抗衡的安卓机，于是 mate 系列应运而生。亮丽纤薄的外形和卓越的性能让 mate 系大放异彩，华为的产品线开始向高端机扩展，大家也开始抛弃对华为低端形象的固有判断了。

之后，华为一路高歌猛进，以全面的产品线、过硬的质量和合理的价格，俘获了中国乃至世界消费者的芳心，市场占有率甚至超越 iPhone。还出现了这么一个段子：打车软件刚出来那会儿，快车司机纷纷抢购华为手机。为啥？因为华为手机信号好，抢单快！

从 2003 年到 2018 年，华为从“手机卖不出去”到现在的“全球第二大智能手机厂商”“世界 500 强”。在功能机时代就计划要突破，做出智能机之

---

① 郑磊. 韬光养晦看华为［J］. 新财经，2007（2）.

后计划要拔尖，销量称霸之后是要彻底打败对手，即使强如 iPhone，也要毫不畏惧地上前挑战，谁说不能成功呢？当初华为以 2 万元注册资金成立的时候谁又能想象到今天的成就呢？华为在深圳这片土地上走出了一条民营企业自强不息、不断创新的路。

创新突破芯片“瓶颈”

2018 年中国电信行业发生了一件“翻天覆地”的大事：美国制裁中兴，断绝美国公司和中兴的“芯片”生意，至此，专业圈以外的大多数人才开始了解到缺“芯”的危机。那么有人可能会问，为什么美国不制裁华为？因为华为虽然发家史不长，但是其有自己的芯片——海思芯片。

海思半导体是一家半导体公司，中国第一大 IC 芯片设计公司。海思半导体有限公司成立于 2004 年 10 月，前身是创建于 1991 年的华为集成电路设计中心。海思公司总部位于深圳，在中国北京、上海、美国硅谷和瑞典设有设计分部。其原来是华为的集成电路设计部，2004 年独立出来成立子公司。

海思的模式是先有需求，再有生产。华为产品线有需求，先告诉海思我需要做一个什么东西出来，你要给我提供有这样功能的芯片，所以海思的主要客户就是华为。

华为之所以坚定地研发芯片，也是受两次事件的影响。

第一个是和思科的竞争。当初有一家芯片公司给华为供货，很好地满足了华为在高端路由器方面的生产链需求，但是因为采购有限，这家芯片公司一直处于亏损状态，结果被华为的竞争对手思科收购，没了芯片供应，华为一下子被扼住了要害七寸。

第二个是与高通的竞争。当年华为最早做出 USB 数据卡，并且占全球 70%的份额。与手机芯片相比，数据卡芯片相对简单，只需要基带芯片，但是华为的数据卡产品全部基于高通的基带芯片，每年华为都会就芯片价格与高通议价，高通心高气傲，转而扶持中兴。高通的策略变为优先支持中兴，给华为供货不及时甚至断供，以至于当时华为的数据卡出现全球缺货，绝大部分是因为高通芯片供货不及时的原因。①

这两次事件给华为上了生动的两课，作为一家科技公司，核心技术受制于人，终究是走不长远；产品卖得再好，也是为他人做嫁妆。后来经过努力，海思开发出了相关的芯片，并帮助华为在 40G 平台上追平思科，在 100G/400G 平台赶超思科，且一直处于行业领先地位，巴龙芯片开始立项，麒麟芯片也开始崛起。

而华为之所以在芯片领域能够实现一定的话语权，说做就能做到，也是源于华为骨子里的创新基因。1997 年，中国人民大学教授吴春波等人历时三年为华为制定了企业战略，命名为《华为基本法》，其中有一点是将每年销售收入的 10%投入研发，这在中国是一个无人可及的高度。正是由于华为将创新作为核心，才有了一系列奇迹般的成就。

杰出的企业家永远先嗅到市场的威胁和机会，永远明白只有不断创新，才能活下来，所以总是将创新奉为圭臬。

政府的“助推”

其实在华为的发展史中我们也可以看到，华为代表的这一整个高新技术产业的迅猛发展和政府有着不可分割的关系。古人讲究“天时、地利、人和”，政府的合理作为其实就是给企业提供了一个有效的环境。

在高新技术产业刚开始发展的时候，深圳市政府也曾经试图直接投资，通过创办国有高新技术企业来介入高新技术产业发展。但不久后，就发现这种做法效率非常低，这也可以说是国有企业本身的弊端——缺少创新。深圳市政府果断地放弃了直接通过创办国有高新技术企业的做法，而是坚持确立以非国有制企业为高新技术产业发展的主体，这样一来高新技术企业就拥有了完全的自主决策和经营权。

深圳市政府大力鼓励非国有企业进入高新技术产业领域。由于政府没有对高新技术产业进行直接投资，这样一来，企业必须自己去筹集资金等，其

① 华为手机崛起之路［EB/OL］. http：//www.52rd.com/news/app/Detail/？ID=91972.

实从客观上造就了企业成为自主决策、风险自负的投资主体。为了培养企业的创新意识和能力，一方面，政府引导高新技术企业与国内的科研机构建立联系，进行合作；另一方面，鼓励企业建立自己的研发机构。通过以引导为主的方式，促使企业成为高新技术产业发展的主体。华为的例子就很好地反映了这一举措的成功，即促使华为作为一家民营企业在高新技术领域有着举足轻重的地位。

高新技术产业相较其他产业，既有相同又有不同的地方。高新技术市场肯定要遵循一般的市场规则，但是与其他产业不同的是，对于高新技术市场而言，知识是非常重要的生产要素，这就导致了高新技术市场有更加特殊的要求，需要一些知识产权界定、知识产权交易、知识产权保护等方面新的市场规则。为此，深圳市政府针对这些问题制定了一些新的市场规则来满足高新技术市场的需求，在保护了高新技术企业正当权益的同时，也促进了企业创新。

在知识产权交易、科技成果参与企业分配方面，制定了《深圳经济特区技术入股管理办法》《深圳经济特区无形资产评估管理暂行办法》《深圳市奖励企业技术开发人员暂行办法》等法规和政策。在知识产权保护方面，制定了《深圳经济特区企业技术秘密保护条例》《深圳经济特区计算机软件著作权保护实施条例》等。高新技术市场规则因这些政策法规而变得越来越完善，也正是有了这些政策法规的保障，高新技术市场才能蓬勃发展起来。

在深圳市政府的官网上搜索“高新技术产业”，显示的政策法规高达1972条。深圳市政府实际上较早地就认识到了高新技术产业在经济发展中的重要性。正是这些政策法规引起了全社会范围对高新技术产业的关注，对于华为而言，其能有现在的影响力，不仅仅因为其本身的宣传到位，也有深圳市政府乃至中央对其、对其背后高新技术产业的导向作用。

政府还运用其资源给高新技术产业以支持，来保障其稳步发展。

在资金方面，2016年，深圳全社会研发投入超过800亿元，占国内生产总值（GDP）比重达4.1%，已赶上发达国家。PCT国际专利申请超1.9万件，占全国申请总量的46.6%，超过北京、上海等城市。此外，深圳每年给互联网、电子信息、生物工程和新材料产业等高新技术产业提供大量科研经费，一系列新兴产业发展迅速。与此同时，深圳政府会通过股权投资、贷款贴息、风险补偿等市场化手段支持企业发展。政府通过与银行、企业建立合作关系，引导银行投资创新型企业，并为其可能产生的坏账提供风险补偿。深圳政府还加大创新奖励力度，著名科学家命名并牵头组建的科学实验室，可获得政府最高 1 亿元支持，深圳的企业凡是首次入选“世界 500 强”可获得 3000 万元奖励。华为总部位于龙岗区，龙岗区的研发经费政策则是给予“世界 500 强”企业上年度经税务部门备案可加计扣除的研发费用 10%、最高 1000 万元的研发投入激励等一系列措施。

在人才方面，深圳市政府也给予了很多帮助。从 1994 年开始，这扇人事大门彻底打开，明确规定民科企业、私营企业等非国有企业，只要具备一定生产规模和效益，可直接向市人事计划部门申请用人指标。华为是深圳引进人才的“超级大户”，现在的华为已经拥有 18 万多名员工。而在 20 多年前，华能只能看着急需的五名硕士被关在“门外”而望洋兴叹。原因是 20 多年前深圳的人事计划指标分配是指令性的，每年指标只有 3000 余名，保证事业单位和国有企业。而华为是民营企业，没有人事计划单列权，想要拿到名额要过五关斩六将。在高科技产业大潮的冲击下，传统人事体制不再适合如今的发展状况。深圳市政府在当时就破例给华为人事计划单列权，由人事局直接下达指标。

不过值得注意的是，虽然政府制定了一系列措施，但是最终目的还是引导产业升级，为企业营造一个良好的市场环境，为企业家精神的发挥扫除制度障碍。这个度是需要注意的，如果把握得好，政府、企业和企业家会相得益彰；但是如果越俎代庖，就损害了企业家的积极性，反而得不偿失。

第三节　引起股神关注的比亚迪

比亚迪、富士康堪称中国代工业的两大传奇，然而，这两个同在深圳创业，同在香港上市，拥有同样的主业，同样的持续十几年低成本、高成长轨迹的企业，今天已是天壤之别。作为世界最大的代工企业富士康 2010 年上半年背负 13 跳引来的企业形象严重受损。富士康国际今年上半年营业收入仅同比增长 2.12%，其净利润亏损 1.44 亿美元，不得不离开深圳向内地产业转移以更低的成本求生存。而比亚迪 2010 年上半年营业收入增长 50%，净利润增长超过一倍，并被巴菲特看好将提前实现 2025 年成为世界最大汽车制造商之目标。①

——中国经济转型系列专题“比亚迪的惊人一跃”

提起比亚迪，人们会想起出现在中国各个城市的比亚迪汽车，想起它是现在中国蓬勃发展的新能源汽车领头羊，想起它获得了中国乃至世界的认可，赢得了《财富》杂志“改变世界的 51 家公司”的美誉。而且比亚迪也是股神巴菲特唯一还在继续投资的一家中国民营企业。然而，和华为一样，比亚迪也不是从它最出名的产业——汽车，开始发家的。甚至连比亚迪本身，最初定位都是代工厂。

1995 年，王传福借款 250 万元注册成立了比亚迪科技有限公司，开始了在深圳电池代工业的拼杀。当时电池组装企业多如牛毛，但是比亚迪硬是将电池行业做到了国内第一、世界第二。2004 年，比亚迪又进入手机代工市场，2007 年，业务已覆盖了手机电池、液晶屏、键盘等除手机芯片之外几乎所有的手机零部件，并获得装配手机的认证。比亚迪的手机产业布局和代工发展模式与鸿海惊人地相似，当鸿海以连接器等核心零部件逆向整合整个产业链时，比亚迪则从手机电池为起点，开始了同样的逆向整合运动。

2003 年，比亚迪以 2.69 亿元收购秦川汽车，进入完全陌生的汽车领域。当时中国掀起了民企进军汽车行业的大潮，美的、波导等知名企业纷纷加入战团，当时名不见经传、从未涉足过汽车领域的王传福，是最不被看好的“赶潮者”之一。然而，就是这样一个不被看好的“赶潮者”，依靠“劳动密集型+技术密集型”模式现在成了经济转型背景下璀璨的明星。

比亚迪一路转型，一路创新。企业家在追求创新的道路上永无止境。

① 中国经济转型系列专题“比亚迪的惊人一跃”［EB/OL］. 和讯新闻网，http：//news.hexun.com/2010/bydsj/，2010.

机器+人=比较优势

比亚迪总是以搅局者、颠覆者的身份出现在不同行业。不同于其他竞争对手“从毛巾里面拧水”来降低成本的做法，比亚迪通过生产模式的创新做到了 1/10 的成本，60%的售价。

1995 年，王传福离开了北京有色金属研究总院，向做证券投资的表哥吕向阳借了 250 万元作为启动资金，准备进入被日系厂商垄断的镍镉电池领域。但一条镍镉电池生产线需要几千万元的投入，王传福手中的 250 万元显得太微不足道了。

然而，从学者到创业者，变化的是身份，不变的却是智慧。既然电池生产线如此昂贵，何不另想办法？于是他把一条生产线分解成很多环节，核心环节用自动化控制，其他环节由人工完成。最终，这条可以日产三四千个镍镉电池的生产线花费了 100 多万元，但需要四五十个工人。而在日本，因为产业升级早，人力成本十分高昂，所以大规模的自动化生产线是主流，生产同样的产品，一条日本自动化生产线只需要几个工人。

这就是后来被津津乐道的“机器+人=机器人”模式，充分利用了当时劳动力成本低廉的优势，而且除了成本低，还有灵活度高的优点。面对不断更新的客户诉求，传统生产线的调整费时费力，但是比亚迪的这条线却只需要对工人简单培训一段时间就能开工适应新的要求。

作为一个进入者，企业家只能出奇招，才能让企业活下来。

其实这种灵活务实的思路用经济学语言来说是充分利用比较优势。当一国处于发展中国家时，人力成本低廉，技术成本高昂，所以用人力换技术，当技术进步、经济发展之后，人力成本开始超过技术成本，自动化生产、机器生产就是水到渠成的了。

“纵横排列的十几条生产线令车间显得有些拥挤和杂乱。在一条条六七十米长的流水线上，密密麻麻地坐着四五十名工人，手里拿着夹具，以准确完成点焊、检测、贴标签等工作。工人们头也不抬，从上班到下班就一个动作。”①

这是后来有记者参观比亚迪工厂时的所见所述。正是这些单调重复的动作，成就了比亚迪的创新式生产线，成为战胜强大日本对手的秘密武器。

虽然比亚迪在代工时代还是处于国际分工产业链的底层，但是创新带来成本上的巨大缩减，让它具备极强的竞争优势，使其积累了大量生产代工品的技术和经验，在产业链同级无人能打，并且这种优势推着它往产业链上游走，于是转型和升级就是顺理成章的了。

夹缝中的模仿式创新

仅仅靠这种人工和机器组合的生产方式，比亚迪是远远做不到行业翘楚的。“公司最大的价值不是在财务报表上，真正的资产是会计师和报表看不到的，是我们 1.2 万名工程师团队所开发的技术和各种商业模式，特别是人类急需的新能源和保护地球的技术，这才是公司真正的价值。你们看到的是公司能赚多少钱，其实真正的推手是人，是技术，这是公司成长真正的动力。”王传福说。而关于比亚迪的技术创新，我也有两点是印象比较深刻的。

这时已经到了比亚迪造车的阶段了。

据说，王传福第一次造车的成品出来之后，大家都笑掉了大牙，因为外形实在是太丑了。为了学习国外的先进技术，王传福痛下决心，购进了很多进口高级轿车，让手下的工程师逆向拆解。当时很多工程师都是刚毕业的小伙子，一辈子都没见过这么好的车，根本下不去手，王传福直接用钥匙把车门都划破，说：“现在可以拆了吧。”

一个比亚迪，反映的是深圳企业挖空心思学习和在模仿中创新的欲望。作为新车企，自己一没技术、二没资金，如何实现竞争优势，如何在市场中站稳脚跟？比亚迪的方法就是模仿，先从模仿开始。

比亚迪公司有个“六角大楼”，其中有个 200 人的法务团队，专门负责处

①

理专利方面的法律案件。什么意思呢？王传福说要站在巨人肩膀上创新，也就是说，要细致、虚心地模仿先进公司的产品。那这个过程中就难免涉及专利纠纷，这个团队就是专门负责“技术处理”，让比亚迪的模仿式创新没有后顾之忧。①

因此，当比亚迪的 F3 上市时，被外界称为“超 A 版丰田花冠”。F3R 与上海通用的凯越 HRV 相似，F6 像是本田雅阁与丰田凯美瑞的混合体。不过，比亚迪对这种议论非常坦然，比亚迪汽车副总裁廉玉波曾对媒体表示：“我们甚至做好了打官司的准备，而且 100%不会让对手赢。”

作为后发者，要敢于承认技不如人，要敢于模仿，但是不能永远躺在别人的成果上面，如果永远没有自主创新，就离死亡不远了，所幸比亚迪不是这样。目前，“一直在模仿”的比亚迪发布了一个重磅新闻，“云轨”全自动驾驶车横空出世。没有驾驶员、没有售票员、上车靠刷脸、前进只靠一根单轨道。在这个产品上面，比亚迪坚持核心技术的自主研发，在通信方面和华为合作，从软硬件到通信网络，实现中国 100%的自主知识产权。

出于对市场的敬畏和对垄断利润的追求，市场又一次引导着企业家做出了创新的选择。

垂直整合模式的争议

何为垂直整合模式？即合并水平生产链前后的业务，变成垂直制造。现在外国垂直整合模式很少，一是因为国外的劳动力成本较高，与大而全模式相比，专注于自己的核心业务更能降低成本；二是由于垂直整合意味着什么都要自己来做，不但会增加公司固定成本的占有比例，也会增加公司运营的杠杆，公司所冒的风险因此上升；三是垂直整合模式对管理的要求更高。此前，也有一些国内企业采用垂直整合模式，但结果是零部件企业被养得既懒惰又出不了好产品，成了企业的成本硕鼠。

比亚迪有其特殊的历史背景，它是从代工厂起家，在模仿式创新的过程

① 比亚迪：中国式低成本创新的范本［J］. 时代商家，2010（1）.

中积累了良好的底子，车灯能做、电池能做、车载电子产品也能做，生产链的各个环节都由自己控制，好处在于供应上不用被人卡脖子，运输效率、匹配度也大大提高。举个例子，比亚迪新车想要什么配件自己就能造出来并且直接拿过来用，如果是传统模式，先要找代工，然后还要运输过来，运费和时间就要花不少。

随着深圳的发展，生活成本和生产成本的提高，想依赖人口红利进行发展的思路必须进行改变。2005 年，深圳市第四次代表大会指出深圳城市发展面临着“四个难以为继”：土地空间紧缺、能源资源短缺、人口负担过大、环境承载力严重透支，进而生产结构也从依靠人口红利转化为依靠科技创新和资本聚集。而比亚迪的这种垂直整合模式在降低成本方面卓有成效。这是其表现大放异彩的原因之一。

当然，这种模式是有争议的，如前所述，好处是速度快，具有灵活性，但也不必要地分散了资源和主要精力。比亚迪到底能不能靠这种模式笑到最后我们就拭目以待吧。

新能源政策的助力

在产业升级的大背景下，深圳政府想要在新能源方面有所突破，比亚迪紧跟形势，有了一些系列动作，旗下的新能源系列汽车正在热卖当中。

说到政府所做的事情，深圳政府只是提供合适的基础设施而不是强行干预。比如，城市大街小巷中建立了较为完备的充电系统，像雨后春笋般林立的汽车充电桩，为新能源汽车出行的方便提供保障等。而且在公共交通方面率先做出榜样，开展新能源汽车示范推广活动，包括混合动力公交、纯电动公交、纯电动出租车，随后在公务车、私家车领域逐步推广。

在“软”的制度方面，深圳市交通运输委员会支持指导设立了深圳市新能源车辆应用推广中心；而且深圳市发布了一系列政策，通过资金工具、非资金工具，以补贴、推广方案、管理机制和路权等形式，对新能源汽车进行扶持、推广与应用，甚至对充电桩设施投资建设运营企业也有专门的补贴。与此同时，在深圳，消费者购买新能源汽车可以享受国家免征新能源汽车车辆购置税、车船税等税收优惠政策。

新能源是一个比较特殊的行业，其发展需要大量基础设施和公共产品，不能纯粹靠市场解决问题，需要发挥政府的作用。

第四节　会飞的“企鹅”

截止到 2018 年 10 月，全球最有价值的十大科技公司是：苹果（1.1 万亿美元）、亚马逊（9620 亿美元）、微软（8830 亿美元）、Alphabet（8390 亿美元）、Facebook（4600 亿美元）、阿里巴巴（4120 亿美元）、腾讯（3830 亿美元）、三星电子（2970 亿美元）、思科系统（2240 亿美元）、英特尔（2220 亿美元）。①

——2018 全球市值最高十大科技公司榜单

提到中国的互联网行业——深圳产业升级的重点行业，腾讯绝对是一座绕不过去的山，是深圳经济升级过程中浓墨重彩的一笔。上市公司的市值是衡量公司流通股价值的最直接的办法，腾讯，这只来自中国的“企鹅”终于飞到了国际舞台上，成为全球市值最高的十大科技公司之一。作为土生土长的深圳企业，腾讯的成长和深圳的发展有着千丝万缕的联系。

擅长模仿的“企鹅”

腾讯的创始人马化腾上高中时是个喜欢天文学的孩子，高考结束后选择了就近的深圳大学入读，而彼时深圳大学没有天文专业，又加上听说学了这个以后多半是出来当老师，马化腾不乐意，便学了计算机，结果发现自己在计算机领域也有无穷的热情和才华。

马化腾毕业后，先在当时著名的传呼行业老大——润迅通信公司上了几

① 2018 全球市值最高十大科技公司榜单［EB/OL］. https：//baijiahao. baidu. com/s? id = 1613940267770616022&wfr = spider&for = pc.

年班。其间，他偶然接触到了ICQ——一款美国研发的实时聊天软件，感到大为震惊，自己马上就注册了一个账号，爱不释手玩了很久。之后他就和润迅公司高层谈到了要发展类似业务的想法，但是和其他思想超前的天才不容易被接受一样，当时润迅还没有意识到背后的巨大商机，以盈利能力不明朗为由拒绝了他的提议。

被拒绝后，马化腾决定离开公司，要知道那个时候润迅公司的职位可是美差，但是企业家天生的冒险和激情，最后还是鞭策着他去实现自己的梦想。1998年，马化腾与他的同学张志东“合资”注册了深圳腾讯计算机系统有限公司。之后又吸纳了三位股东：曾李青、许晨晔、陈一丹。自此，马化腾和腾讯的故事便拉开帷幕了。

在那个年代，中国互联网行业普遍的套路是：看到国外有什么受欢迎的软件，在国内就推出汉化版本拿过来用。小马哥也不例外，当时他注意到虽然ICQ带来了全新的用户体验，但是有两个缺点：一是外国软件本地化不强、英文界面也对中国人不友好；二是ICQ竟然只能在特定一台电脑上用，换了电脑原来的账号信息和好友就都没有了。

模仿！改进！从模仿中创新！这几乎又是一个典型的“深圳式”创业故事。

马化腾给自己的软件命名为OICQ，比ICQ只多了一个字母，故意“碰瓷”的背后也折射出了深圳早期创业者们辛酸、谦卑的模仿姿态。OICQ横空出世后，凭借其良好的本地化特性和友好的汉化界面，迅速俘获了大批用户。当时互联网通过网吧形式在中国全面铺开，OICQ成为每台电脑桌面上的必备软件，也几乎是每个来网吧的人第一时间要激活的工具。这让腾讯在不到一年间拥有了500万名用户——一个ICQ在中国从来没有获得过的成绩！也正因为这种“后来居上”，OICQ很快就收到了ICQ的侵权诉讼。1999年，OICQ正式改名为我们熟知的QQ。

作为一个“95后”，我并没有亲眼见证OICQ的辉煌，等我亲身体验QQ的时候，只能从一句歌词“打开了OICQ，聊天记录停步去年的深秋”中窥见当年OICQ的火爆程度了。

虽然换了名字，但是QQ基本继承了OICQ的衣钵，当年的润迅公司应该怎么都想不到，QQ 绝对不仅仅是一个聊天工具，它给整个互联网带来了铺天盖地的浪潮，形成了整个中国独特的互联网文化：非主流、火星文、韩流等就是那个时候开始盛行的。

从 1998 年成立到现在，20 岁的腾讯显得非常年轻，它后来又有过很多模仿的动作，模仿跑跑卡丁车推出 QQ 飞车，模仿米聊推出微信等，不一而足。说它无赖也好，说它野蛮也好，通过 QQ 构建的庞大用户群体，腾讯后来的这些产品推广起来几乎摧枯拉朽、战无不胜。现在大家都知道微信、知道 QQ 农场，但是还有几个人知道米聊，知道开心农场呢？“马太效应”在互联网行业尤为显著。腾讯的成功，用一句话总结就叫作“一直在模仿，一直在超越”。

搭上互联网 2.0 快车

中国互联网转型的分界线，大致以腾讯成立为界，在这之前，我们有互联网 1.0 时代，一个门户网站为主导的时代，包括雅虎、新浪、网易、搜狐等传统互联网巨头。那个时候，网络还是个比较新的事物，大家打开电脑和打开电视、报纸并没有本质的区别，都是只能被动地接受一些东西。而一家网站要想通过广告等服务盈利，就必须吸引更多的流量，于是网站想方设法提供更多内容，整合各种新闻、游戏接口等，可谓忙得不亦乐乎，但是这一切都在腾讯这个搅局者到来之后改变了。

腾讯的即时通信软件构建了一个庞大的在线交流平台，平台本身不需要提供太多内容吸引用户，用户自己会产生内容和别人发生交互，就像滚雪球一样，用户越多，交互越多，平台积累的流量也越多，就会有越多的人来使用。

到后面的微信和公众号，更加强了这种新的互联网模式。通过微信公众号，人人都可以成为新闻发布者，也就是我们常说的“自媒体”，互联网真正成了一张包罗万象、囊括众生的大网。以前的门户网站在新的时代也落下了帷幕，成为一代人的记忆，只留下腾讯在新的道路上一路狂飙。

资本狂人 or 技术狂人

2018年，有媒体开始质疑腾讯没有“理想”，就像当年它也曾被指责“抄袭”一样。但是腾讯真的是一家有理想的企业。2015年，全国两会上，马化腾作为全国人大代表，提交了《关于以“互联网+”为驱动，推进我国经济社会创新发展的建议》的议案，呼吁加深以“互联网+”为驱动，鼓励产业创新、促进跨界融合、惠及社会民生，推动我国经济和社会创新发展。

在“互联网+”的战略引领下，腾讯现在已经成为一个涵盖社交、金融、游戏、日常出行等方面的庞大的帝国。近几年在与阿里的竞争中，腾讯不断地收购和投资，不断地扩大版图。有的人说这是因为腾讯是一个资本巨兽，马化腾是一个资本狂人。但是作为一家互联网公司，腾讯秉持对技术的信仰，高层也在高科技领域提前布局。随着资本版图的扩张，腾讯的技术版图也在扩张。

近几年“互联网+”成为一个热词，指的是通过互联网技术，将传统行业和互联网结合起来以创造出新的经济生态。像互联网加单车成就了共享单车，互联网加餐饮成就了外卖行业，我们现在的生活可以说离不开“互联网+”的思想。对“互联网+”更简单或许也是更深刻的理解其实就是“阿里系”和“腾讯系”的两大帝国。腾讯帝国这边的美团外卖、摩拜单车等，其实都是所谓“互联网+”的布局。在阿里、腾讯两家大企业的竞争之下，技术创新、商业模式创新可以说是层出不穷，放眼世界也是大放异彩。

2017年，腾讯又与中行共同设立了金融科技（Fintech）联合实验室。为什么银行会和互联网公司走到一起呢？对于腾讯这样的互联网公司，最有价值的东西就是用户数据。想一下，全中国绝大多数人都要用QQ或者微信，你的生日、年龄、籍贯、爱好等个人信息几乎是毫无保留地出现在空间、朋友圈和QQ群里。相信大家都有过在空间刷到广告的经历，这就是利用大数据技术，针对用户做的精准营销。换句话说，在合适的法律框架下，只要腾讯公司想，他能比你更了解你自己。对于这么宝贵的资源，腾讯自然不会轻易放过。银行开展业务需要了解客户的信息，而腾讯正好有这个技术和能力，于是两方就一拍即合了。

目前，金融科技实验室提供的技术支持主要应用在两个方面：一是银行金融产品的精准营销；二是对客户信用程度的评估。在大数据时代，个人的行为可以说是无所遁形，腾讯看准了这个机会，将技术拓展到了一个新的宏伟层面。①

近年腾讯在人工智能领域的布局值得一提。“人工智能”的概念由来已久，其热度在前几年 AlphaGo 战胜围棋大师李世石后几乎达到顶峰，几乎人人都能说几句诸如“人工智能是未来的生产力”之类的话。腾讯于 2017 年确立了“AI in all”战略后，又成立了四大实验室，包括位于深圳的 AI lab、位于西雅图的 AI lab、腾讯优图实验室，以及微信人工智能实验室。

腾讯面向未来的布局还有“腾讯云”，现在“上云”已经成为行业和个人的流行词。对我个人来说，有什么重要文件肯定会及时进行云备份，甚至手机也会自动将我的照片和信息记录上传到云端。中国银保监会于 2016 年发布《中国银行业信息科技“十三五”发展规划监管指导意见（征求意见稿）》提出，“到‘十三五’末期，银行业面向互联网场景的重要信息系统全部迁移至云计算架构平台，其他系统迁移比例不低于 60%”，可见云计算的远大前途。腾讯正在这方面进行紧锣密鼓的布局和研发。

值得关注的是，腾讯已连续 5 年主办 WE 大会。WE（Way to Evolve，“进化之路”）大会始于 2013 年，马化腾曾说：“这个论坛和会议跟我以往参加的很多行业的会议有一个很大的区别就是，我们很少谈商业或者公司之间的竞争，我们谈的是一种对未来如何用科技改变人类生活、如何解决我们现在可能想不到的未来的很多问题。”5 年来，腾讯从全世界邀请了几十位难得一见的科学家，一定程度上 WE 大会成了了解未来科技发展的“风向标”。腾讯明显加强了对基础科学的关注。

曾经腾讯被人戏称为“copycat”，没错，腾讯确实靠模仿借鉴起家，但是如今能跻身世界科技巨头，靠的仍然是核心竞争力。现在即使面对世界顶尖

① 揭开中行+腾讯 Fintech 实验室神秘面纱：大数据、AI 平台、精准营销［EB/OL］. 和讯网，2018-06-01.

科技公司，腾讯也不需要畏惧了，因为它的有些技术甚至已经走在了世界前列。

这是代表深圳先进生产力方向的腾讯，也是站在世界创新前沿的腾讯。

编者札记

深圳产业转型的成就主要是企业完成的，而企业的灵魂人物是企业家。深圳正是一个企业家培育和成长的摇篮，是企业家辈出的地方。本章无法将几万家深圳卓越企业和数百名优秀企业家展示出来，我们仅选择了能够代表新经济周期驱动技术领域的三家企业作为案例进行解剖。企业家精神不是一个典型的经济学研究对象，而管理学的这方面研究又过于强调个体和个案，唐杰教授对深圳创新机制和案例有深入研究，这里选了其中一篇，可以作为本章内容的补充参考。

参考阅读 新常态呼唤源头创新

唐杰首先明确了创新的定义，创新不同于因循守旧，也不完全等同于科学发现，既不是一时的心血来潮，也不是单纯的个人行为。唐杰指出，创新是一种与科学发现相关，在一定条件下采用新技术、新商业模式，创造新产品和服务的过程。

马克思、熊彼特等经济学家都曾表示，大企业是创新的主体。从企业层面来讲，创新是现代企业内部有组织、有设计的系统性行为，依赖于企业家的洞察力、高效激励机制、企业内外部人才资源。唐杰认为，创新的活跃度有显著的空间差别，这种差别与市场机制完善程度和政府行为有着密切关系。

三十余年来，中国经济的快速发展主要是通过比较优势下的模仿创新和跟随创新。当前中国经济转入新常态，过去发展的基础发生了变化，发展的路径也需要调整。唐杰表示，中国正从经济起飞阶段走入经济发达阶段，经济发展的本质是从低成本走向高成本，当下企业创新仅仅通过对国外创新进行模仿或本土化是不够的，更需要的是源头创新，才能让企业在高成本条件下获得高利润。

创新类型的划分

如果按照模仿、跟随到引领创新来看，其实创新是每天都在发生的。

唐杰把创新按照产业类型划分为循序渐进、推倒重来、精益求精。循序渐进，比如汽车产业，在刚刚产生发动机的时候，发动机的燃料有效率只有5%，现在的内燃机可以做到30%，还有60%多的内燃机的效率等待逐步发挥；推倒重来，也就是企业彻底转型，在深圳有大量的例子，比如说王传福，他认为新能源汽车不在于内燃机的效率，而在于未来走向智能化，汽车将会变成人工智能；精益求精也很重要，我们国家工业化过程还要很远，不是一蹴而就的，深圳跳过了精细、精密加工的若干环节，这类产品好像我们会制作了，其实还有差距。

唐杰把创新按照组织方式划分为纵向分层、模块外包、垂直整合、纵横结合、横向分工。纵向分层，让每个创新者无法适从，层层批复效率低下，深圳为什么可以走得那么快，因为深圳是模块化的方式运作，从设计一个模块到设计一个产品，产业升级就完成了，大规模的劳动密集型工厂在深圳慢慢消失，就是因为经历了工业化的洗礼，知道如何分工。

从新常态来讲，中国的成本优势不再，人力成本越来越高。数据显示，深圳的人均GDP超过了2.6万美元，经过购买力平价（PPP）核算，深圳的人均GDP约为4万美元，美国则是不到4.8万美元，深圳快追上美国平均水平。用工成本随着人均GDP不断推高，竞争愈发激烈，企业开始讲蓝海战略，走越深的地方和你竞争的人越少。唐杰表示，对深圳而言，要不断向前沿走，要利用科学技术、复合技术创造出一个新的天地。

创新具有地域空间差别

经济增长就是创新过程，熊彼特和马克思有相同的观点：经济的发展提供了垄断和竞争的基础，只要有垄断和竞争的存在，我们就可以看到竞争性的创新过程，垄断消灭不了竞争，只有行政管制才能消灭竞争。

因此，创新活动存在非常明显的地域空间差别，不是每个地区都具有创新性，世界范围内的创新性国家、创新性城市屈指可数，这需要一个长期的、可持续的奖励机制。唐杰指出，创新是一种制度、技术、人力资本高度契合的产物，这个产物需要一个好的空间环境，这个空间环境的差别来源于当地市场经济完善的程度以及政府的行为。合理的政府行为、合理的政府和企业的关系可能会产生一些不同其他地区的创新要素。

当前的“大众创业、万众创新”也好，供给侧结构性改革也好，都是在引导中国朝更加市场化的方向发展。唐杰说，没有市场化改革就不可能产生一浪接着一浪的创新浪潮，也不会有由低到高的创新过程。在深圳，合理的政府行为、政企关系还催生了一些不同于其他地方的创新要素。

创新的扩散愈快愈广

唐杰表示，创新有两个重要的效应：一个是创新扩散的速度；一个是创新扩散的范围。

何谓创新扩散的速度？就是指新产品推出到有效竞争者进入的时间。唐杰表示，过去一百年来，创新扩散的速度提高了 10 倍。换而言之，有效竞争者进入的时间，从 33 年降至 3.4 年。以微信为例，如果一年不更新就会有另外一个新应用出来，可能这个企业非常小，但是足以打败一个庞然大物。

何谓创新扩散的范围？创新活动从单领域向多领域发展，形成全社会范围的创新。唐杰表示，一个行业迅速地向一个先进技术靠拢，多个行业迅速采取同样的动作，一项技术能被多个领域采用，它就变成一个范围。

深圳过去五年、十年的创新爆发增长靠的是什么？唐杰指出，深圳靠的是速度叠加范围，深圳的数字技术革命被运用到通信业、细胞科学、基因组学、材料科学等方面，分工深度与合约的可执行度造成了深圳与其他地区创新扩散速度和范围的巨大差异。

创新专利在深圳快速扩散

相关资料显示，在深圳，华为公司形成华为系，中兴公司形成中兴系，比亚迪公司形成比亚迪系。同时，产业内部和产业间相互关联，比亚迪是华为的供货商，华为手机的窄边大屏幕由比亚迪生产，比亚迪的主业是做新能源汽车。

唐杰说，由于中国证监会要求一个上市公司的供货对象至少是三家，深圳的企业形成了同时可以享受上面几家大公司创新成果的格局，并入了开放、创新的体系，这样的开放过程中，深圳和全国出现了不同的特征，这样的特征就是企业和企业、产业群和产业群之间的快速整合，一项新的专利技术的产生在深圳扩张得极快。

唐杰以华为为例，华为需要很多供货商，需要一级、二级、三级的供货商，华为的专利技术便成为一个生产标准，只要进入华为的供货体系，生产标准便向你开放，华为的专利不断更新，技术标准不断提高，华为系企业同时享受到华为同等的技术开发团队，这就形成了创新的快速大范围扩散。

产业集群留住深圳优秀企业

曾经有专家对唐杰说，深圳一年一万多项 PCT 专利，90%集中在四家企业手上，任何一家搬走都非常危险。唐杰说，这些企业搬不走，因为它的生产体系在深圳，它构成一个巨大的产业链，或是产业群，在这样一个产业群下，这样的配套是最有效的。

以科比特无人机公司为例，一架无人机需要用到的材料包括碳纤维、航空铝、特种塑胶、磁性材料等。其中，碳纤维材料占到 70%左右，主要用来制造无人机机体，过去用于自行车、汽车改装，是深圳领先于全球的产业。有些产业在深圳可能留不住，有些企业加工中有粉尘，喷漆时有污染，逐步会迁到东莞、惠州、中山，形成深圳大都市的产能扩散；航空铝占到 15%左右，主要为无人机精密零部件，以前用于手机壳和消费类电子的壳，因为深圳的手机和家电业极为发达，这个产业在深圳很强大；特种塑料这个产业也和手机有关，基础比较好，形成跨界整合；锂聚合物电池用于无人机的动力，深圳是新能源领域、电池领域最发达的城市之一；磁性材料只占 2%，但是用于核心部件，基本上是深圳的独门绝技。

唐杰说，无人机产业在深圳的爆发，三个产业不可离开，磁性材料必不可少，其他则是产业的配套。据业内人士描述，深圳的无人机产业和配套之好是全球之最，没有之一。

数字化造就无边界扩张

相通的科学技术和无边界的增长，最简单的就是通过数字化技术，唐杰认为，数字化造就了深圳无边界的扩张。当前，贵阳也在做大数据，唐杰认为，贵阳是大数据储存城市，因为那里的电便宜，深圳则是大数据搜集、处理中心。

深圳有多少大数据中心？唐杰表示，首屈一指便是深交所，有几千家上市公司的数据，这是最大的数据公司；第二大的数据公司可能是华大基因；然后还有华为和中兴等，这两家公司对大量实时运转状况进行监控，一台主机出问题，大多数情况下不用派人，远程即可修复，五六年前就做到了。

深圳就是这样一个城市，大家共同用一个数字技术，只要你搭上数字技术的边就可以迅速发展。唐杰又以大疆公司为例，大疆公司一半是数字，大疆号称是无人机里摄影最好的、摄影界里最好的无人机，所以有人说大疆是航天产业。最重要的是，大疆的扩展可能是无限的，它飞到 150 米高空飞机是抖动的，但是传回的画面是水平的，无论怎么晃，最底下驾着摄像头那端是水平的，这就是通过算法实现的。

这其中，应归功于深圳政府部门做了大量基础性的工作，凡是和数字有关的产业链条环节都要补齐，不断地补短板，无人机相关的行业，缺一不可。

如何形成不断成长的企业群体

创新政策要解决的一系列问题就是，如何形成本地不断成长的企业群体，如果一个城市的企业不断在成长，而且是创新性地成长，这个城市就是有创新活力的城市，这里有企业家的功劳，有市场的功劳，也有政府的功劳。他山之石可以攻玉，唐杰用了大篇幅介绍美国的产业政策。

唐杰说，从美国各大城市情况来看，一是创新与创业城市有优良的营商环境。匹兹堡的企业家稀缺是历史上钢铁行业过度集中的体现，巨大的规模经济回报，潜在地挤出了更多的创业活动；相比之下，纽约的创业则充满活力。

二是招商引资与创新创业公司不断涌现。波士顿长期是半导体产业的主导者，硅谷 20 世纪下半叶取代波士顿，这与硅谷出现大规模的创新型小企业有关。一个城市去除少数垄断大企业，这个城市就是好城市，深圳便是如此，基因里充满有活力、创造性的小企业。

三是政府办大学是很重要的，从美国的情况看，专利领先的城市和专利落后的城市会有 10~20 年的差距，领先者会不断地领先。

大公司和小公司混合创新是最高效的，本地企业家与外来企业家形成企业家群体是很重要的。以底特律和西雅图做比较，西雅图有波音，底特律有通用，现在西雅图依然繁荣，就是因为吸引了大量外来企业家。

美国产业创新和金融创新是高度一致的，中国也有相似情况，深圳的创投行业十分发达，大量的公司集聚到深圳，其中大多数的公司不会被缺钱所困扰，创新型的公司向深圳涌现，越涌越多，配套也越好。

深圳政府的隐性贡献

唐杰表示，改革开放以来，深圳已经形成“找市场不找市长”的氛围。

唐杰说，持续不断的竞争确实和科学技术爆炸性的进步有关，过去很多没听说过的东西现在马上会变成现实，创新的协同性大大提高，就产生了地域之间差别，创新要素、创新资源会在空间上高度集中，有的城市会变成单一的制造业城市，有的城市可能会变成综合性的创新城市，深圳正在向这个方向上走，但还有很长的路。

唐杰说，深圳具有尊重企业家的文化，企业家比政府官员要更受尊重。

未来我们还要实现几个关键的转变，唐杰表示，一是过去我们很重视钱的积累，现在要重视知识；二是要从重视物的投入转变到重视人的投入；三是从重视现有产品转变到重视未来产品；四是从重视工艺技术转变到重视科学创意；五是从重视服从转向重视分歧；六是从重视单一企业、单一城市转向重视产业群和空间集聚；七是从重视政府显性效率转向重视政府隐性效率。

唐杰最后归纳，深圳政府做的都是大量看不到的隐性贡献，扶持、引进、培育市场，尊重企业家，等等，虽然是一个漫长的过程，但是这也是最有效率的。

08

第八章

深圳VS苏州：

沿海与内地创新对比

英国《经济学人》杂志评价："改革开放近40年，中国最引人瞩目的实践是经济特区。全世界超过4000个经济特区，头号成功典范莫过于'深圳奇迹'。"GDP超越以色列，其2.71万美元的人均GDP水平，与中等发达国家西班牙和韩国相近……过去5年、10年甚至40年来，深圳的每一天都是新的，资金、技术、人才飞速聚集；每一天都在上演鲜活的深圳故事。

深圳和苏州是改革开放以来中国发展最快的两个城市。40年来，这两座历史文化渊源迥然不同的城市，都取得了骄人的成绩。时至今日，我们看到的不单是两座城市表象的繁华，更是中国城市发展的奇迹。深圳、苏州这两座城市坐拥得天独厚的地理优势，并且以市场为导向推动产业结构和空间结构演变①，自改革开放以来持续强化着自身优势。

城市的"蝶变"向来不是空穴来风，无论是"打基础"还是"建高楼"，都有着一个循序渐进的过程。前些年有句话在我国相传甚广，叫作"八十年代看深圳，九十年代看浦东，世纪初看滨海，新时代看长江流域"，那么到底是看什么呢？到了今天，我们应该如何看待深圳和苏州的发展？在本章中，我们将着重分析深圳、苏州这两大城市在发展道路上的差异，也尝试做一些简单的横向比较，希望能以更广阔的视野去看待深圳，看待我国城市的发展。

第一节 两类创新经济样本

众所周知，深圳是中国的第一个经济特区，一直处在改革开放的最前沿。

① 刘国宏．基于产业视角的深圳城市空间发展［J］．开放导报，2014（3）：65-68.

苏州也不简单。在20世纪80年代，苏州的乡镇企业是“苏南模式”的杰出代表，而从20世纪90年代开启了特殊的苏州新加坡工业园区模式——该园区是由中国和新加坡两国政府合作的重要国际项目。1997—2004年，苏州工业园区由新加坡政府负责管理。苏州工业园区因其特殊的管理机制，成为苏州吸引外商投资的重要阵地。而苏州也从该工业园区的管理中获得技术外溢，在20世纪90年代以后成为中国吸引外商直接投资最多的城市之一。

——《苏州VS深圳：城市经济转型启示》①

引文指出了深、苏两座城市产生差异的原因，但是深圳和苏州，一个曾经是夹在内地大城市和港澳国际大都市之间的远离尘嚣的“小渔村”，一个是位于可通南北西东的鱼米之乡的千年文化古城，其历史、人文、经济背景迥异，最终走向了近似的发展道路，个中渊源便值得我们思考。

简要概括深圳历史，便是从一个无人问津的“小渔村”到改革开放的第一个经济特区，又以令人惊叹的“深圳速度”“深圳制造”，发展到如今全国超大城市人均GDP第一，创新经济活力十足的年轻城市，足可称伟绩。而苏州自建城以来，一直是江南地区的经济和文化中心，“上有天堂，下有苏杭”的美名享誉天下，经历过明清时代的繁荣，鸦片战争后的衰落，在“文革”后抓住改革开放的机会发展经济，实现了异军突起。如今的苏州作为一个地级市，经济总量不仅位列全国地级市之首，媲美江苏省会南京，甚至在全国所有城市中也排名前十。

苏州产业基础起点高于深圳

深圳的历史发展可以用“从‘海防重镇’到‘创新之城’”这几个字来概括。深圳坐落于广东南部，珠江沿岸，东临大亚湾、大鹏湾，西连珠江口，南与香港一水之隔，北与东莞、惠州接壤。自古以来，深圳所处之地都是军事战略要地和重要的贸易港口。追溯其历史，它在宋朝时便已成为“海上丝

① 苏州VS深圳：城市经济转型启示［EB/OL］. 高楼迷论坛，2016-1-19.

绸之路”的重要枢纽，盛产香料和食盐；到元朝时以产珍珠著名。明朝洪武年间，政府在深圳境内设立了东莞守御千户所（今南头古城）。南头古城（在深圳南山区）还是深港澳地区的政治中心，而深圳这个名字真正意义上的诞生还是在 1979 年 3 月。

改革开放前，深圳的经济来源主要依靠进出口贸易。只要是从虎门入海的广州的贸易货船，都得经过南头古城。改革开放后，深圳一直保持着高速的 GDP 增速，也逐步实现了产业转型调整。伴随高新技术产业、信息技术和金融的迅速发展，其城市经济综合实力和竞争力也不断提高。深圳产业转型升级的过程中，一大批创新技术领先的企业在此落地生根，如华为、中兴、腾讯、华大基因，将创新变成发展的动力，经济焕发出勃勃生机。

与深圳起先的一穷二白不同，苏州早已拥有良好的城市基础设施，并长期处于商业稳定发展繁荣阶段。地处江南中心的苏州自汉代以来，在重视屯田的国策下，农业生产得以迅速发展。随着隋朝时开通了大运河，周围城市与苏州的贸易往来方便快捷、成本低廉，商业交流极大地促进了苏州的城市发展。唐代时的苏州商业规模进一步发展扩大，与扬州一起成为富庶天下的鱼米之乡。宋朝时形成的街巷制度不再对贸易的时间和空间进行限制，经济活动更加活跃，苏州经济逐渐从手工业和传统农业调整为工商业，同时新型经济市镇开始出现。到了明清时期，完整的城镇群体和市场体系也出现在江南地区。

但是自鸦片战争战败后，苏州沦为通商口岸，民族经济惨遭外来经济打压，大量质高价低的“洋布”“洋油”进入市场，本地编织的棉布堆积在仓库无人问津，不少手工作坊相继破产倒闭。短暂的喘息发展后，苏州经济在抗战时期几乎崩溃，大量工厂在侵略者的大肆破坏和野蛮抢夺下纷纷倒闭。

改革开放以来，苏州经济从早期的“苏南模式”，转向 20 世纪 90 年代的开放型经济，21 世纪以来一直在寻求增长方式的转型。在改革开放初期，计划经济逐步向市场经济转轨，集体所有制的苏州乡镇企业抓住改革开放的机会大力发展，在短时间内创造了惊人的经济成就，推动了农村经济发展和城镇化的进程。

苏州作为长三角的一部分，其发展也与上海存在紧密联系。1992 年邓小平“南方谈话”之后，特别是到20世纪90年代中后期，上海浦东开发如火如荼地开展起来，并因此带动了上海经济的全面发展。2007年，上海这样一个超大城市已连续16年保持了两位数以上的经济增长，对周边地区自然会产生巨大的辐射带动作用。而周边得益最大的城市则首推苏州，因其毗邻上海（至上海市区和虹桥机场仅需一个小时左右车程），从而有效利用了“地利”条件，最大限度地寻求经济发展的优势。①

20世纪90年代初，苏州开始主动招商引资，吸引大量外资企业，着手建立高新区和工业园区，特别是与新加坡共建的工业园区。这一开创性举动带动了苏州经济的快速增长和新一轮转型。进入21世纪后，苏州经济却在达到巅峰后开始衰落。随着劳动力成本上升带来的政府选择性放弃外资以及外资的大量流出，苏州近十年的GDP增速持续放缓。

事实是，苏州现在已发现了过度依赖外资发展留下的问题，并开始逐步调整经济发展方式和产业结构，完善产业链，增强制造业自主创新能力，推进第三产业的发展，加大产业结构比例中服务业的占比。作为中国地级市的领军城市，苏州的经济在脱离外资过程中虽然显出了迟暮之景，但我们有理由相信，转型成功的苏州未来依然还有充分的发展空间。

在深圳迎来新一轮产业转型之际，苏州的发展却因为产业、体制与格局等问题而停滞，在一年年被其他城市，如天津、重庆追赶的过程中，我们难免感慨这退步来得如此之快。深圳和苏州早先都走的依靠外商投资发展外向型经济道路，但是两个城市之后何去何从却显得大相径庭。我们现在如果要对两者进行比较，那么我们就必须明白深圳、苏州发展的差异点在哪里。问题的答案我们无法一言以蔽之，因为城市兴衰的原因必然是多元的，深圳之所以为深圳，苏州之所以为苏州，值得我们细细思考。

在这一部分，我们主要探究产业转型为这两座城市兴衰带来的转变，而在后文我们还会从人才、创新等角度分析，在整体上尽可能丰富“深苏差异何在”这一问题的答案。

对于深圳，其发展是基于政府作为市场规则的“执法者”，由市场作为良

① 于学军. 对比苏州，浅谈深圳发展问题［J］. 南方论丛，2004（4）：48-56.

好导向来推动产业转型，成效显著；而苏州如今被普遍看衰，很大程度上是由于产业转型进展不顺利，甚至很可能面临着危机转型。在苏州轻工业和电子制造业走下坡路的时候，新的产业还未能崛起，这是一个不好的信号。事实上早在21世纪初，在深圳面临产业转型节点、存在大量制造业外迁的难题时，全国普遍更看好苏州，但这些年两座城市的发展却让这些观点就此绝迹，也称得上是“世事无常”。

苏州外向型经济初级阶段

宏观经济学中的索罗模型提到，经济的增长是由技术进步推动，而创新又是技术进步的驱动力。技术进步有两种途径，即自主创新和模仿创新。自主创新是一个缓慢而艰难的过程，需要大量的科研投入和技术人才，通过研究开发获得。似乎相较之下，模仿创新更加轻松且收益高，发达国家的先进技术和管理经验可以通过模仿创新获得，在极短时间里实现技术水平的快速赶超，从而推动经济快速增长。模仿创新看似十分可取，然而历史证明，要依靠单纯的模仿创新，现在的落后地区很难追赶上，甚至超过发达地区。

模仿创新的核心是技术的引进吸收，只有对这部分的充分投入，才能提高模仿创新的效率和效果。2013年苏州大型工业企业用于引进国外技术经费达17.1亿元，但实际用于技术活动吸收的只有28%。此外，苏州有将近79%的高新技术产业是由外资企业构成。这说明真正核心的技术仍然掌握在外资企业手里，苏州不过是他们的一个加工厂。这在现代社会显得十分普遍，尤其在专利性强的产业里，跨国企业对外直接投资，往往只是用于简单生产而非技术研发。

苏州模式是一种以外资带动出口加工、发展外向型经济的模式。在当地政府的引导和支持下，外资企业因为廉价的劳动力和土地资源进驻苏州，并发展劳动密集型产业，他们将加工所需的原材料和零配件从国外运往苏州，再将加工好的半成品出口进行下一步加工。在这个过程中，苏州实际扮演的角色是一个精密机器“小螺丝”。可以说它是一种“两头在外”的发展模式。在微笑曲线中，出口加工产品处于曲线的最底端，相应的，在制成品的产品价值构成中，它们的附加值较低。研发设计以及销售服务处在曲线的两端，附加值较高。而苏州大量产业正处于曲线的最底端，从高速的经济增长中只能赚取低廉的加工费。这种发展方式在使苏州经济快速增长的同时，也给苏州带来了不少弊端。

不可否认，大量的外资投入极大地带动了 GDP 的增长。以 2004 年苏州的经济总量为例，在实现生产总值 3450 亿元的情况下，苏州进出口总额达到了 1032 亿美元，其中出口总额为 507.74 亿美元，外商投资企业出口额 451.92 亿美元，占出口总额比重高达 89%，外资出口基本囊括出口总额。苏州近十年随着外商投资减少，GDP 增长速度近乎同步减慢，连续下降到 7%的水平。事实上，当地居民也并没有从高速增长的经济中获益，他们的人均收入远不及人均 GDP 的增长。这主要还是因为大部分利润被负责产品设计和产品销售的外资企业拿走了。苏州的高经济增长并没有显著提高当地居民的生活水平。

外资企业使苏州实现了经济的迅速增长，同时，产业结构也在发生改变。之前苏州存在以传统轻工业为主的产业低度化的现象，外资企业进驻带来第一产业占比逐渐减少和制造业占比持续增加，到 2004 年三次产业的比重分别为 2.2%、65.7%和 32.1%。在工业园区和高新区的建立和政府优惠政策的支持下，苏州吸引了一大批国外技术领先企业，如西门子、松下、索尼、飞利浦、三菱、杜邦等，逐渐形成了较大规模的产业群。但是苏州的第三产业迟迟没有发展起来，金融业和服务业人才与企业十分匮乏，这使外资退出时，苏州的经济状况曾一度紧张。

外资将苏州带入全球化下的国际产业分工体系，在苏州制造的产品进入国际市场，产品的国际竞争力提高。然而，苏州却面临着一个严峻的问题：自主创新能力不足，导致对外资技术的过于依赖。苏州出现了本土企业和外资企业在技术水平上的两极化差异。

不仅苏州自身的自主创新和研发能力不强，政府也不重视引导企业进行研发投入和专利申请。苏州的大中型工业企业科技活动内部支出占制造业产值比例为 2.1%，远低于全国平均水平。研发投入完全跟不上 GDP 的增长，使外资企业的技术外溢没有发生明显作用，苏州本地企业的技术水平仍然与外资企业有很大差距。在高新技术产业上，苏州缺乏自己的核心技术，出口加工产业的关键技术还是主要依靠外资企业，高新技术人才均来自国外。这样一来，在政府大力支持和招商引资的政策下，外资企业享有丰厚的优惠政策、广大的国际市场和有竞争力的产品，苏州本土企业只能在夹缝中苦苦生存。

未来苏州的发展目标是让本土企业与外资企业配套生产，加入跨国公司的垂直专业化生产体系，真正成为全球生产体系的一部分。下一阶段便是本土企业主导出口加工生产阶段，将“在苏州制造”转变为“由苏州制造”。最终的阶段就是本土企业的自主创新，向微笑曲线的两端发展，获取更高的附加值。这是在全球化背景下本土企业迅速加入全球生产体系和国际市场的最好途径，有利于促进本土企业发展内生创新和提高产品的国际竞争力。

深圳做对了什么

而深圳，则正如我们之前所了解的，一直在转型升级的路上进行探索，积极调整和优化产业结构，将闻名全国的“深圳速度”转变成闻名全球的“深圳质量”。DS 模型表明，在发展过程中，多样化的分工与生产将有效丰富产品种类，大幅度提高人们的生活水平与工资水平。产业初步的聚集将为产业链的构成层与后续中间品的生产带来极大的便捷。深圳的发展从早期的“三来一补”加工业转向发展高新技术产业，建设高技术密集型产业基地；到现在确定了以高新技术产业为先导，先进工业为基础，第三产业为支柱的发展方式，在积极发展高新技术产业、信息产业和生物技术产业的同时，推进先进制造业和现代服务业、金融业的发展，实现多样化分工。

如今深圳拥有全国规模最大的新兴聚集产业，2014 年战略性新兴产业增加值达到 5695. 2 亿元，占 GDP 的 35. 6%，可谓是经济增长当之无愧的生力军。如今深圳第三产业和第二产业之比已达到 57. 3 ∶ 42. 6，而苏州则是 48. 4∶50. 1，两个城市间第三产业占比差距为 8. 9%，在现代服务业和金融业发展上的差距则更明显。其中深圳金融业、信息技术、科技研究增加值分别占服务业的 24. 4%、10%、4. 5%，分别比苏州高了 9. 1%、5. 8%、2. 6%。

从 2002 年到 2014 年，深圳和苏州的经济总量从不相上下到高达 2241. 1

亿元的差距。我们不得不感慨时代变迁带来的世事变化。但是苏州依然是中国经济强大的地级市，未来将如何发展，我们尽可以拭目以待。

第二节 差距拉大的原因

对城市地位的关切，绝不是为了某种盲目的虚荣心攀比，而是因为城市地位直接关系到一个城市在经济社会发展中的自主权。城市地位越高，城市发展的自主权越大，获得进一步发展的空间就越大。多年以来，苏州一直是中国城市前10名中唯一的地级市。当我们从城市地位与城市成就关系的视角来检视中国城市后，就可以发现，其实自改革开放以来真正创造了最大奇迹的不是深圳，而是苏州。

——《螺丝壳里做道场：苏州城市的“命”和“运”》①

正如前文所说，深圳和苏州同为改革开放后经济迅速崛起的两大城市，发展势头之迅猛，在人类史上也值得称道。在开放初期，深圳抓住了第一轮开放沿海城市的机遇，而苏州抓住了第二轮开放浦东的发展机遇，经济飞速增长，分别成为珠江和长江三角洲地区经济腾飞的两大代表性城市。然而，在2002年之后，深圳和苏州的差距却在不断扩大，下文我们将就产业转型这一问题，结合外向型经济特征开展进一步的探讨。

深圳和苏州在产业转型上最为显著的差别是在对外资的处理上。跨国公司对外投资会考虑三个重要因素：区位因素、政策因素以及成本要素。国外企业之所以把中国作为生产基地，国内的廉价劳动力当居首功。然而，中国如今已经走过了“刘易斯拐点”，在工人工资上涨的同时，中国已经失去了自己的人口红利期。这一现象对以第二产业为主的城市造成的冲击尤为剧烈，因成本大幅提升，外资大量流出，深圳和苏州便是如此。事实表明，这两座城市对于这一现象做出的回应也不尽相同。

① 螺丝壳里做道场：苏州城市的“命”和“运”[EB/OL]. 深度苏州，2017-03-08.

“世界工厂” 只是低端的比较优势的暂态

首先看苏州，作为全国经济实力最强大的地级市，苏州并不缺乏优秀的本土企业，如沙钢集团、恒力集团，都位居2018年《财富》杂志发布的“世界500强”企业之列。沙钢集团作为老牌民营企业，已经连续十年上榜；而作为新生力量，恒力集团也已经连续两年排名在世界第200多位。此外，还有波司登、隆力奇、莱克电气等一系列优质本土品牌，在苏州这片土地上获得了成功。但是苏州的本土企业是否足够强大呢？很难讲，苏州这片开放包容的土地如今坐拥超过100家A股上市的企业，这在全国来说也已接近了一线城市的水平。然而，在这份名单里有大量的外资企业与中外合资型企业，这也正是苏州这片土地的一个缩影。苏州这些年依靠“苏南模式”的发展带来的影响，一时半会儿很难调整过来，但好在苏州已经在尝试摆脱外资主导的窘境。

以苏州为代表的“苏南模式”，是政府出面主动招商引资、用廉价的土地和优质的劳动力吸引外商的一种发展模式。以优惠的税收和宽松的政策为外商投资清出一条道路，用投资驱动发展。在厂商选址上，苏州相对于其他发达国家和地区，有较强的比较优势，吸引着千千万万外商在苏州投资建厂，众多企业的制造部门聚集于此，形成了一体化程度高的工业园区。外商把自己产业链中的制造装配模块搬到苏州，形成一条完整的生产线，降低了开放初期经济发展所需的研发成本，获得了初期发展所需的技术，使苏州迅速开始大规模工业化生产，形成规模效益，促进经济发展，在开放初期成为发展的领头羊。依靠外商投资，苏州经济一路高歌，直到2012年，苏州对外资依赖度达到顶峰，GDP增速达到了10%。

随着经济的发展，人们对美好生活的追求越来越高，苏州的工资水平也随之飞速上涨。仅从2005年到2015年，苏州的城镇就业人员平均工资，便从2.5万元左右上升到了7.2万元，涨幅几近3倍。自2012年以后，外资开始逐渐撤离苏州，外资工厂相继关停，苏州GDP增速逐年下降，经济面临停滞不前的困境。原本对深圳形成追赶效应的苏州，不但没能赶超深圳，如今还被深圳甩在身后，两地差距逐渐拉大。从 2017 年数据来看，苏州全市 GDP 总量 1.7 万亿元，同比增长 7%。虽然苏州经济总量仍排在江苏省第一的位置，但 GDP 增速已垫底。南京市 GDP 仅次于苏州，并以 8%的增速直逼苏州，有可能在未来实现赶超，苏州的发展确实不容乐观。

产业链孕育进取的“深商” 企业群

再看深圳，2017 年深圳实现地区生产总值 2.2 万亿元，比上年增长 8.8%，主要产业第二和第三产业增长值都维持在 8%以上。2018 年深圳市生产总值更是突破了 2.4 万亿元，同比增长 7.5%左右，已经超越了香港，位居亚洲城市前五名。

深圳近十年正处在产业转型升级的重要阶段，虽然大量制造业企业流出，不但没有造成经济上的危机，深圳的制造业反而保持了稳步增长。深圳用它切实可靠的数据和事实告诉世界，“深圳速度”不畏惧质疑。

面对人口红利的流失，深圳和苏州一样面临着制造业外迁的情况。深圳的经济也确实受到了一定程度的波及，但是深圳及时做出调整，淘汰和迁出落后产业，用先进高端制造业和优势传统产业填补了制造业迁出的空缺，这为深圳后续的发展起到了奠基作用。深圳市政府发展研究中心主任吴思康认为，盲目追求第三产业的比重会影响城市竞争力，会造成产业空心化；深圳的定位是创新型城市，创新一定要有制造业的支撑，否则创新容易成为无本之木。在深圳这座创新之城，制造业流出的同时也在不断流入高端产业，新鲜血液的注入使深圳保持了充足的活力。外资在深圳的投资模式也不再是简单的开工厂，利用当地廉价劳动力，而是结合深圳当地的高新技术产业和技术优势，开展深圳中外合作的新模式。

2000 年以后，互联网和信息技术快速发展，深圳紧抓这次机会，跟上了互联网发展的步伐，实现了数字技术和制造业的对接，使第二产业得以升级，成为支撑经济发展的新型制造业，也为近年发展新一代信息技术打下坚实基础。深圳已不再是那个只会装配加工出口的世界工厂，也不是那个只会模仿山寨的制造基地。深圳从一无所有到模仿创新，不断成长，培育的一些本土企业也走出了自己的路。这些企业成功摆脱了单纯的模仿抄袭形象，建立了自己的研究部门和自主研发体系，如比亚迪、华为等企业，今天已然是家喻户晓的名角。

随着近几年大数据、人工智能技术的发展，新一代产业革命到来，新能源和新一代信息技术将成为未来发展的大方向。深圳也没有错过这次机会，在培育前沿产业上不遗余力，到今天亦是卓有成效。

苏州和深圳在拥有相似的初始条件下，深圳抓住机会进行了产业转型，而苏州却错失了转型的时机。两者的发展在 21 世纪开始出现差距，而微小差距随着产业的持续集中而扩大，不断累积直至形成质变，结果便出现了城市加速发展和发展相对停滞的差距。

其实深圳和苏州的差距早在 2002 年便有了扩大的苗头，而转折点就是 2014 年之后，外资大量撤离苏州，外贸受到强烈冲击，制造业增速持续放缓，其背后的核心原因还是苏州产业结构单一，没有及时完成产业的转型升级，无法承受中低端制造业撤走带来的经济失去支撑的问题。

外资大量撤离，是深圳与苏州拉开差距的突变点。苏州沉浸在外资投资带来的红利中，没有预见到依靠劳动密集型产业驱动经济发展并非长久之计，迟早有一天外资会因为成本上升而离开，只有自己掌握核心技术、拥有创新能力，实现第二产业向第三产业转移，从劳动密集型的加工制造业向依靠创新驱动的高新技术产业转移，实现经济独立发展，才能在这一天来临时有效应对。在外资撤出后，苏州没有高新技术产业和服务业的支撑，失去拉动经济发展的动力。

在改革开放的几十年中，深圳和苏州在发展经济上都有十分优异的表现，而近年 GDP 数据却表明深圳与苏州发展出现了显著差距。值得庆幸的是，苏州政府已经认识到了发展中存在的问题。虽然当前的努力仍不能弥补外商撤离带来的经济损失，但苏州积极准备产业转型，努力加强与上海联系，参与到长江三角洲都市群发展中。从国务院发布的文件来看，“发挥区位、产业和人文优势，进一步强化与上海的紧密对接，建设高技术产业基地、现代服务业基地和创新型城市、历史文化名城和旅游胜地①”，如果苏州产业能成功转型到新兴制造业和服务业主导，那么苏州依然有十分强大的城市竞争力，其良好的经济基础使其再次崛起成为可能。

苏州的困境给深圳提了醒，深圳应根据经济周期和形势发展，不断推进产业升级，努力建设开放性创新体系，保持经济增长的良好势头。站在时代的风口，乘着新一轮的信息革命的东风，苏州和深圳都还有很长的路要走。

第三节　政府管理差异

今年 1—8 月份，全市企业所得税共减免税 1434 亿元，同比增长 14.63%。其中，有 14577 户纳税人享受研发费用加计扣除优惠政策，同比增长 222.5%；加计扣除金额达到 712.69 亿元，同比增长 64.59%，为企业减轻税负超过 178 亿元。与此同时，全市享受小微企业税收优惠的经营主体 32.25 万户，其中个体工商户及其他个人户数 9.59 万户，企业、非企业性单位户数 22.66 万户，免征增值税税额达 3.83 亿元，减免所得税额达 5.65 亿元。

——《全面落实税收优惠政策　深圳全力扶持民营企业发展》②

古人云，“先天下之忧而忧，后天下之乐而乐”，是以标榜为官者的从政理念。在如今社会主义市场经济体制和城市现代化背景下，政府要以为人民服务为主旨，推进经济社会发展，同时也需要不断地转变政府职能，要做到及时调整市场经济体系下的政企民多边关系。

而对于企业，首先我们应清楚几乎所有非国有企业经营的目的都是盈利。若是一个企业能做到“情怀济天下，巨富取于勤”，那自然是极好的。绝大部分企业创造财富的根源动力，就是让股东利益最大化，包括企业本身的选址与运营，皆是以自身利益为出发点，而与各方博弈的过程。本节主要分析深圳和苏州政府在企业培育、政府行为的界限和产业规划等方面的差异，以及

① 长江三角洲地区区域规划［Z］. 2010-5.

② 段琳筠. 全面落实税收优惠政策　深圳全力扶持民营企业发展［N］. 深圳特区报，2018-10-26.

这些差异与两座城市企业的成长间构成的关联关系。

企业培育

苏州在这些年的发展略微有些力不从心，这很大程度上取决于它的外资流出和产业转型缓慢。但我们不能说苏州从最开始就是有问题的，因为苏州改革开放早期的治理极具成效，最具代表性的就是苏州与新加坡联合创办的“苏州工业园区”。

1993 年 5 月，时任新加坡总理李光耀亲率 100 多人的代表团考察苏州。1993 年 10 月 18 日至 26 日，受国务院委托，江苏省派高级别官员访问新加坡，并与新加坡签署了双方合作协议备忘录。这一合作项目具有不同于我国以前所办开发区的三个明显特征：其一，两国政府签订协议，合作开发一个开发区，之前没有先例；其二，双方组建合资公司，负责苏州工业园区的基础设施建设；其三，中央批准苏州工业园区借鉴新加坡的成功经验，在符合中国改革开放大方向的前提下，可以先试行一些改革性的措施。①

苏州工业园区可称为我国政府对外经济技术合作的一个成功典范。从 1994 年到 2015 年，园区走出了一条建设速度比较快、科技含量比较高、经济效益比较好、人们生活比较富的路子。到 2015 年，园区当年地区生产总值 2060 亿元，是 1994 年的 188 倍；公共财政预算收入 257. 2 亿元，是 1994 年的 1286 倍；进出口总额 795. 96 亿美元，是 1994 年的 2. 5 万倍。累计批准外资项目 5549 个，其中世界 500 强企业 92 个；累计注册外资 428. 14 亿美元，实际利用外资 283. 18 亿美元；累计注册登记内资企业 43611 家，累计注册内资 4374 亿元；2015 年，城镇居民年人均可支配收入 56696 元。② 苏州工业园区的成功建立带动了苏州长期高速的发展，至今已经成为苏州城市当之无愧的 CBD（中心商务区）。然而，这种工业园区与以外资合作为主的发展方式却使转型变得阻碍重重。

苏州抓住在全球化进程中利用廉价优质的劳动力形成比较优势，成功进

①② 潘云官. 苏州工业园区的筹建、发展与崛起［J］. 百年潮，2016（5）：11-18.

入全球产业链，成为模块分工中的一部分，实现大规模工业化生产。2014 年开始，许多建立在苏州的大型工厂开始关停，企业清算。2017 年，几大支撑苏州经济发展的核心外资企业开始大规模撤退，给苏州经济带来重击。

从另一个角度来解释这一现象，那就是苏州的企业聚集能力不足，也缺少能够代表苏州名片的企业。苏州不乏本土企业，但这些本土大企业以传统产业为主，新生成长性企业少，尤其 1995 年起中国开始进入大规模消费升级阶段，苏州鲜有本土诞生与消费升级俱进的新生企业。① 这些非新兴制造业企业能带来的集聚效应并不强，对产业链上下游的供需也无法达到接近垄断的实力，这其实是一个危险的现象。威廉·鲍莫尔等人在《好的资本主义坏的资本主义》中提出，合理的经济发展模式需要有少数大型企业提供生产服务，大量小型企业提供概念和创新，并以此组成产业链生产流程。苏州很显然没有做到。

苏州在长三角的定位就是工业基地，而缺乏品牌效应对于一个工业基地来说会造成一定的可替代性。事实上，苏州这些年由于飞速上升的土地成本和人力成本，已经有大量产业外迁至南通和常州。

即便产业链是完整的，缺少了品牌，也只能用更低的生产成本和与日俱增的土地成本作斗争，而这样的斗争总有一日会无法维系。举个例子，虽然苏州曾经拥有完整的笔记本电脑产业链，但本土企业没有一个响亮的笔记本电脑品牌。于是在希捷、普光电子和苏州联建等外资企业一个个关闭、转让以后，苏州也只能看着自己的 IT 产业链裂痕不断扩大。苏州本土的企业只是停留在生产制造层面，而将研发等命脉交于外资之手，这也是苏州自身亟待解决的问题。

而说起深圳，人们自然能联想到互联网巨头腾讯、信息通信领域的华为和中兴、金融领域的平安、在基因测序走在前列的华大基因等知名企业。这些新兴制造业与服务业企业有强大的聚集能力和品牌效应，能从全国各地不断吸纳人才。城市越发展，就越需要人才的投入，大企业响亮的名片能为一个城市吸引大量人才，为城市发展注入源源不断的活力。显然，苏州缺乏能

---

① 张泽生. 2016 年，苏州和深圳相比，差距在哪里？[EB/OL]. 龙城论坛，2016-12-31.

为它聚集人才的大型企业。

同时，大企业也使企业家精神在城市生根发芽，企业家精神鼓励创新创业，在中小企业发展中发挥着至关重要的带动作用，是城市创新企业增长的关键。在过去的发展中，深圳早已注意到并着重培养企业家精神，放宽制度限制，在转型中积极吸纳来自各地各产业的中小企业，并为他们提供良好的发展环境。在苏州还执着于外资的低端企业时，深圳已经着手于培育自己的企业，差距就此悄然扩大。

苏州位于长三角都市群中，与无锡、常州一起组成苏锡常都市圈作为长三角都市群区域中心。无论是经济总量还是城市影响力和辐射能力，上海都无疑是长三角都市群的核心，而苏州作为区域中心的一部分，影响能力有限，接受上海的辐射也有限。同时，各个区域中心竞争激烈，南京后来居上，吸引大量人才流入，杭州依靠电商经济迅速腾飞，苏州作为区域中心优势并不明显。

政府行为的界限

除了政府对本土企业的培育，政府与企业间应建立高效公正的互动模式，这对于现代化产业经营管理具有战略性意义。在改革开放之前，中国处于计划经济时代，政企一体。简单来说，政府是企业的所有者和计划制订者，企业则是政府计划的执行者，国家决定、规定生产什么，生产多少和如何生产。这样一来，随着社会生产力的提高，劳动分工越来越细，政府的工作就会越来越复杂，这当中信息不对称问题就会凸显出来。信息具有时效性，是有寿命的，过时的信息往往就失去了存在的意义；信息对于一个能够掌握信息的个体而言是有限的，哪怕是政府这样大型的机关，都没有办法及时跟进市场上每一个细节。由于信息不对称，政府便很难成为高效的企业决策者，如果要按部就班依计划行事，生产力发展必将遭遇严重阻碍。

改革开放以来，“市场经济中有计划，计划经济中有市场”才被人们接受。政府和企业划清边界，政府不再是市场的决策者，而是市场规则的制定者。企业家在自身的领域往往有着更加清晰的思路和独到的眼光，当市场和企业数量不断扩大，政府要规划企业的供需生产等就会无从下手，这时候企业家出于自身利益考虑，便能够在最大程度上扩大经营规模。深圳一直在不断探索政府与企业之间最合适的关系。这种关系绝非亲子，也不应为上下级，政府在这个市场当中起到的是一个辅佐的作用，只要企业按照规则行事，那么政府和企业就可以做到互不干预。

深圳政府在市场经济中的作用主要体现在两方面：一是提高效率；二是促进公平。在理想的市场经济环境下，政府是不需要参与的，但是现实中不存在无摩擦的平面，政府要做的是减小市场摩擦，提高经济效率。举个例子，企业家在报建项目时，需要非常复杂的手续，往往一套流程下来就已经过了半个月。尽管这与国内其他城市相比已经算是很快的了，但仍是非常低效。事实上，深圳政府的办公效率早已在全国处于领先位置，但 2018 年 7 月出台的“深圳 90”改革，成功地将这个流程缩短到几分钟就可完成，这当中效率提升了多少显而易见。

我们这里不多谈政府的手看不看得见，因为很难给深圳政府的职能划出一条明显的界限。深圳政府不会直接干预企业的生产活动，但却切切实实地帮助了企业的生产。就促进公平而言，政府出台了大量经济政策用于维护市场秩序，制定市场规则，包括我们在第五章提及的政府打击专利侵权活动等，深圳政府一直在不遗余力地去营造一个让企业安心经营的环境。

另外，政府应该做的不是拼命拉住大企业，将所有的好处全都当作挽留企业，阻止其外迁或延缓其死亡的砝码。因为这些做法不但不会使政府达到预期目标，反而会影响甚至扰乱当地公平的市场竞争环境，挤压中小企业的生存空间，从而进一步影响当地产业升级和产业结构调整。

在城市化演进过程中，低端产业的淘汰、外迁都在政府的规划之中，但这不意味着处于高端的产业就会不断聚集于发达的城市。事实上，对社会而言的最佳策略并不等于企业自身的最优决策，企业未必会承担令社会有效发展的成本，在发展过程中很可能会因为成本等问题离开大城市，而前往一个低租城市。政府间抢商大战可以打，但是不能以牺牲良好的市场环境为代价，而应杜绝这种不可持续的做法。如果没有全国独特的文化、人才、科技教育、行政管理水平的聚集优势，只因为有某些庞大的企业解决不了城市发展的可持续问题。全国各地兴起的产业转型升级不应该是靠政府疯狂的抢商，刻意转型而转型的。没有肥沃的土壤，揠苗助长解决不了企业自身问题。一个法治化的社会更应规范企业自身，少干预甚至不干预企业，可能不失为一个良方。因此，深圳对待企业的政策和做法是值得推广的。

在处理政企关系这一问题上，苏州政府一直以来也是频出妙招。正是依靠苏州政府内内外外地奔波劳顿，苏州才有了经济的长期稳定增长，才有了电子产业、轻工业等产业的飞速发展。在处理政企关系的时候，苏州仍然采用内地政府的典型做法，即深度介入企业经营。

苏州后来又建设了“苏州高新园区”，是全国首批国家级高新区。苏州高新园区与苏州工业园区定位相近。苏州依据园区个体的情况，对苏州工业园区采用“政企分离”的治理方法，对苏州高新园区采用“政企合一”的方式。这固然是因为苏州高新园区起先开发资金并不充裕，一定程度上需要政府更深地介入，从而也部分导致了初期的管委会和开发公司合二为一；而苏州工业园区开发初期有新加坡方面提供的数亿美金，使得负责开发的合资公司 CSSD 能够坐实，能够与管理主体管委会相分离，同时能够对整个开发区做好总体规划，整体开发好土地。① 但是，苏州政府的这一主动举措存在先天不足，苏州和新加坡的合作并没有引导苏州本土企业在学习新加坡先进企业经营管理的“软件”方面取得长足进步。而本地企业在自立门户之后，又因为投资方面的原因，受到政府过多干预。在引进外资之后，市场和企业都还未能达到市场经济的要求，为日后发展留下了缺憾。

产业规划

说到产业规划，其实许多人对于深圳的产业规划不太了解，深圳政府是什么时候做的产业规划？深圳的产业不是向来以电子信息业为主，其余包括汽车制造、生物基因等产业也都是因外来企业才得以发展的吗？然而，深圳一直以来都有产业规划，只是形式和内容与常见的行业发展规划不太一样，

---

① 苏州高新 PK 苏州工业园：史上最靠谱的对比分析［EB/OL］. 苏州生活，2018-1-15.

如同《深圳市战略性新兴产业发展“十三五”规划》写道，“着力打造产业链协同发展、服务功能突出的特色产业集群，在更大范围、更高层级集聚配置资源，产业辐射带动能力进一步增强”。深圳产业规划向来都是“因势诱导”，总在合适的时候给予企业大环境的支持，这才有了今天飞速更迭但朝气蓬勃的产业结构。

我们在看待政府职能的时候其实可以参考“湿地效应”，也就是政府不用管这块湿地中的“大鱼吃小鱼、小鱼吃虾米”的竞争行为。政府只要保证这块“湿地”的水质是清澈的就好。政府不要干涉企业之间的竞争，不必特意去创造一个新的产业。这在我国已经有大量的前车之鉴，例如前几年江苏、常州大力补贴光伏产业，想要把自身打造成“LED 之都”。常州大量补贴行业领头企业，而轻视中小型企业的发展，最后培育的“行业龙头”却垮了台，可谓“竹篮打水一场空”。政府反而需要避免一家独大，避免竞争的消亡导致企业故步自封。在新自由主义学派的观点看来，政府真正的职能就是保证一个公平公正的市场环境，而非干预或者计划产业的进程，这也正是深圳近年成功转型并稳定发展的秘诀之一。

或许有人会认为深圳发展到今天，完全是依赖于特区政策，可事实是 2001 年 12 月中国正式成为 WTO 成员后，特区政策便几乎失去了作用，深圳的发展完全是基于自身合理政企关系下的良好市场环境而跟进。深圳政府在扶植小微企业的过程中采用不强硬但有效的举措，在营造宽松的工商、税收及产权等环境上花了大工夫。

而对苏州来说，它在产业发展上的主要教训就是强势政府替代了市场，尤其在产业选择方面。前文我们根据深圳的经验，谈到苏州调整产业结构任务艰巨：一是传统产业需要优化，既要发挥市场对资源配置的决定作用，通过市场出清机制，实现“去产能、去库存、去杠杆”；二是强化政府监管作用，对水土不服的产业和昙花一现的产业，通过提高环保门槛和市场监管，实施“关停并转”；三是政府要营造公平环境、创新环境，引导与扶持本土新兴产业，力图新兴产业根植化；四是构建有限有为政府，分清政府、企业和市场边界，真正建立“三张清单”（权力清单、负面清单、责任清单）制度，对政府权力做到“法无授权不可为”，对企业经营做到“法无禁止皆可为”，对政府责任做到“法定职责必须为”。①

至此我们已经从三个方面探讨了苏州与深圳在政府管理市场经济中的优劣与差异，大体对两地政府的治理模式也都有了一定的认知。我们需要明确，当企业进入新市场时，最重要的是需学会遵守规则。政府在这一过程中扮演的是规则制定者的角色，政府制定了相关法律，并按照法律制定的规则去管理和服务企业，为市场经济发展扫除障碍。规则制定者同样也在市场中，因此政府和企业可以建立良好的游戏机制，双方可以在制度框架内有效交流沟通，这才是高效政府，这才是高收益企业应该探寻的道路。从全国来看，苏州政府已经做得很好了，但显然他们在某些方面还可以做得更好。

在劳动分工不断细化的社会主义市场经济体制中，合理运用政府的权力能够让企业看到“互利共赢”的未来，这正是深圳企业源源不断涌现的原因，这也是深圳经济蓬勃向上的原因。

参考阅读　浅析深圳成功转型对苏州的借鉴意义②

二、深圳的增长动力来源

深圳自1980年设立特区以来，经历了30多年的高速发展，从一个边陲渔村发展成为一座美丽繁荣的现代化城市。然而，进入21世纪初，特区政策优势弱化、资源劣势凸显，特别是2008年金融危机以后，特区的先发优势有所消减，先于全国步入了“新常态”，经济增速从高速转入了中低速，如何走出困境，达到成功转型的新“高地”，深圳在转型升级的道路上积极探索，为其他城市在“新常态”下成功转型树立了标杆，积累了经验。

（一）实施质量引领

2010年，深圳市委、市政府提出了“以质取胜”新理念和“深圳质量”新标杆，首次提出要实现从“深圳速度”向“深圳质量”的跨越。近年来深圳一直把“深圳质量”的理念摆在首要位置，走出了一条经济发展质量、社

① 张泽生. 2016年，苏州和深圳相比，差距在哪里？[EB/OL]. 龙城论坛，2016-12-31.
② 严国峰. 浅析深圳成功转型对苏州的借鉴意义 [J]. 统计科学与实践，2015 (11). (有删节)

会发展质量、生态发展质量不断提高的升级路径。2014 年深圳人均 GDP 达到 2.4 万美元，每平方公里产出 GDP、财政收入分别达 8 亿元和 2.8 亿元，均居全国大城市首位。深圳成为国内战略性新兴产业规模最大、集聚性最强的城市，2014 年战略性新兴产业增加值 5695.2 亿元，占全市 GDP35.6%，战略性新兴产业对经济增长的贡献率接近 50%。2014 年深圳互联网产业增加值增长 15.5%，文化创意产业增加值增长 15.6%；先进制造业增加值 4823.98 亿元，比上年增长 9.8%；高技术制造业增加值 4056.85 亿元，占全市规模以上工业增加值比重达到 62.4%，比苏州高出 1 倍多。深圳的服装、家具、钟表等优势传统产业也正由粗放型发展模式向质量型发展模式转变，由过去单一的贴牌加工转向创建自主品牌。黄金珠宝产业集聚基地等也成为全国知名品牌创建示范区。2014 年末深圳拥有自主品牌达到 3320 个，拥有中国驰名商标 143 个。

（二）强化创新驱动

深圳创新驱动发展方向清晰，在全国形成了独有的“深圳模式”。2006 年初，深圳市政府发布《关于实施自主创新战略建设国家创新型城市的决定》，将深圳的发展目标定为创建国家创新型城市。2008 年深圳获批首个国家创新型城市试点。2014 年深圳成为首个以城市为基本单元的国家自主创新示范区，登上福布斯中国最具创新能力城市榜首。深圳先后出台多个政策措施，从财政金融支持、人才支撑、创新载体建设、科技服务业发展等各个方面，全面加大对自主创新的支持力度。积极构建创新体系，已基本形成企业为主体、市场为导向、产学研相结合的技术创新体系。2014 年深圳全社会研发投入占 GDP 比重达 4.02%，高于苏州 1.4 个百分点。地方财政支出中用于科学技术支出 94.6 亿元，占公共财政预算支出的比重为 4.4%。深圳 PCT 国际专利申请量 11646 件，占全国 48.5%，连续 11 年居全国各大中城市之首。每万人有效发明专利拥有量 65.7 件，是全国平均水平的 13.4 倍，是苏州的 3.5 倍。深圳拥有国家级高新技术企业 4742 家，拥有国家及省市级重点实验室、工程实验室、工程中心、企业技术中心等超 1100 家，已培育发展了包括华大基因、光启研究院、中科院深圳先进技术研究院等在内的集基础研究、应用研究和产业化于一体的新型研发机构。2014 年末深圳拥有人才资源总量约 400

万人，是苏州的近1倍。

（三）优化资源配置

改革开放之初，深圳就率先推进“市场化”改革。深圳积极推进功能区管理体制改革，深化大部门制改革，探索扁平化管理新模式。强力推进国企经营机制的市场化改革，促进企业经营机制与市场全面接轨。深圳也一直致力于加快构建现代市场体系，通过加快政府职能转变，减少政府对资源的直接支配，充分调动企业作为市场主体的积极性。2013年3月，深圳在全国率先启动商事登记制度改革，推行“四证合一”，万众创业兴起，2014年末深圳实有商事主体174.33万户，每千人拥有商事主体达116.2户，居全国首位。深圳通过分区规划管理、区域合作协调等规划，引导优质要素资源向产业基地和园区集聚，促进产业集聚化、高端化发展。引导资源向产业转型升级的重点方向、重点领域、重点行业和重点企业倾斜，提高资源综合利用效益。为充分挖掘土地资源潜力，提高空间资源配置，开展了新一轮土地管理制度改革试点，存量建设用地占土地供应总量的比重提高到70%。

（四）提升发展平台

深圳作为最前沿、最开放的城市，始终立足全球竞争，以国际化标准来寻求自身发展的目标定位、拓展发展空间。成立了深圳市国际交流合作基金会，国际友城和友好交流城市达65个。深圳加快转变外贸发展方式，瞄准新技术、新产业、新市场，推动“走出去”向更高层次迈进，同时优化对外投资方式，更多地从直接投资转向资本运作，推动深圳在开放型经济的广度和深度上取得新突破，形成国际竞争新优势。2014年深圳进出口总额4877.65亿美元，进出口规模连续三年蝉联全国大中城市首位。其中出口总额2844.03亿美元，出口规模连续二十二年居全国城市首位。2015年上半年，深圳境外投资协议投资额47.98亿美元，同比增长138.5%。对外承包工程新签合同额103.7亿美元，增长26.9%，占全国的12%；完成营业额90.48亿美元，增长55.3%，占全国的13.4%。前海作为深圳的重要战略支点，是深圳发展方式转变的全新平台，开创了深圳转型发展新征程。2010年国务院正式批复同意深圳成立前海深港现代服务业合作区，前海合作区发展现代服务业，上升为国家战略，这对继续提升特区的战略地位，推动转型升级有着重大意义。在产业发展方向上，前海坚持走现代化、高端化、集约化路线，重点发展金融、现代物流、信息服务、科技服务及其他专业服务业等四大产业，而这些高技术、高增值、低污染的产业也成为“深圳质量”的有力支撑。在体制机制上，前海在治理结构、项目审批、管理体制等方面开展一系列创新，积极探索形成一套适合市场、符合国际化运作的制度。前海借助紧邻香港的独特区位优势，不断深化深港合作。目前，前海注册企业超过 3 万家、注册资本超过 1.8 万亿元，要素交易平台达 19 家。前海在产业发展创新、体制机制探索等方面的先行先试为深圳的转型发展创造了新经验。

三、深圳成功转型对苏州的启示

分析研究深圳成功转型的发展成效，可以发现苏州在转型升级方面偏弱的环节。

（一）产业结构的影响

2014 年深圳服务业增加值占地区生产总值的比重达 57.3%，高于第二产业 14.7 个百分点，深圳已步入以服务业为主要推动力的发展阶段。近年来苏州第三产业占比虽然呈逐年上升态势，2014 年苏州第三产业占比为 48.4%，低于第二产业 1.7 个百分点，低于深圳 8.9 个百分点，特别是在现代服务业上，苏州发展要远远落后于深圳，2014 年深圳现代服务业增加值 6201.06 亿元，占地区生产总值的比重达 38.8%，而苏州现代服务业增加值为 3754.58 亿元，低于深圳 2446.48 亿元，占地区生产总值的比重为 27.3%，低于深圳 11.5 个百分点。其中，苏州金融业增加值占服务业的比重为 15.3%，低于深圳 9.1 个百分点；信息传输、软件和信息技术服务业占服务业的比重 4.2%，低于深圳 5.8 个百分点；科技研究和技术服务业增加值占服务业比重 2.6%，低于深圳 1.9 个百分点。

（二）城市功能的影响

深圳总部经济成为深圳经济转型与产业升级的重要载体，对区域的产业结构、劳动就业、创新能力、消费等影响重大。2014 年新引进英特尔全球智能设备创新中心、弘毅投资等 12 家总部企业，深圳湾超级总部基地开工建设。深圳总部经济发展能力仅次于北京、上海，高居全国第三。苏州的总部企业数量总体不多，2014 年底苏州总部经济企业 68 家，其规模与层次也有待提高，总部企业以区域性总部为主，跨国公司地区总部和国家级总部企业较少。深圳的金融机构、科技型企业、创新型企业的引领带动对深圳经济的转型升级也起到了非常关键的作用。2014 年底深圳金融机构总数达 345 家，金融中心城市集聚效应凸显。深圳市科技型企业已超过 3 万家，这些企业为深圳创新引领转型升级提供了强大的动力支撑。苏州科技创新企业要远远少于深圳，特别是缺少像华为、华大等具有国际影响力的创新型龙头企业。

（三）市场建设的影响

深圳提出要以法治化、国际化推动市场化改革，建立具有国际竞争力、规范有序的市场经济体制机制。深圳是国内市场化程度最高的城市，它充分利用市场化的机制来配置各个领域的资源，提升了资源配置效率。深圳企业也一直把自己置身于市场化的竞争环境中，以市场为导向进行技术创新、转型升级等，充分发挥了市场的主体作用。苏州发展中政府的主导作用偏重，在全球化的背景下，传统发展模式、惯有的管理体制亟待调整和突破，需要更多地通过市场化来对生产、技术、制度和创新能力等进行重新配置，以适应全球经济发展的变化和自身发展阶段的迫切要求。

（四）制造业层次偏低

深圳过去的发展是以简单的制造业来带动经济的发展，在转型时也经历过曲折，但是很快调整方向，由“速度”向“质量”转变，通过淘汰低端制造，升级传统优势产业，大力发展先进制造业，推动产业由低端制造向附加值更高的高端迈进。2014 年深圳先进制造业占规模以上工业增加值的比重达 74.2%。苏州制造业以加工为主，大多处于低技术含量、劳动密集型加工组装环节，过度依赖低成本的规模竞争，市场竞争和抗击外部冲击力相对较弱。

第四节　缺少名牌大学的人才都市

在比较深圳与苏州的政企关系与政府职能后，我们可以再次把目光放到深苏两座大城市的创新上来。谈及创新，人才更是人类现代经济增长的重要源泉。人才与创新一题也正是我们将深入切实讨论的问题，本节我们会在深苏两大城市的比较上对其进行阐述。

《人类简史》中认为，人类历史发展经历了三次非常重要的革命，分别为认知革命、农业革命和科技革命。我国现在所处的阶段是对人类历史和整个世界都具有巨大影响的科技革命阶段。科技革命大幅度提高了生产力，在拥有同样劳动力的情况下，人类现在能创造的财富数百倍于七万年前的前辈，对人力资源的充分利用便是这种情况产生的重要原因之一。要说深圳和苏州发展到如今模样，一定程度上是因为丰沛的人力资源。

深圳在近四十年的成长历程中，对于人才的吸收和引进一直有着自己独特的方式，而苏州在这一问题上也一直保持着积极进取的态度。两座城市在这些年以高歌猛进之势招揽了大量人才，但因产业、发展模式及政府政策等因素，在人才结构的细微处又有了差别，这个差别也部分解释了本章一直强调的问题，深圳、苏州是从最初相仿的道路走到今天逐渐分离的模式？

我们要了解一个城市人才的来源，就不能抛开当地的大学不谈。然而，在大学尤其是本科生教育上，深圳、苏州两大城市都很难算上国内顶尖。深圳有名的几所高校包括深圳大学、南方科技大学、香港中文大学（深圳），以及以研究生院起家的哈工大、清华和北大三所知名高校。苏州的教育资源虽然在全国地级市中可谓优秀，但较之深圳，苏州则略显弱势。苏州早先仅有一所苏州大学位居国家公办重点大学之列，2012 年因中国人民大学在苏州创办新校区便又有了一所 985 分校。我们再看看目前深圳的高校资源状况。其中，哈工大已经开始承办本科生教学任务，其新校区的建设与运营更昭示了它立志发展壮大的决心。然而，现有情况表明哈工大（深圳）还有很长一段路要走。深大和南科大虽然在深圳的声望不低，但是放眼全国来看，这两所高校吸引到的顶尖生源也较为有限。好在深圳大学城能够提供大量高端人才，只是依靠大学城规模下的人才量并不足以填补深圳这些年飞速发展的人才缺口。综合分析对比我们可以看到，深圳的高等教育实力并不及北京、上海。京沪两大一线城市从本科阶段便开始吸纳各类人才，这一点便为城市带来了丰富的人才资源。但我们可以看到，深圳这些年的平均受教育年限是有显著提高的。

与此同时，深圳高新技术企业的蓬勃发展，也让我们切身体会到了深圳这座城市人才充沛的创造力。马克思提出的劳动价值论，是其人才观的理论基石。马克思对人才的肯定，表明了人才对发展的重要性。那么深圳的人才到底从何而来？实际上，深圳高新技术产业就业人数在全国也一直保持靠前的位置，这显然不是本土的大学能够提供的，而是源于对全国各大城市高校人才的吸引。苏州亦是，在提供人才补贴政策之外，苏州还有属于自己独特的“返乡团文化”，也就是大量高素质人才在接受教育或从事工作后，愿意返回苏州重新开展自己的事业。这样独特的文化也为苏州带来了一批先进的人才，例如，苏州盛科科技的创始人孙剑勇，也是受“返乡团文化”影响，归国从事了国产高技术芯片的研发制作。

福田区人力资源和社会保障局的一名工作人员向《时代周报》记者透露，2017 年深圳市将毕业生报到审批事权下放至区，不再由深圳市人力资源和社会保障局统一审批，各区为了吸引人才落户，“使出了浑身解数”。公开数据显示，截至 2017 年 7 月 12 日，福田区已收到超过 1.64 万起毕业生入户申报，同比增长了 1437%；另一经济强区南山区，截至 2017 年 7 月 13 日，收到的毕业生入户申报量为 1.48 万人，同比增长 760%。

深圳在城市的建设中，将人才吸引放在了重要位置上。我们知道深圳这些年的发展历程，以“三来一补”起家，而后转型创新发展，一直走到今天的“创新之都”。提到深圳，大家第一时间都会想到各类知名的 IT 产业，同样，这里也集聚着大量的互联网等高科技人才。我们熟知的华为、中兴、腾讯等知名企业，不仅是人才的集散地，更对外来人才有着不容小觑的吸引力。第三产业和高端制造业形成的聚集经济对人才提出了从量到质的需求，而这些高附加值产业的创收能力，也可以保证为留在深圳的人提供足够的福利，这也是深圳能有如此多人才的一个决定性因素。企业在发展的历程中，如同城市一样，不断壮大，形成规模效益，不断累积，深圳便是很好的一个体现。

深圳目前大量的尖端人才都汇集在各大企业之中，尽管在教育上还在慢慢实现，但各大行业之中的人才确实已经填充了整个深圳。

马克思指出资本主义带来的是竞争效应，而竞争就需要技术创新。在技术创新的过程当中，人才便起到了重要作用。所以说，在深圳企业发展和人才吸引过程中，这两者是相辅相成的。在分析引力模型的过程中，我们都知道减少运输成本，可以提高收益。用引力模型解释人才集聚现象也十分合理。

当今这个时代知识和技术才是生产力的主要源泉，所以知识的传播对经济有着很大影响。虽然信息可以便捷地通过网络进行传播，但是人与人之间的交流还是起着不可忽视的作用。就像深圳市原副市长唐杰教授曾教导的那样，现在顶尖人才的交流，是坐在咖啡馆中，可能只有几句话，但是却传达着重要的知识和信息。为什么在各大高新技术产业汇集的地方，会有那么多的咖啡馆，因为它现在成为一种特殊的信息传播媒介。这也就方便我们引入集聚效应。人才间的距离越来越近，交流沟通更加便捷，是现在缩短运输成本的途径。人才的分布随着企业一样，体现出了很明显的集聚效应。更多的人汇聚在一起，带来更高的效率，以解决更多的问题，这就是深圳现在正在做的事情。我们发现越来越多的创业园区在拔地而起，深圳在这一方面绝对处于领跑者的地位。企业是重头戏，通过创业园区，让人才自主地走到一起，坐在一起交流，这也是政府在其中做的显著贡献。

从企业到创业园区，再从创业园区到大学城，这正是深圳这座城市的人才发展路径。虽然深圳还没有领先全国的高等教育，但是深圳正在尽其所能地帮助大学城开展建设工作。把人才汇聚到一起，把企业汇聚到一起，哪怕集聚是大城市城市化过程中的必经之路，但是能有政府作为台下的推手，便会使这个进程快人一步。人才资源是有限的，谁先得到谁就能早一步发展。深圳对此深以为意，也一直在往这个方向靠拢。

深圳的发展历程告诉我们，是人才的聚集在推动深圳持续转型升级。深圳发展至今，走出了一条由低向高、渐进快速的产业升级转型之路，如今更是已经走在了“深圳创造”的道路上。“十二五”期间，深圳在新一代无线通信技术上的专利已占全球的1/5，在基因测序分析与装备制造、新材料、新能源汽车、显示技术等领域已经形成了居世界前列的自主创新能力。

深圳的企业如今呈现一幅遍地开花的图景，这样繁华的场景应归功于深圳人的企业家精神。企业家起到了创新发展的作用，企业家也是一种人才资源。为什么深圳汇聚了如此之多的企业家？城市的发展离不开企业，而深圳始终如一地在为企业提供成长的热土，孕育着各类企业。唐杰教授在谈到深圳企业为什么能成功时指出，深圳市数千亿产值的企业，有华为、腾讯几家；深圳市数百亿产值的企业，有数十家；而数亿元产值的企业，就多不胜数了。

这样的金字塔形产业梯度结构，形成了深圳产业圈的良性运营。身处各个阶段的企业家，都能找到自己发展的位置，也能制定合适的战略目标。有这样的大环境，企业何愁不能做大做强。

从另一点来讲，深圳已经成为全球信息产业技术创新的引领者。深圳市的 PCT 国际专利申请，以华为为代表，已经在全球城市中处于领先的位置。深圳从一个曾经的小渔村发展成为中国科技发展的奇迹，成为基因组学、蛋白质组学和生物信息分析领域的引领者。数字革命正在深刻地改变核心大都市的城市性质与功能，人口结构正在发生前所未有的变化，这又对创新型人才提高了要求，是对人才工作的挑战，也是对教育工作的挑战。

利用上海的“溢出效应”

2017 年，苏州市发布了《关于支持高等院校、科研院所引进高层次人才的实施办法》，支持高等院校、科研院所引进一批站在世界创新前沿、具有重大影响力的顶尖人才。值得一提的是，办法指出可对高层次人才在住房公积金贷款方面予以一定程度放松，称对于高层次人才购买自住住房申请住房公积金贷款的，贷款额度最高可放宽至限额 4 倍。①

在 2018 年，苏州全市人才总量达 259. 2 万人，高层次人才总量达 22. 3 万人。其中，创业类人才 131 人，连续多年位列全国大中城市首位；省“双创”人才达 782 人，实现全省十一连冠。34 家市级以上领军人才企业上市或新三板挂牌，领军人才企业年税收超过 13 亿元。② 这些数字背后则是政府、企业与个人共同努力的结果。作为生产中最活跃也是最重要的环节，苏州对于人口的重视程度，从它这些年人才的增长上就可见一斑。

原苏州创投集团董事长林向红认为：“人才引进的方法要摆脱给票子、给房子的共性思维，要有‘独门秘籍’。”苏州也确实有着自己的“招式”。苏

---

① 刘巍巍. 苏州高校引进顶尖人才，公积金贷款额度最高放宽至限额 4 倍［N］. 新华社，2018-4-11.

② 钱怡. 以“人才是第一资源”为引领，让人才成为决胜未来最大优势［N］. 苏州日报，2018-04-03.

州有着自己的生活节奏，节奏缓慢而有些繁华的生活正是许多人所向往的。同时，苏州也有着千年累积的以崇德尚文、尊重人才、兼容并蓄为核心的姑苏文化，这是城市底蕴的魅力，也是城市对外的宣言。

此外，长三角地区是我国当前经济最活跃也是最发达的地区，苏州作为长三角的工业基地，对于人才的需求量不小于部分省会城市。苏州发达的工业无论对高端还是低端的劳动力都有非常大的需求，而苏州日渐上升的劳动成本也迫使它向高端制造转型，这更是推动了城市发展的进程与人才定向的流动。以空间经济学的解释来说，人才在上海这样的城市聚集会有相当高的聚集成本，毕业生或者员工需要承受的高地价、高生活费用，这很可能会大于他们留在上海所带来的效益。而随着长三角一体化的进行，苏州与上海的距离大幅拉近，在两座城市工作的落差也越来越小，那么上海人才的“溢出效应”就会为苏州带来一批相对高生产效率的劳动力。所谓“溢出效应”，也正是我们之前说的人才因为边际效益递减流向低成本区域就业的情形。但我们不得不面对的一个现实就是，虽然这批人才是高生产效率的，但他们实际上是被上海这座国际大都市“淘汰”了的劳动力，许多人因为自身劳动带来的价值还不如上海生活的成本，这才来到苏州。在某种意义上，这也解释了苏州面临服务业及高端制造业劳动力紧缺的现象。我们不能不承认如今的苏州是一个很好的平台，也有大量人才发挥自身能力的空间，但是就国家的城市定位以及城市功能上的单调，让它很难为自身发展博得足够的筹码。

苏州相对于上海的比较优势在于低成本，只是我们很难评价一座城市有着如此优势究竟是利是弊。对于一座城市，高成本必然意味着高收益，否则城市定然无法正常运营。前厦门城市规划局局长赵燕菁曾在自己的演讲“城市化模式与选择”中表示，高地价意味着这座城市在基础设施建设上花了大工夫，让这块地从没价值到了有价值。城市化过程中土地的增值正是这一系列规划、集聚带来的结果，某种意义上这也是政府财政再分配的方式。当然这只是判断土地价值的一部分，要知道低地价低成本的城市往往还意味着低经济密度，以第二产业为主的苏州，在经济密度上确实很难与服务业高度发达的一线城市相比。

创新经济更需要“引智”

如果把一座城市看作一个大公司的话，那么 HR 要把优秀的人招来的前提之一，就是政府要合格地担起“后勤部长”的职责，要让来的人才没有后顾之忧。对于引进人才，深圳、苏州这两座城市也一直不遗余力。先说深圳，2018 年深圳有条新闻很火，叫作本科生来深圳“秒落户”，有趣的是深圳市官方还发表了声明证明这件事情的真实性。如今这个时代，每一个城市都在抢人才，特别是发展处于上升期的城市，比如厦门、杭州，也包括深圳。可以毫不夸张地说，现在大家是在抢人才，是在邀请你来落户。

深圳政府如是，苏州政府也不甘示弱。无论是 2005 年制定出台紧缺高层次人才引进资助办法，还是 2007 年出台“姑苏人才计划”到后续跟进升级，再到《海外人才居住证管理暂行办法》《苏州市高层次人才享受生活待遇暂行办法》等一系列配套政策，直到建立完整的人才服务体系，苏州一直彰显着自己对于人才吸引的坚定决心。那么人才究竟为何而来？是为政府的一颗“诚心”，还是自己胸腔里的“赤子之心”？

深圳的人才奖励机制覆盖面很广，基本上对各个方面的人才都起到了充分的吸引作用。从这点就可以看出深圳市对人才吸纳的诚意和决心。同样，在奖励上也包括直接发放奖金、子女入学优惠等全面的福利。此外，深圳对大学生创业以及大学生留深发展等都给予了一定程度的补贴。

同样我们也能透过政策感受苏州这座城市对人才的“精诚之心”。“姑苏人才计划”每年择优资助一批符合苏州产业发展需要的科技领军人才来苏创新创业。给予 50 万~250 万元的安家补贴；根据创业项目的规模和进度，给予 100 万~400 万元的科研经费资助；提供不少于 100 平方米的免 3 年租金的工作场所；最高 500 万元的担保融资贷款、30 万元科技保险费补贴、50 万元贴息资助等。① 但是对于成规模的企业来说，有一个能够降低交易成本，降低

① 高坡．从“人口红利”迈向“人才红利”——苏州重视人才投入造就“创业天堂”［J］．中国人才，2012（19）：40-41.

与产业链上下游沟通联系成本的城市或许是更称心如意的。然而，在这方面外资掌控、国产核心科技匮乏的苏州能做到的确实有限。数据表明，2015年在苏州已立项资助的544个姑苏创新创业领军人才（团队）中，仅22个是创新类。虽然苏州奋力争取了优秀的团队与项目，但依然难以解决创新型人才难觅的问题，无法获得高经济密度下的聚集收益。

事实上在高端人才招募这一块，苏州做的总难以尽如人意。例如，2016年三季度苏州数据显示，在初级技能和中级技能岗位的招聘基本都比较顺利，但在高级技能到高级技师这一范围内，岗位上存在着严重的供不应求的状况。苏州缺乏高端人才与服务业的人才。这一现象不单单是由缺乏教育引起的，反而大量高学历人才扎堆聚集在低要求的岗位上。这中间存在着一系列的问题，如优秀的服务业企业较少，大多从事低端服务，高端岗位少；尚未形成合理有效的考核机制，高学历人才难以提升；高学历人才经验过少致本身不自信，企业也不信任。从层次上来看，苏州高层次人才稀缺，受教育程度普遍较低。苏州服务业发展的规模不断扩大，与此同时，发展的层次也不断提高，对于高层次服务业人才需求扩大，而这样的需求并没有引起人们的过多重视。①

再回到深圳，深圳的发展就伴随着各类企业的成长。不同时期，深圳对不同类型的人才也有着差异化的需求。深圳早先需要技术型人才，而如今更多地需要创新型人才。信息化时代知识的力量在被无限放大，人才是知识最终的载体。早年的深圳，可以说连环境因素都较别的城市相差甚远，但是它靠着人才的积累，带动企业的发展，最后带动深圳的发展。这逐步递进的发展历程，表明了深圳对人才的渴望，和人才带给深圳的成长。

放眼未来，深圳还需要更多的人才，以迎接数字化发展的浪潮。也希望深圳能为广大深圳学子创办实力更雄厚的高校，做到真正地反哺自己，自己培养人才，留下人才，让自己培养的人才能为己所用。教育的重要性不是三言两语能说清楚的，但是我们心中也都有一杆秤，深圳引进10000名人才，

---

① 沈银才．苏州服务业的人才发展之困及其对策［J］．湖北函授大学学报，2017，30（20）：114-117.

有时候还不如自己培养1000名人才。与其说这是深圳现在的一个问题，不如说这更是深圳的一个机遇。只有让一切回归教育，才是看待人才问题的本源。但是现在的这个阶段，我们还是不能停止引进人才的脚步，何况对于高等教育来说，引进一个教育家也是引进一个科研人才。

与现在的发展历程相同，深圳未来依旧是依靠高新技术产业、互联网产业不断进步。而已经开始展现出来的集聚—分散效应也将愈发明显，以城市群为基础的珠三角将拥有更多的互联互通。深圳将会把更多的制造业迁移至东莞、中山等地。而粤港澳大湾区的发展，也将推动这一进程。以深圳、广州、香港为首的城市中心留下的将会是知识技术的汇聚，人才的沟通将会更加的重要。

参考阅读 人才竞争持续升级，深圳靠什么赢？①

“二十一世纪什么最重要？——人才！”如果连这点基本觉悟都没有，那么对不起了，“黎叔很生气，后果很严重”。把电影《天下无贼》里的这两个经典桥段拼接在一起，也许能更好地帮助我们理解当下持续升级的人才竞争。

据不完全统计，截至目前，全国已有超过50个城市发布了超过历史力度的“人才新政”，人才竞争日趋白热化，连香港都在最近推出了为期3年的科技人才入境计划。近日，市委常委会议讨论并原则通过《关于加强党对新时代人才工作全面领导进一步落实党管人才原则的意见》《关于实施“鹏城英才计划”的意见》和《关于实施“鹏城孔雀计划”的意见》，宣告深圳重新加入“战局”。

近年来，随着“刘易斯拐点”的到来，中国的“人口红利”正在渐行渐远。新经济浪潮下的“城市战争”，胜负手在“人才红利”上。可以说，人才竞争，争夺的是城市的潜力；“重金求才”，投资的是城市的未来。

视“才”如命，深圳是认真的。过去30多年里，虽然深圳吸引了大量“移民”，是全国引进人才力度最大的城市之一，但与国内外发达城市相比，

---

① 姚龙华. 人才竞争持续升级，深圳靠什么赢？[N]. 深圳特区报，2018-05-22.

深圳“人才不足”的问题依然严峻。截至2017年底，全市各类人才总量超过510万人（主要指大专以上文化程度），占常住人口的40.7%，与国内外发达城市相比还存在一定差距；高端人才尤其是尖端人才，如全职院士等人才的数量，远不如北京、上海；高等教育资源与城市的规模和定位极为不匹配，迄今在校大学生还不到10万人……正因为如此，深圳提出将重构优化人才政策体系，让人才近悦远来。

话说回来，人才往什么地方流动，不是一厢情愿，而是两情相悦，是一个“用脚投票”的博弈和选择过程。对人才来说，有诚意、有力度的政策优惠当然有其吸引力，但至多只能起到“锦上添花”的作用。调查显示，吸引人才特别是高端人才的首要因素，不是薪酬待遇，而是发展空间。哪里可以更好地干事创业，哪里就是人才的主场。单纯依靠给钱给物送户口的简单粗暴比拼，人才竞争极易“烂尾”，人才即使引来了也留不住。

在此意义上，人才是“争”不来的，而是“引”来的。在管理界，有一个著名的“酒井法则”：招工时用尽浑身解数，使出各种方法，不如使自身成为一个好公司，这样人才自然而然会汇集来。城市求才，“酒井法则”同样适用。发达的产业链条、广阔的发展空间、优质的公共服务、完善的基础设施，才能对人才形成“虹吸效应”。聚焦七大战略性新兴产业和四大未来产业，打造“基础研究+技术攻关+成果产业化+科技金融”全过程创新生态链，深圳吸引人才方有底气；持续改善营商环境和政府服务，加大优质医疗教育资源供给，当好人才的“后勤部长”，人才方能扎根深圳。

人才引进只有突出需求导向，做到与自身的城市定位、发展战略、产业结构无缝对接、深度融合，才能最大限度地发挥作用。人才也是分层次的，每个城市在不同时期对人才类型的需求是不一样的。差异化靶向引才，推动人才结构性流动，实现人力资本与城市发展精准适配，至关重要。

“确认过眼神，你是对的人”，如此甚好。城市定位决定人才战略。当前，深圳正奋力向竞争力、影响力卓著的创新引领型全球城市迈进。该定位决定了深圳必须要有国际视野，瞄准创新不失焦，面向全球招才引智。城市的国际化，首先是人才的国际化。对标世界一流全面梳理和优化重构全市人才政策服务体系，推出新一轮符合国际惯例、体现深圳特色、更具突破性的人才政策，规模化、制度化引进全球专家人才，批量吸引全球优秀青年人才，特别是尖端科技人才、创意人才、金融人才，深圳才能真正做到“创新引领”。同时，全球城市不仅要在科技、金融等领域具有强大的国际竞争力，也要在文化领域有着广泛的国际影响力。因此，深圳在人才引进上要尽量避免急功近利和“偏科”，应重视文科人才的招揽，为提升城市软实力注入新鲜血液。

城市求贤，君子择城。各路英雄豪杰们，你们准备好到深圳大展身手了吗？

编者札记

城市如何创新，这是本书关注的一个重点主题。深圳曾经是经济特区，地理位置又靠近香港，具有深水良港，那么深圳的创新路径是否就不可复制呢？为了回答这个疑问，我们有必要拿一个内地创新城市作为对比。苏州就是一个很好的样本，起始禀赋优良，地理位置优越（长三角黄金地带），靠近繁华的大上海，而且同样受益于新加坡的产业转移推动。这是一个可比的案例。选择苏州的另一个原因是它与内地其他城市一样，甚至与深圳刚起步时一样，靠的都是低成本的土地和劳动力，以及有吸引力的招商引资条件，走上了外向型经济增长之路。但是它也和其他内地开放城市一样，未能在这个基础上进一步实现产业转型升级。理解以苏州为代表的内地城市和深圳的发展过程中的根本区别，才是解决问题的核心关键所在。

在产业转移大潮中，很多地方以成为“世界工厂”为荣，而没有认识到这只是一种短期的较低端的比较优势，是在人口红利期存在并依靠低成本实现的。只要经济在增长，就不可能始终维持低成本水平，所以产业转移一直都在进行中。深圳只是将生产加工作为攀升的起点，在政府的积极引导下，让市场主体充分发挥自身能动性，形成完整的产业链条在空间上的优化配置，从而衍生了包括生产服务业在内的丰富的服务业形态，有效形成了比较优势的动态升级，有效抵御了低端外资制造业撤离和传统产业迁出时造成的冲击。

更重要的是，这是一个主动调整的过程，不仅仅企业参与了，政府更是引导和协助企业在调整，政府的规划工作具有前瞻性，同时做到了分清界限，把握好政府的有为与无为，不干涉市场主体的具体经营和发展。在这个过程中，深圳企业形成了自己的技术创新能力和产品，而不仅仅依赖于外资企业带来的经济繁荣。具有自我造血能力和内生有机成长的本地企业和创业企业家群体，成为深圳外资之外一股生命力更强的经济增长力量。

其实中新苏州工业园区的起点虽然在时间上比深圳引进外资略晚，但是起点要比当年深圳“三来一补”时高得多。作为被引进的外方的新加坡，当时正是以信息电子产业为支柱产业，所以一开始引进的就是高科技电子产品制造。这些产品的配套组建主要是高科技电子器件和组件，这类产品的配套能力是当地企业欠缺的，短期也无法形成这种能力，这是苏州产业结构在引进外资之后存在的先天不利因素。而深圳是从最简单的电子、机械、塑胶等产品的配套开始起步，经过同样长的时间，建立了非常齐全的配套产业链，也增加了对外资企业的黏性，产业生态更为健康。当然，起点高未必就是失败的借口，苏州本来可以高起点，利用长三角的人才和科研院所优势，把本地产业发展的重心放在生产工程技术支持和研发方面，高举高打，为跨国企业提供将概念设计转化为制造工程技术的服务能力，同样可以占据生产链的较高位置。

这正是市场主体和政府共同努力、各尽其职的结果。而我们在苏州这样的城市，很难看到政府恰到好处的“有为”所形成的像深圳这样适应企业成长的社会环境，值得各地政府深思。

09

第九章

反思：改革开放再出发

凡是过往，皆为序章。

——莎士比亚

改革没有万无一失的方案，问题是要搞得比较稳妥一些，选择的方式和时机要恰当。不犯错误不可能，要争取犯得小一点，遇到问题就及时调整。

——邓小平

2018 年是改革开放四十周年，也是深圳建市四十周年。习近平总书记再次来到深圳，向世界宣示：中国改革开放永不停步！

深圳的发展与中国改革开放同步进行，是改革开放的一面旗帜。改革开放的方向不会错，但是深圳也确实有值得总结和反思之处。

第一节 深圳产业转型之弊

作为闻名遐迩的“创新之城”，深圳这些年的进步离不开它持续有效的产业转型与升级。近年深圳实施创新驱动发展战略，布局战略性新兴产业，推动产业转型升级，规模效益不断迈上新台阶①，其生产模式与产业结构较前些年已大相径庭（见图 9-1）。

① 吴德群．深圳产业转型升级成效显著［N］．深圳特区报，2015-03-13.

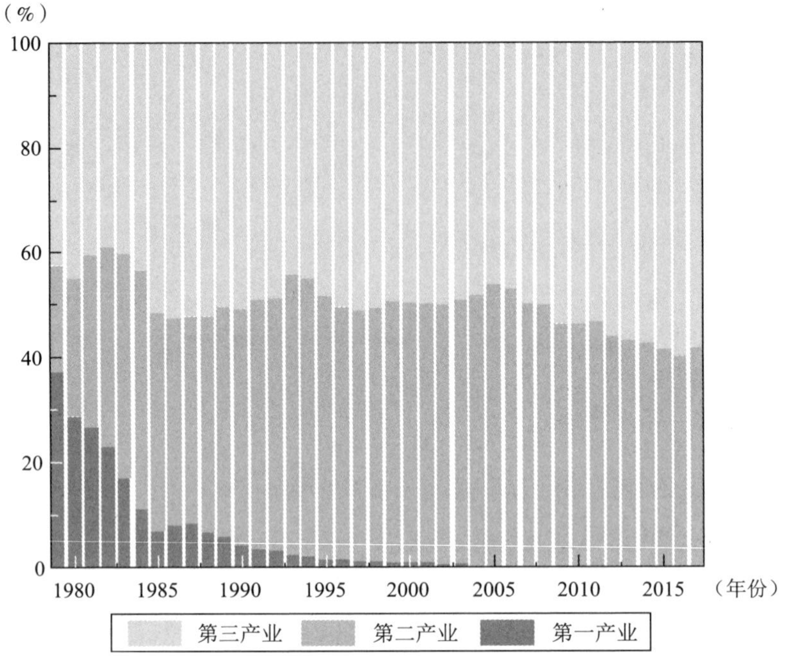

图 9-1　1980—2015 年深圳市三次产业比例变化

产业转型可分为三种方式：制度转型、增长转型与发展转型。同时城市转型也可分为三类：先导转型、竞争转型与危机转型。① 先导转型，即居安思危，城市在现有产业尚未衰落时便积极筹备新兴产业，以便及时更迭；竞争转型，即在现有产业出现衰落趋势或已经开始衰落之际，城市着手推进新产业的更替；危机转型，即先破后立，当现有产业已经完全衰败，城市被迫进行产业转型升级。

深圳在历史发展进程中多次进行了先导转型和竞争转型，但对于这座处于全国改革前沿的大城市，新旧产业更迭时的碰撞促使它进一步承担探索转型路径的责任。然而，深圳这些年产业的发展并非一帆风顺，具体我们将从两个方面展开分析。

① 叶裕民，唐杰. 深圳城市产业发展转型研究［J］. 城市与区域规划研究，2011，4（1）.

产业空心化

我们不得不正视的是，深圳转型过程中碰到的问题并未构成深圳城市发展的“危机”。真正的危机始于20世纪末，深圳制造业企业的外流，让人们不得不面对着大概率“产业空心化”这一冷酷现实。事实上这一问题的严重性甚至到了让人们一度怀疑深圳究竟是否拥有一个明朗的未来。

产业空心化是指大量制造业的物质生产和资本，在权衡后选择迁出原址，造成原址物质生产与非物质生产之间的比例关系严重失衡的现象。这一现象对深圳的威胁体现在企业外流之上，主要是大量中低端制造业迁出深圳。

根据历史分析，深圳企业外迁经历了三次高潮，第一次是1995—1997年，深圳大量加工贸易型企业外迁，在这次企业外迁中，政府的政策调整起了主导作用。第二次企业外迁是2005—2007年，也主要是加工贸易型和中小制造企业外迁，这次企业外迁主要原因是成本和环保压力。第三次企业外迁是2015年和2016年①，这一阶段有部分服务业和高新技术产业外迁，其中包括华为在东莞松山湖建立了科技产业园区，大疆、比亚迪、中兴转移生产基地，平安银行将部分业务迁往上海陆家嘴，华谊和优利德两家万用表生产企业全部搬迁至东莞，等等。

虽然统计显示，外迁企业中七成都是“三来一补”和三资企业，但是一系列高新技术企业的选址上的转变，确实给深圳带来极大的困扰。深圳作为“创新之城”，与北京、上海的城市定位不同，是必然需要一定的制造业基础的，否则创新也就成了无根之萍。2016年深圳第二产业增加值7700.43亿元，占GDP的39.50%，同比增长7.0%；第三产业增加值11785.88亿元，占GDP的60.46%，同比增长10.4%。第三产业占GDP比重已突破六成，这在专家看来已经到达了深圳产业比例的临界点。

正如我们前面摘录的《深圳特区报》的述评，导致产业空心化的原因是多元的，例如，政策优势不再显著，地缘优势弱化，生活指数、商务成本上

① 马春辉. 深圳企业外迁问题研究［J］. 中国经济特区研究，2016（1）.

升，等等。深圳自20世纪末起就一直经历着大量企业外迁，而原因我们完全可以将之归结为“利益”两字。无论是空间不可能定理还是引力模型，最终都是因为利益差的存在，使企业开始了新一轮的选址。具体来说，可以概括为四个方面：土地因素、生产力因素、居民收入因素与产业结构因素。① 对此我们给出了如下解释。

土地资源紧缺引起的土地成本不断上升。中低端制造业往往需要大量的土地进行日常生产，这就对地价提出了很高的要求。近几年深圳人口不断增加，而城市开发却已经达到了上限——政府规定了绿色覆盖面积的最低百分比，这使新开发的土地价值不断上升。深圳的土地竞标价格不断提高，房价也随之一路高歌猛进，高昂的土地成本使低附加值的生产不得不对深圳望而却步。2006年10月出台的调研报告显示，在工业总产值上亿元的32家外迁企业中，外迁原因排在首位的是“在深圳用地需求无法满足”。选择该项的有20家企业，占62.5%。“其实不想走，其实我想留。”这是外迁企业的心声，华谊仪表总经理说，“深圳如果有地，我们再回来，我们有太多东西留在深圳了……”②

土地成本的上升伴随的却是贸易成本和交通成本的下降。过去，由于受交通物流等基础设施条件的限制，生产企业通常在本市范围内选择配套企业。随着周边城市投资环境的改善，特别是城际高速公路网络的建设，深圳与周边城市间的“距离”明显缩短（例如深圳至惠州仅1小时车程）。这就使产业集群突破城市边界成为可能。③ 但是产业链断裂依然是一个经常被人提及的问题。由于产业之间相互依存，产业外迁往往会对整条产业链产生影响，即使对于一些高科技创新的企业来说，也需要一些低端的产业。比如，电子行业需要电镀这个行业，深圳市到底应不应该保留电踱行业呢？类似的问题深圳更多地交给了市场去解决。当大量电子行业集聚在华强北，这本身就为企业提供了一条完整的产业链，也使产业链创新成为现实。产业集群已经成为当今产业发展不可逆的趋势，与上下游的高效对接将为企业在成本和收益上同

① 左建. 深圳产业空心化是历史的必然趋势［J］. 特区实践与理论，2008（06）.
② 左建. 深圳产业空心化是历史的必然趋势［J］. 特区实践与理论，2008（06）.
③ 孙新华. 深圳产业发展的若干问题［J］. 特区实践与理论，2011（01）.

时提供正向帮助，这正是深圳吸引电子行业的主要原因。那为什么还有高新技术企业会迁出深圳呢？这里我们简单列一个等式：

企业集聚的利润=集聚收益-集聚成本

交通的发展令产业链的价值得以跨越城市的界限传递，那么当集聚效益没有显著下降的情况下，成本却大幅降低了，这为企业选址的转移提供了很大的操作空间。产业链的存在虽然肉眼并不可见，但我们却可以实实在在地感觉到。在如今以“城市圈”为生活单位的时代中，我们再把产业链局限在单独一个城市的范围内，那目光未免有些显得狭窄了。

劳动力成本上升带来的生产方式变革。深圳的起家靠的就是劳动密集型的制造业，随着国内经济飞速发展，产业分工不断明确，劳动力成本不断上升，深圳也随之进行了一次又一次的产业调整。不可同日而语的劳动力成本也大大提高了企业的生产成本，显著地推进了深圳产业的转型，要求制造业从劳动密集型生产转向技术密集型生产。伴随这一转变的还有产业分工细化带来的产业价值曲线的变化。劳动密集型产业的价值曲线是上凸的曲线，而技术密集型产业的价值曲线则是下凸，这代表了加工与装配等劳动附加值在不断向研发和销售转移。随着“经济特区—沿海开放城市—沿海经济开放区—沿江和内陆开放城市—沿边开放城市”的开放格局形成，深圳对外开放的特区优势早已微乎其微。低附加值的落后生产力暴露在严格的市场竞争下，只能去寻找一个更适合自己的地方，而且这个地方绝非深圳。

东莞和惠州对于深圳淘汰的这一批企业实际抱着欢迎的态度，这也是城市发展带来的外部性体现。东莞与惠州面对深圳大量企业外迁，抓住机会，出台一系列优惠政策，吸引了大量企业迁往至东莞以及深圳周边提供优惠政策的城市。

居民收入增长引起第三产业需求增加。2006 年深圳居民人均可支配收入为 22567.08 元，居全国第一，比第二名的上海高出 10%；2017 年深圳居民人均可支配收入 52938.00 元，比上年名义增长 8.7%，扣除价格因素实际增长 7.2%。数据表明，深圳在保持着收入高速增长的同时，服务业占比也随之不断上升。2017 年深圳第三产业增加值 13153.02 亿元，增长 8.8%，占比达到 58.6%。

研究结果显示，我国人均收入总体上对服务业发展存在正向影响①，而收入分配主要影响不同分配群体的消费行为，进而影响服务业的增长②。在我国整体进行产业转型的大背景下，深圳作为改革开放以来的排头兵，第三产业的发展异常迅猛。毫无疑问，高附加值的服务业整体上比制造业更能适应深圳如今的高成本，人们日益丰富的消费需求与生活服务需求也为服务业提供了日益广阔的市场。

产业结构的调整是历史所趋。第一产业的增加值和就业人数在国民生产总值和全部劳动力中的比重，在大多数国家呈不断下降趋势；20 世纪 60 年代以后，美、英等发达国家第二产业比重开始下降，其中传统工业的下降趋势更为明显；同时，发达国家第三产业发展迅速，目前所占比重均超过 60%。③

产业梯度转移是现代产业发展不可抗拒的客观规律，没有国际产业转移，就没有深圳的今天。因此，针对企业外迁和产业转移，我们无须惊慌失措，应当沉着应对，准确把握企业动态，采取适当措施，控制好产业转移的节奏，在坚持“消长平衡”的前提下，积极有序地支持和引导产业梯度转移。④

我们利用空间经济学分析可将经济一体化的过程大致分为三个阶段：

第一阶段是两个同质区域，也就是不存在区域差异，此时两个地方的福利水平相同。

第二阶段便是出现了非对称均衡，产生了不平等现象。这其实也就是 DS 模型所说的聚集效应，即随着聚集现象的发生，聚集地的产品种类不断增加，物价水平下降，并且名义工资增加，因此聚集地的福利水平不断上升。边缘区需要不断从核心地区进口商品，因为存在运输成本的原因，边缘区的福利水平不断下降，进而导致聚集效应不断增强，也就是所谓的“滚雪球”效应。当然，这个模型是以规模经济递增和不完全竞争为前提的。

第三阶段正是深圳从 20 世纪末到今天所处的位置。随着经济一体化程度不断加深，核心地区对劳动力需求不断上升，竞争更加激烈，生产成本不断

---

① 魏君英. 我国人均收入与服务业发展互动研究［J］. 商业研究，2014（11）：41-46.

② 徐晓军. 收入分配与服务业增长：中国的实证研究［D］. 上海：上海社会科学院，2012.

③ 左建. 深圳产业空心化是历史的必然趋势［J］. 特区实践与理论，2008（6）：44-46+56.

④ 孙新华. 深圳产业发展的若干问题［J］. 特区实践与理论，2011（1）：37-41.

增加，从而导致规模收益递增的前提不再具备。如果贸易成本不断降低，核心区域的厂商就会选择将自己的工厂迁移到边缘区域，从而边缘区域就会重复第二阶段，直到两地的福利水平相同，达到新的均衡。

正如我们前面提到的，欧美等发达国家同样是经历了这样一个农业退步、制造业外流并最终形成服务业主导的过程，因此我们本不必惶恐。对于深圳产业转型的问题，我们不可放任自流不闻不问，当然也不可过度解读。

没有结论的结论

企业迁出在近二十年里确实导致了深圳大量劳动力失业，但是这并不会给我们带来过于恶劣的后果。深圳大量常住人口都是非深户，2016 年数据显示，深圳户籍人口大约只占常住人口的 1/3，常住人口中有 2/3 都是流动人口。因而劳动密集型企业迁出深圳，导致的大多都是自然失业，不会带来恶劣的社会影响，根源上还是企业的“物竞天择，适者生存”罢了，并且事实证明这些年深圳的流动人口并没有显著减少。随着深圳企业愈发地向高新技术层面靠拢，企业对劳动力人口素质的要求越来越高。这些年深圳市民的平均教育水平也在不断拔高，也顺应了深圳“人才驱动创新”的意图。

在过去的四十年时间里，资本存量和人口慢慢不再是中国经济总量增长的决定性因素，只有科技创新发展才是硬道理，这也就是习近平总书记说的“创新是第一动力”。如今的深圳依旧是高新技术企业主导的地区，而高科技创新企业的边际收益高，能承受深圳的高成本，便留在了深圳。深圳的辐射地相对来说比较广，解决企业外迁问题的根本，也就是未来我们要发展的“城市圈”。随着高科技创新、知识密集型制造业的大力发展，以及交通成本的不断下降，区域壁垒的不断弱化，或许产业“空心化”在某一日便只是成了一种现象而非问题。

其实如何看待深圳产业空心化这一问题，大家也没有给出一个定论。正如我们谈到的深圳城市转型路径——竞争转型，深圳的主导行业都产生于市场竞争中，政府从没有指定哪个行业必须成为主流或者主导产业。深圳向来是一个“重市场、轻政府”的城市，政府一直在为保证企业公平竞争，保证企业运营效率而努力。在这样一个健康并且具有坚实产业基础的背景下，没有谁能够保证深圳未来一片光明，但至少我们都有看到解决问题的希望。

参考阅读 深圳产业发展的若干问题①

一、关于深圳工业发展的战略定位问题

围绕深圳产业的发展方向曾经有过一些争论，一种观点认为深圳应该学香港，大力发展现代服务业，将工业逐步转移出去；另一种观点主张借鉴新加坡，在大力发展现代服务业的同时，促进传统工业转型升级，着力引进和发展高附加值的先进制造业，形成二、三产业的良性互动。笔者认为，尽管随着产业结构调整，深圳工业在 GDP 中的比重会有所下降，但深圳不可能也没有条件成为第二个香港……新加坡近几年先进制造业在 GDP 中的比重一直保持在 26%左右，有力地带动了第三产业特别是生产性服务业的蓬勃发展。

……

三、关于促进土地资源合理配置问题

伴随着经济的高速发展，深圳产业用地紧张问题越来越突出，已成为制约工业发展的重要瓶颈。据统计，“十五”期间，深圳平均每年出让工业用地 25 平方公里。“十一五”期间深圳平均每年出让工业用地仅 3 平方公里。目前，剩余可开发用地仅有 118. 80 平方公里，其中组团规划已确定的工业用地 24. 18 平方公里，暂未确定使用功能的备用地 35. 32 平方公里。

长期以来，深圳土地资源配置模式单一，基本是采取直接向企业出让土地使用权的方式，由企业自行开发建设。电子信息产业是深圳工业的主导产业，该产业的许多产品生命周期通常只有 10 年左右，但企业取得的工业用地使用年限是 50 年。这样就会出现新的情况，在原项目产品生命周期终结甚至企业停业后仍长期占据着宝贵的土地资源，而其他新发展起来急需土地厂房的成长性企业却无法及时获得土地厂房配置。

---

① 孙新华. 深圳产业发展的若干问题［J］. 特区实践与理论，2011（1）.（有删节）

新加坡政府科学掌控配置土地及厂房资源的做法值得我们借鉴。由于土地资源紧缺，新加坡政府对工业用地的开发管理极为重视，专门成立了法定机构裕廊集团负责园区的统一规划和开发管理。据了解，新加坡70%的工业用地是由裕廊集团统一开发管理的，大部分工业用地由裕廊集团统建成标准厂房，或按投资商的特殊需求建设厂房出租给企业使用，只对少数大的跨国公司直接出让土地或出售厂房。对鼓励类产业项目，政府实行较低的租金，对限制类的产业项目则收取较高的租金。通过调高租金、到期不再续租等经济手段引导一些不符合本国产业政策的工业项目从新加坡转移出去。新加坡政府通过直接掌控配置土地及厂房这一战略资源，有效地促进了产业转型升级。

……

七、关于传统产业转型升级问题

经过近三十年的发展，深圳形成了一批在国内有一定影响的优势传统产业，主要包括服装、钟表、黄金珠宝、机械装备、印刷包装和家用电器等，这些传统产业曾经占据深圳工业的半壁江山。随着高新技术产业的迅速崛起，近年来传统产业的地位逐年下降。传统产业的去留成为众所关注的焦点。笔者认为，传统产业要进一步提升国际竞争力，必须加快转型升级。深圳电子信息产业发达，有条件在信息化带动工业化，运用先进制造技术和管理理念改造提升传统产业方面走在全国前列，成为珠三角乃至泛珠三角地区传统产业升级改造的综合服务中心。当深圳为珠三角传统产业的信息化改造提供技术方案、先进适用设备、融资渠道、管理指导、人员培训乃至律师、会计师等全方位、个性化、高品质的服务时，深圳的产业发展与珠三角的产业升级自然融为一体，并成为珠三角提升国际竞争力的战略支点。

……

九、关于促进高新技术产业高级化问题

深圳高新技术产业占工业总产值比重接近60%，在全国处于领先地位。但是，我们应该清醒地认识到，工业整体创新能力还不够强。相当一部分所谓的高新技术企业仍处于产业链的低端环节，附加值率偏低。占深圳高新技术产业90%的电子信息产业平均增加值率只有19.6%，比全市工业平均增加值率还低2.6个百分点，与发达国家平均40%以上的工业增加值率差距更远。除了华为、中兴等少数企业外，多数企业技术开发和技术创新水平较低，研发投入不足。近几年深圳发明专利和PCT国际专利申请量位列全国第一，但华为、中兴等前10家“专利大户”就占据全市专利申请量的50%以上。全市经认定的3000多家高新技术企业中，有一半左右的企业连一项专利也没有。此外，工业产值的形成以加工装配为主，掌握核心技术的产品产值比例较低。虽然深圳具有自主知识产权的高新技术产品产值比重达到60%，但是真正掌握核心技术的产品产值不足10%。因此，推进高新技术产业高级化作为一项重要任务被写进了党代会报告。

第二节　港深——不谈超越谈融合

2017年7月1日，在习近平见证下，香港特别行政区行政长官林郑月娥、澳门特别行政区行政长官崔世安、国家发展和改革委员会主任何立峰、广东省省长马兴瑞共同签署了《深化粤港澳合作　推进大湾区建设框架协议》。

——《习近平出席〈深化粤港澳合作　推进大湾区建设框架协议〉签署仪式》①

当一件事物脱离整体看的时候，它或许会很细腻精致，但我们都知道这不完整。同样，我们在长篇大论并且独立地谈及深圳的过去、现在的时候，或许我们并没有充分地联系深圳的未来。拿破仑曾谈到未来，“想得好是聪明，计划得好更聪明，做得好是最聪明又是最好”。那么接下拿破仑的话，深圳的未来该是怎么想？怎么计划的？又会怎么做呢？

---

①　新华社．习近平出席《深化粤港澳合作　推进大湾区建设框架协议》签署仪式［J］．城市规划通讯，2017（14）：3.

深圳超越香港

作为崛起于南方的中国城市新兴力量，深圳绝不满足于现有的成就。今天的深圳固然优秀，但它要走的路还很长，包括区域概念、周边建设等都还需要向上海学习。深圳的发展向来与香港密不可分，而未来港深也需要突破边界概念走向一体化，同时还要尽可能打破与周围城市的边界概念，构成中心大城市带动周边的城市群体系。至于以何种形式带动，我们已然在引文中看到——粤港澳大湾区建设。我们将在接下来的篇幅里借行家之臂膀，漫谈港深之经济融合，综述湾区之未来，最终搭建起一个立体且完整的深圳未来发展架构。

2018 年 2 月 28 日，一则新闻传遍了整个网络，有媒体表示，按照当前港币与人民币的汇率计算，2017 年香港 GDP 折合人民币约 21529. 55 亿元，低于深圳 2017 年 GDP 的 22438. 39 亿元①。这意味着，深圳 GDP 总量首次超过香港，成为粤港澳大湾区经济总量最大的城市。

深圳是否超越香港了呢？仅从 GDP 上看，深圳的 GDP 已经超越香港。然而，比较两个经济体抛开其他一切只谈 GDP 是毫无意义的，要谈论深圳超越香港其实还为时尚早。即使深圳人均 GDP 达到 2. 71 万美元，在全国高居第一，但是和香港人均 GDP4. 6 万美元相比，还是有非常大的差距。深圳的教育、福利、医疗等水平还很不完善，还有很大的提升空间。在每年宜居城市的排行榜中，香港一直位于较前的位置。相应地，香港的研发、风险投资规模方面就远不如深圳，两者在很大程度上决定了新兴产业的发展，比较之下深圳的企业无疑是更有活力的。从人口结构层次看，深圳的人口和其历史一样，都是“中国最年轻的城市”，65 岁以上人口占比仅为 3. 37%，远远低于香港 15%的水平，正是这些因素带给深圳常年 9%的“深圳速度”。包括后文我们会谈到的，深圳在技术创新上也有着相对于香港的较大优势，可这并不代表着深圳就更能够创新。

---

① 深圳统计局. 2017 年香港 GDP 仍多深圳 611 亿元［N］. 南方都市报，2018-3-2.

前前后后脱离标准的比较其实更像是“无稽之谈”，而诸多媒体与个人对港深孰优孰劣一题过多的置喙，反而更显得有些汲汲营营之态。若要从长远发展视角来看，深圳超越香港议论本身就是毫无价值的，尤其考虑到如今世界层面的城市地位，非要把港深分割出来比较，并不符合一个理性人的思考习惯。在 2018 年 11 月 13 日 GaWC 公布的 2018 年世界级城市名册中，香港和深圳同时入选“全球 55 个世界一线城市”的一员①，香港更是依靠其雄厚的服务业实力站在了国内城市的顶端。同样举足轻重，又具备显著全球连通性的珠三角城市何以非要分出输赢？提到港深，我们根本不用谈超越，反而更应该谈谈两大城市以经济为首的全方位融合。纵观古代到改革开放再到如今深圳的历史，港深两地一直都是紧密联系的，深圳的发展一直离不开香港的支持，香港的持续繁荣也离不开深圳，离不开通过深圳联结的广大的内陆腹地。

港深的历史合作

港深合作广泛意义来说，早在 16 世纪便已开始。公元 1573 年，明朝万历年间设置新安县，辖地包括今天的深圳及香港区域，属广东省广州府，一直到 1842 年清政府与英国相继签订各种条款，香港才与深圳分离。到现代改革开放后，香港又与深圳建立了密切的联系。

第一阶段是在改革开放到香港回归之前。刚进行改革开放的深圳拥有较低的地价、工资、成本以及特区的优惠政策，吸引了大量的资本对深圳进行投资，其中香港占了很大的比例。早期深港合作的内容主要是生产要素资源的互补性生产合作，所谓的“三来一补”和三资企业是主要合作形式。那些年香港企业纷纷将生产工序转移到深圳及周边地区，将设计、管理、营销等服务功能留在香港，逐渐形成了“前店后厂”的模式。1986—1996 年，大量来自香港的投资给正需要能量来发展的深圳带来了大量的活力，使深圳完成了“原始的资本积累”。大量的建厂吸引全国各地的人来到深圳，深圳早期制

---

① 今天起，请叫深圳为“世界一线城市”[EB/OL]. 深圳梦，2018-11-13.

造业得到发展，不到十年就成为全球重要的 OEM 生产基地。这一过程不仅仅促进了深圳的工业化进程，也使香港完成了一次重要的产业转型，香港本土的生产要素价格不断提高，不可能再继续大规模发展加工制造业，因此大量的低附加值制造业外迁到深圳，取而代之的是高附加值的服务和金融业。1980—1987 年，香港的制造业比例从 22.8%降至 6%，而服务业占比一直到 2009 年上升到 97.5%，基本将制造业全部迁至深圳及周边，奠定了香港“亚洲金融中心”的地位，在全球是继纽约、伦敦后的第三大金融中心。一方面，香港是深圳经济起飞的重要条件；另一方面，深圳也是香港持续繁荣的必要保证。

第二阶段是在香港回归之后。如果说之前的合作更多是靠政府政策吸引外资，而民间资本积极推动，那么新的阶段两地政府都更加积极主动探讨合作关系，深圳与香港在城市基础设施建设、流动人口管理、科技产业合作、金融领域合作、教育等各个方面都积极对接。合作方向也从第一阶段的低成本加工制造业、贸易业转向了技术含量更高的制造业、服务业、教育和科技领域，投资热点也转向了深圳的高新技术产业，为深圳电子信息产业的领先发展打下了基础。深圳的本土企业在经过早期的低端加工业阶段后逐渐开始转型，其中有一些企业脱颖而出。为了拓展海内外业务，提高海外知名度，有一些企业选择到香港开办相关企业，也有很多公司选择到香港上市。目前，深圳有超过 350 家的上市公司，其中约 130 家在香港上市。因此这一阶段的投资由此前的单向转为双向，虽然港资占外资的比重有所下降，但实际上两方的联系更加紧密。

第三阶段就是开始建设粤港澳大湾区之后。大湾区核心的建设将大大提高其对于周边城市的影响力，加强与其他地区的分工协作，将更多的制造业辐射出去，提高周边城市的生产效率，同时进一步地加速完成深圳的转型。后文我们会对粤港澳大湾区未来如何建设进行详细的解读。

深圳的发展轨迹着实与香港息息相关，无论历史还是今天，两者的联系之密切、合作之深入，都使得港深一体化势在必行。

合作的基础

具体来说，港深经济一体化能带来什么呢？如果我们将港深两者合在一起看，二者的 GDP 之和超过 5500 亿美元，接近 6000 亿美元，在全球大都市当中可以排前五名；港深交易所总市值超过 6.5 万亿美元，位居全球第三；同时，拥有全球最繁忙和最高效率的国际集装箱枢纽港，集装箱吞吐量位列全球第一，约占全球远洋集装箱总运量的 1/5；拥有深圳宝安机场、香港国际机场两个国际机场，若在这两个机场之间建设高铁，两个机场通勤时间仅需 17 分钟。未来深圳的规划是要在 50 公里范围内配置都市圈核心城市所需资源，而 50 公里的深圳都市圈包括香港、东莞、惠州、中山、澳门和广州南沙地区。深圳目前只有 1997 平方公里，但如果我们用这个都市圈的视角看，面积等于足足增加了 5 倍。

为什么恰好是 50 公里？我们先看一下 50 公里的都市圈在世界视角下是个怎样的概念，东京都市圈从 1920 年的 10 公里发展到 1980 年的 50 公里后基本保持不变；纽约都市圈同样在 1980 年前后发展到长轴半径 50 公里后维持稳定；伦敦和巴黎虽然长轴半径也接近 50 公里，但是都市圈外围基本是一些新城，总体上联系紧密程度更弱。我们可以发现一个规律，世界大都市圈发展到一定规模后，半径基本会维持在 50 公里附近。这个现象与人们日常生活规律、通勤范围、交通运输效率等因素息息相关，基本上这个范围是人们能够接受的通勤时间长度的极限。未来交通条件的改善将大大增加人口的流动，要素将在城市圈内部自由流动。

每一个城市圈都要依托中心的特大城市作为核心。城市之间必然存在差异，如果城市之间是同质的，根据空间不可能定理，就不会有要素的流动，都市圈方便资源流动的作用也就不存在了。要素首先要流向中心城市产生集聚效应，使中心城市的效率不断提高，在中心城市达到一定规模后，开始产生溢出效应，产业、利润、人才、资源开始辐射周围的城市，提高整个城市圈的效率。

而面对港深经济一体化，香港必须明白这一决策带来的利远大于弊。深圳是中国当之无愧的最有创新能力城市，通过我们在前文提到的各大专利申请量等，我们都能感受到港深未来合作后明朗的前景；深圳目前的产业占比合理，2017 年第三产业占比 60.5%，第二产业占比 40%，即使第一产业近乎为 0，但如今发达的运输业使其不必担忧；同时深圳平均年龄是 27.7 岁，是中国最为年轻的城市。香港城市大学于 2018 年发表的《2018 年大湾区科研创新综合分析及展望报告》显示，香港在大湾区内科研创新发展排行中，无论在科技人才、资金投入、发明专利的数目上，都远远不及广州和深圳，发展前景令人忧虑。从科技人才上看，广州拥有最多的科技人才，达到 242.8 万人，深圳其次，达到 134.4 万人，而香港只有 47.2 万人；在科技企业方面，广州拥有 2.7 万间科技企业，就连排在第三的肇庆也有 1333 间，而香港只有 173 间科技企业。报告称，过去 5 年，香港对于科技投入金额只排第三，达到 49 亿元，相比起广州的 327 亿元和深圳的 100 亿元，相差比较大。在研发新兴产业人员方面，深圳在专利发明上表现最好，有 20.8 万项，广州也拥有 14.1 万项，但香港只有 1080 项。① 一系列数据很大程度上反映了香港在科研创新方面的薄弱。

我们在现实中已经看到了大量港深合作启动的范例，尤其是在 2017 年香港回归 20 周年，这一被称为“港深合作年”的独特时期，港深合作的拓展被社会各界共同推向了高潮。2017 年伊始，前海党组扩大会议指出，港深合作“重点是做好贸易便利化指数、金融跨境指数、法制环境指数等三大指数发布，做好合作区扩区政策、金融改革政策、自贸区条例政策等三大政策创新，推动港交所联合交易中心、深港基金小镇、金丝雀码头金融合作等深港合作项目启动，办好外洽会、自贸片区挂牌两周年和深港合作区成立七周年活动，推动新城建设、提升新城环境和优化新城形象”。② 2017 年 1 月 3 日，港深还共同签署了“港深创新及科技园”，用来推动双边创新经济共同发展。诸如此类的合作在近几年愈见频繁，社会各界人士都对港深未来发展予以厚望。2018 年 11 月 10 日，由香港特别行政区行政长官林郑月娥任团长、香港中联

① 香港城市大学. 香港在大湾区内多项科研创新表现落后 [EB/OL]. 新浪财经，2018-11-21.
② 宋腾虎. 七年之痒，深港合作如何求深入？[N]. 南方都市报，2017-01-15 (AA08).

办主任王志民任荣誉顾问的香港各界庆祝国家改革开放40周年访问团到访深圳①。到访期间，深圳市委书记王伟中还特意提到“深圳的发展史就是一部深港合作史，是香港在资金、人才、技术等多方面持续不断支持帮助、辐射带动深圳发展的历史”，而香港方则表示以此次到访为港深合作的新起点，开启港深合作新篇章，并且香港将不遗余力地推动粤港澳湾区发展。

港深经济一体化在未来已经成了一个必然的趋势，而当港深未来发展逐渐浮出水面之际，我们就可以从更广阔的视野去看待深圳的未来！

第三节　粤港澳大湾区才是未来

强化广东作为全国改革开放先行区、经济发展重要引擎的作用，构建科技、产业创新中心和先进制造业、现代服务业基地；巩固和提升香港国际金融、航运、贸易三大中心地位，强化全球离岸人民币业务枢纽地位和国际资产管理中心功能，推动专业服务和创新及科技事业发展，建设亚太区国际法律及解决争议服务中心；推进澳门建设世界旅游休闲中心，打造中国与葡语国家商贸合作服务平台，建设以中华文化为主流、多元文化共存的交流合作基地，促进澳门经济适度多元可持续发展。努力将粤港澳大湾区建设成为更具活力的经济区、宜居宜业宜游的优质生活圈和内地与港澳深度合作的示范区，携手打造国际一流湾区和世界级城市群。

——《深化粤港澳合作　推进大湾区建设框架协议》②

在《深化粤港澳合作　推进大湾区建设框架协议》中，明确了粤港澳大湾区的发展方向和目标，城市间的融合与协作也已势在必行。短短几年间，粤港澳大湾区的建设已经不再只是代表自身，它也象征了华南地区的建设，更成为国家“一带一路”海上丝绸之路的重要节点。事实上早在2014年初，深圳便已明确提出联手周边城市共同打造粤港澳大湾区，构建区域协同发展

---

① 王芳. 上海利好不断，下一个十年，深圳该如何生长？［EB/OL］. 深圳梦，2018-11-12.

② 国家发展和改革委员会. 深化粤港澳合作　推进大湾区建设框架协议［EB/OL］. http：//politics. gomw. cn/2019-02/26/content_32569449. htm.

新优势，目的就是要落实“一带一路”倡议构想，把深圳打造成为“21 世纪海上丝绸之路”的重要枢纽。同年的政府工作报告中详细阐述了发展粤港澳大湾区经济的构想，随后将粤港澳大湾区构想上报国家发改委。而在 2015 年 3 月，国家发改委、外交部、商务部发布《推动共建丝绸之路经济带和 21 世纪海上丝绸之路的愿景与行动》，提出要“深化与港澳台合作，打造粤港澳大湾区”。到 2016 年 3 月，国家发改委又将“推动粤港澳大湾区和跨省区重大合作平台建设”列入国家“十三五”规划，强调要“携手港澳共同打造粤港澳大湾区，建设世界级城市群”。① 2018 年 10 月，习近平总书记时隔六年再次来到广东视察，其间走访了珠海、清远、广州以及深圳等地，并就经济、社会、文化等多个方面对湾区建设提出了建设性的意见。这一系列建设性的措施迅速且有效地将大湾区建设推上日程，其成效卓然。而在 2018 年 11 月 15 日召开的国家发展改革委新闻发布会上，在目标与规划层面又一次对大湾区发展提出了新的六大工作要求，分别为打造国际科技创新中心，推进基础设施互联互通，促进要素流动便捷高效，培育国际合作新优势，加快推进重大平台建设，共建优质生活圈，从不同层面不同角度给出了湾区发展的建设性意见。②

从各项数据指标中，我们可以清晰看见大湾区这几年建设的卓越成果。从 2014 年大湾区建设开始至今，湾区的 11 城 GDP 之和从 2014 年的 81720. 8 亿元，增长到了 2016 年的 93526. 1 亿元（约合 1. 4 万亿美元），占全国 12%，经济规模超过世界第 12 大经济体俄罗斯（1. 28 万亿美元），与全球第 11 大经济体韩国（1. 41 万亿美元）相当。2017 年，粤港澳大湾区更是实现了“四连增”，GDP 达到 101843 亿元（约合 1. 6 万亿美元）。③ 对于一个区域性的经济体，如此规模的 GDP 已经展示了其经济实力的雄厚，而 GDP 背后最为难能可贵的则是没有丝毫减慢的增长速度，体现了大湾区未来发展的光明前景。

此外，近年大湾区的建设还体现在其他各个方面。粤港澳大湾区的进出口总额基本维持在超过 8 万亿美元的水平线，占全国总额的 40%；湾

① 唐杰终于把“粤港澳大湾区”讲清楚了！[EB/OL]. 新华网思客，2017-11-30.

② 国家发改委：粤港澳大湾区建设将重点推动六方面工作 [EB/OL]. http：//www. xinhuanet. com/forune/2018-11/15/c_1123720069. htm.

③ 深度解读粤港澳大湾区建设的四大重点和八大亮点 [J]. 房地产导刊，2018（7）：26-27.

区三大港的集装箱吞吐量远超世界三大湾区，于2016年达到6247万标箱；湾区还坐拥超过1.89万家国家级高新技术企业，PCT国际专利申请量更是占了国内的半壁江山。① 粤港澳大湾区的诞生就注定了它不会输于现有的世界三大湾区，这与它一体化之后形成的核心优势紧密相关—包括“三面环山，三江汇聚”、面向太平洋、辐射泛珠三角，是世界四大湾区中拥有最大腹地的区位优势；航运发达、体系完备、创新能力强、总部效应突出的产业优势；“一国两制三关税区”多元格局的制度优势，等等。②同时粤港澳大湾区作为国家“一带一路”的关键节点，在制度和运营环境方面未来也都可以得到保证。

当我们看到大湾区如今取得的成就，或许会认为当一个湾区坐拥港深穗等大城市，能有这种程度的发展都不过是自然而然形成的罢了，但事实却非如是。这些年大湾区的建设依托了大量概念性提议，同时政府在专家协助下，也提出了大量切实有效的区域政策。唐杰教授曾经就大湾区未来，提出一系列指向性目标与任务，在此我们大致可理解为以下四大方面。

弱化行政管理边线

卢梭曾说过，“我们每个人都以其自身及其全部的力量共同置于公意的最高指导之下，并且我们在共同体中接纳每一个成员作为全体之不可分割的一部分”。③ 粤港澳大湾区的建设离不开整体的格局，从细致到大体都需要有一个详尽的规划。

首先，粤港澳大湾区的建设需要城市间弱化边界概念，既定的行政边界当然不会消亡，但经济交流不能明显受限于边界。对于当今世界其他三大湾区来说，界限的把控从不是湾区发展的核心，参考世界其他三大湾区中的纽约湾区，在涉及行政、经济效益时，都可以呈现不同的规模范围，在划分时可以是纽约到新泽西共1500万人的范围，也可以是从波士顿到华盛顿共5000

①② 广东省社会科学院．粤港澳大湾区建设报告（2018）［M］．北京：社会科学文献出版社，2018.

③ ［法］卢梭．社会契约论［M］．何兆武，译．北京：商务印书馆，1980.

万人的范围，这两种界定都被认可为纽约湾区。对于粤港澳大湾区的建设来说，湾区同样要广泛带动各大城市发展，其范围要从“二区九市”向“一核一轴一带五圈”拓展。在我们看到粤港澳大湾区如今呈现的一片欣欣向荣之景时，我们也需要明白，湾区建设带来的意义绝不局限于每个城市自己的一亩三分地。深圳与香港并非是“大湾区”这个概念提出的最终获益者，大湾区的建设固然带动了“二区九市”的发展，同样带动了整个中国南方地区的发展，推动华南以粤港澳大湾区建设为平台开展新一轮改革开放。

那么作为湾区模式发展的粤港澳，确立以谁为核心也是一门大学问。从世界其他三大湾区的现有模式来看，湾区围绕核心城市发展，局部细化分工无疑是一个良策。三大湾区中的美国纽约湾区是以纽约为核心，日本东京湾区则是以东京为核心，同样旧金山湾区也是以旧金山为核心，核心之外又有着大量卫星城市，与核心一起共同构成了成熟的湾区经济。今天，被广泛认为将成为世界第四大湾区的粤港澳大湾区却显得与众不同。在一直以来的发展历程中，香港、深圳与广州都是作为核心城市发展着湾区经济。这一现象自改革开放以来可谓是一大盛况。如今大好形势下，我们显然可以做得更好。若要合理发掘湾区经济潜力，那么三大城市就不应各行其是，而要由三核到单核，确立新的核心，促进湾区合理分工发展。在未来大湾区的建设中，城市群需要发挥以香港带动沿海，沿海带动内陆，逐级推动、辐射带动湾区经济全面发展的核心作用。要推动要素的自由流动、遏制过度竞争，避免重复建设，打破行政区划壁垒，积极推进港深经济一体化，促进粤港澳跨境基础设施全面对接，加强创业创新合作，营造宜居宜业环境，实现粤港澳大湾区城市群从行政区化的多核心城市向市场化的单核心城市转变，发展具有全球影响力和竞争力的世界级湾区城市群①。也就是说，粤港澳大湾区未来的核心确立将由香港牵头，促成港深经济一体化，最终形成以港深为单核心的城市群发展体系。

而前文提到的“一核一轴一带五圈”，则是由深圳市前副市长唐杰提出的粤港澳大湾区整体发展新概念。所谓“一核一轴一带五圈”，即以港深为核、

① 唐杰终于把“粤港澳大湾区”讲清楚了！［EB/OL］. 新华网思客，2017-11-30.

以沿海为带、以珠江为轴的“T”字型空间结构，建设相互协调、共同发展的五大城市圈——湛茂阳城市圈、澳珠中江城市圈、港深莞惠城市圈、广佛肇城市圈和潮汕城市圈。① 湾区将在此结构发展下，着力建设城市分层体系，明晰城市功能定位，提升城市空间利用效率，推动粤港澳大湾区经济一体化，带动湾区全方位均衡发展，搭建高效运行的湾区城市群体系。

产业合理分工

珠三角城市在过去四十年的改革开放历程中收获颇丰，地理优势、政策导向等多种因素促使各大城市产业更迭，个中尤为突出的便是深圳。依靠先进的产业集群和现代化生产，今天的深圳已经站稳于世界大都市之林。但大湾区作为一个整体，只说深圳的发展是不够的，在保证核心城市稳定发展的同时，粤港澳大湾区也需要带动粤东、粤西等欠发达地区持续发展，而以此为背景的现实手段便依赖于城市间的产业分工协作。城市群内部各城市作为局部相互依存，协同发展的过程将在很大程度上依赖于以比较优势为基础的差异化生产。为了实现城市在空间效率上的最大化，湾区还有数不尽的问题亟待解决，包括如何进行资源有效的转移，在港深穗的产业如何扩散到湾区东西部的欠发达城市等问题都将引起我们的思考。

对于产业分工布局和规划，我们在探究其措施前不妨先了解些理论基础。基于空间经济学的背景，我们可以得到城市之间的要素流动和分工协作是基于空间不可能定理形成的状态，即贸易成本的高低将直接决定城市间的功能差异以及产业结构。如果空间单位之间的贸易成本巨大，那么城市就会进入近乎“男耕女织”的自然经济，而在如今的社会这已经不多见了。随着贸易成本的缩小，城市间为了让生产效率最大化便出现了专业化生产与商品交换，着手构建日益密切的经济联系，从而造成各城市间生产结构的差异。用简单的话来形容，也就是说“不可能会有两个生产形式一模一样的城市”。空间不

① 哈尔滨工业大学经济管理学院课题组. 粤港澳大湾区发展规划研究［J］. 开放导报，2017（4）：13-19.

可能定理应用于粤港澳大湾区的现实意义在于，当我们考虑到贸易成本，区域间产业协作就应该以减少交通运输成本为主。因此，湾区规划中的城市分工协作就不会是一个笼统的概况，理想状况便是从产业大方向的细分出发，依次落实到相对小范围的城市圈，然后层层递进形成成体规划。城市差异化发展和比较优势也需要考虑在内，大湾区应通过城市内部产业的横向发展以及城市之间的横向竞合，让城市由内而外达到生产效率的最大化。此外，在达到城市发展目标的过程中，大湾区还需要持续践行产业模块化分工的原则。产业模块化被认为是经济系统演进的结构性表现，已经成为一种有助于提升产业竞争力的新的组织模式①。用通俗的话来说，就是原先一条产业链是被大公司自己大包大揽，现在是把不同的生产环节都分包出去。

深圳市前副市长唐杰曾就产业分工协作发表见解，根据五大城市圈自身特性提出了可行的分工具体方案。港深莞惠城市圈，发挥港深在科技创新领域重要地位，东莞世界制造中心优势，大力推动技术创新、体制创新和环境创新、国际化。澳珠中江城市圈，珠海国际化创新型城市、生态文明新特区，港珠澳大桥建设的契机，重点培育城市圈内的综合服务功能和依托于港口运输的临港工业，稳步发展旅游业和物流业，提高城镇产业的集聚与扩散功能，成为城市群未来加快发展的重点地区。湛茂阳城市圈，以湛江和茂名为主要中心，积极拓展大西南港口腹地，建设功能清晰、协同发展的西部临港经济带，打造国家级重化工业基地、海洋经济增长极。潮汕揭城市圈，创新型经济特区、东南沿海现代化港口城市、区域交通枢纽、科技中心和商贸物流中心。广佛肇城市圈，强化广州作为全国经济中心城市，升华广州经济、文化、教育、区域交通枢纽地位，对于带动粤港澳大湾区周边内陆地区的发展具有决定性作用。② 这五大城市圈的布局设计将为粤港澳未来发展提供理论依据和参考，以打造中国的世界级大湾区，建设成世界级科技创新中心、全球金融科技中心和全球资源配置中心。

近年随着粤港澳湾区发展的推进，区域产业分工体系也已逐步成形，尤其是沿着珠江两岸形成了规模巨大的发展轴，形成了东岸以电子信息为主导

---

① 胡兰，黄丽．模块化经济［J］．中国高新区，2008（9）：12-13.

② 唐杰终于把“粤港澳大湾区”讲清楚了！［EB/OL］．新华网思客，2017-11-30.

的高新技术数字化产业、西岸以重型化为特征的装备制造产业的发展格局。除此之外，深莞惠地区电子信息技术产业集聚特征明显，广州则以交通运输设备、化学原料及化学制品制造为主导，佛山—中山—珠海以电器机械及器材制造为主的装备制造业基地也在逐渐成形。①

2018 年 5 月 11 日，广东省社会科学院发布《粤港澳大湾区建设报告（2018）》，提出粤港澳大湾区正处于文明大变革的契机当中，前景光明，依据颠覆式技术变革为湾区产业建设指明了方向；湾区将成为“一带一路”的巨型门户枢纽和“一国”内的世界级经济平台；还需要在世界层面开辟市场，对外交流、竞争与合作，在此过程中，香港作为老牌国际大都市，将扮演起“超级联系人的角色”；同时粤港澳大湾区还需要实现先进制造业与现代服务业双轮驱动，以港深为核心构成湾区一体化创新体系，对接世界尖端产业与服务。② 大湾区最终将以达成区域产业明确分工，区域发展协同化为目标，在产业更新道路上稳步向前。

强化湾区创新

到目前为止，世界三大湾区的发展历程已经证实了创新对于湾区经济的重要性，以特大城市为核心辅以大中小城市支撑的创新城市体系，也在被广泛认可。在如今开放的世界经济体系下，湾区高效的资源配置、密布的交际网络以及强大的集聚外溢能力为创新提供了极佳的条件。在 2018 年全球城市或城市集群创新排名中，纽约、旧金山与东京三大湾区都凭借极具说服力的专利数量和论文发表数占据了十分靠前的排名，其中东京与横滨以 104746 的专利数和 141584 的论文发表数分别位居全球第一和第二的位置；而圣何塞到旧金山则以 36715 的专利数和 90238 的论文发表数，位居全球第四和第十；纽约则以 12032 的专利数和 129214 的论文发表数，位居全球第十一和第四。港深在这份榜单中同样表现优异，以 48084 的专利数和 40920 的论文发表数，分别为居全球第二和第三十二③。此外，在湾区发明专利申请量排名前 20 的发

① 戴欣，张猛，唐杰. 创新驱动与粤港澳大湾区城市群发展［J］. 开放导报，2018（6）：38-41.
② 广东省社会科学院. 粤港澳大湾区建设报告（2018）［M］. 北京：社会科学文献出版社，2018.
③ WIPO：2018 全球创新指数报告［EB/OL］. http：//www. 199it. com/archives/747917. html.

明专利申请领先机构中，粤港澳大湾区共有包括华为、中兴、腾讯等11家机构上榜。从专利分布领域来看，粤港澳大湾区主要优势集中在消费类电子产品制造领域和先进制造领域。以上数据充分证明了当今港深已经拥有了世界前沿的创新实力，因此在湾区创新能力这个问题上，我们完全有充分的自信心在世界平台上做比较，但这不意味着可以自满。事实上，粤港澳大湾区的问题在于我们如今的创新模式的变革还依赖于湾区建设的推进，这与世界先进的湾区一体化创新体系还存在一定差距。

熊彼特在1912年出版的《经济发展理论》一书中系统地定义了创新，认为创新是指把一种新的生产要素和生产条件的“新结合”引入生产体系，包括技术性变化的科学发现创新以及非技术性变化的组织创新。在这一理论中，科学发现创新则更近似于我们所了解的理论创新，而产业组织创新是基于科学发现创新的技术创新，前者更强调好奇心驱动的科学，后者则更强调实用性驱动的技术。这两者往往存在着并不显著的间接关系，但总会在恰当时机不经意地构成紧密联系。21世纪是由科学到技术加速转化的时代，需求拉动使技术进步迎来从量变到质变的飞跃，大量科学积累成功带动了由“科”到“技”的关键变革。① 应用到粤港澳大湾区的发展中来，便是使不同知识密集程度的城市肩负起不同级别的创新来。

深圳作为国内首屈一指的创新城市，其技术创新实力已经达到世界靠前的位置，但深圳政府并不是个安于现状的政府。2018年11月13日，深圳市人民政府印发《关于进一步加快发展战略性新兴产业实施方案的通知》，列出了37个重点发展片区，提出将围绕七大战略性新兴产业，于2025年前建成10个以上产业规模超百亿、产业链完备、产业配套设施完整的新兴产业集聚区，打造更多千亿、万亿级的优势产业集群。② 我们有理由相信深圳未来会作为产业技术创新的策源地带动湾区创新。前文我们已经提到，技术创新是基于科学创新以实用性为目的的产物，科学创新的不足则是粤港澳湾区急需突破的地方。在科学创新方面，香港目前有着较之深圳更为雄厚的实力，同时

① 巴斯德象限［N］. 北京商报，2018-08-17.

② 深圳市关于进一步加快发展战略性新兴产业的实施方案［EB/OL］. http：//www.sz.gov.cn/zfgb/2018/gb1077/content/post_4968038.html.

广州依托大学城也有着相当的科研实力。然而，我们前文已经看到了，港深城市的论文发表虽然数量不少，但它相对其他地区的优势并不如专利数量来的明显。用创新理论来解释，便是粤港澳实际在科学发明创新和产业组织创新之间还存在差距有待弥补。意识到问题的深圳政府也决心强化自身的基础研究能力——万众瞩目的光明科学城即将动工。就目前而言，粤港澳湾区的创新之路已步入正轨，未来港深穗需要基于创新体系分工，持续强化自身创新能力，以便将创新辐射扩展到湾区全境。

到今天为止，我们可以看见的是广州、东莞、深圳以及香港正在形成一条创新接力链条，而惠州①和汕尾②则因为较易受到深圳辐射，也得以成功链接到这一环节。相对比珠江西岸的城市则显得有些脱节，这与预期的珠江为轴的“T”型创新框架略有出入。在过去的大湾区建设期内，粤港澳大湾区建设领导小组不断强调了打造“广州—深圳—香港—澳门”科技创新走廊和大湾区国际科技创新中心的必要性，意图以核心城市为创新的“发动机”带动全身产生变革，其核心思想还是落在了“协同创新”之上。这要求各个城市在战略、产业、制度等各个方面都做到积极协调、积极沟通，以求一个整体一体化的创新协作体系。在过去的合作当中，大湾区的无人机产业模块化生产就是一个区域典范。在整条产业链中，悬停式无人机产业技术创新发生在深圳，深圳是产业创新的组织者，是产业链条整合与集成地，但无人机从设计到生产及国际化运营分别在深圳、东莞和香港三地协同进行。无人机技术顶层设计与广泛应用的开发等产业创新活动主要集中在深圳，无人机组件与零部件生产，包括精密制造等相当多的制造环节在东莞完成。无人机作为国际化产品需要发达的国际法和金融体系支撑，这些主要活动主要集中在香港。③ 大湾区当前虽然是以多核的形式进行统筹规划，但是各大核心的功能并不只有冲突，因此合理利用各城市创新的优势，及早建立创新一体化分工体

① 2018年8月，惠州市委十一届三次全会提出，力争到2020年建成更具创新特质的智造高地，迈进国家创新型城市行列。同时，惠州将以中国高校科技成果交易会为依托，建设中国（华南）高校科技成果转化中心，打造粤港澳大湾区创新成果转化高地。

② 深汕特别合作区位于广东省东南部，汕尾市海丰县西部，合作期限30年，从2011年起止于2030年。

③ 戴欣，张猛，唐杰. 创新驱动与粤港澳大湾区城市群发展［J］. 开放导报，2018（6）：38-41.

系，才是湾区创新变革的关键所在。

优化交通与环境

湾区经济带离不开区域的开放性，用四个字表示就是“外联内拓”。随着港口的发展和对外交流的扩大，湾区城市普遍建立现代化的综合交通网络。线性工程为支撑的一体化交通设施是湾区最重要的基础设施。各种经济要素也围绕这些线性工程，形成点轴型集聚外溢发展格局。世界三大湾区的发展史基本上都是一体化交通设施大建设的历史。公路运输、轨道运输、公共交通、空港建设大大提升了运输荷载与通勤效率，为经济崛起催生新的经济秩序。① 粤港澳大湾区现已有良好的交通条件，但这个良好是绝对上的良好而非相对。截至 2015 年，珠江三角洲城市轴的公路总长度 78334 公里，粤港澳大湾区东西部沿海地区城市公路总长度为 68961 公里；粤港澳大湾区港口建设同样成就斐然，但是存在的现象是，2015 年珠三角区域的港口货物吞吐量是沿海港口吞吐量的 3. 5 倍，分别是东部沿海港口的 12. 9 倍、西部沿海港口的 4. 8 倍。从数据中我们看到，无论水陆交通，粤东粤西的航路都远不如珠三角区域发达，这难道是地理禀赋限制了港口道路的开发吗？当然不是，东西沿海的道路与港口一直都具备良好的开发条件，良湾、良港密布。但由于经济因素以及其他城市的行政因素，沿海城市的开发一直受到了严重的限制。未来粤港澳大湾区将着力开发沿海城市交通，充分挖掘其全球航线潜力，依据自身发展特点造就对外通航的竞争优势。

如今粤港澳地区交通条件日渐便利，日新月异的交通基础设施正在不断拉近城市间的距离，尤其是 2018 年 10 月 23 日通车的港珠澳大桥，更是打造了三座湾区重要城市间的“半小时生活圈”。在建造港珠澳大桥的过程中，港珠澳大桥岛隧工程总工程师林鸣曾分享了他的经历。由于相关经验严重匮乏，起先技术团队为了获得大桥沉管技术，他们先前往釜山参观学习，随后又与荷兰专家进行谈判，因为接受不了荷方的漫天要价，工程队决定自行摸索建设路径。在

① 黄宇健. 世界三大湾区对粤港澳大湾区发展的借鉴［EB/OL］. http：//www. gddx. gov. cn.

实际建设过程中设计师与施工队克服了千难万难，最终才把这座世界上最长的跨海大桥给连了起来。大桥追求的不仅仅是中国速度，更是中国质量，其使用寿命是国际平均的6倍。港珠澳大桥建成的背后是粤港澳大湾区之间越来越紧密的联系，国家有此决心，则湾区经济一体化未来也不会成为难题。

此外，在大湾区建设的过程中，政府还要求保证生态文明建设。要求维持“青山、碧水、蓝天、绿地”的“国家森林城市”“国家环境保护模范城市”“全国生态文明建设试验区”“全国低碳示范城市”“现代生态园林城市”。法国地理学家戈特曼曾定义城市群为“由连成一体的许多都市区组成，在经济、社会、文化等各方面活动上存在着密切的交互作用的巨大的城市地域复合体”。这也要求湾区建设过程中要尽量避免文化环境和自然环境的冲突，只有更好地融合，才能谈更快的发展。

粤港澳大湾区的建设作为国家战略建设项目，将扎实建成世界级大湾区，主导整个华南地区的经济文化可持续发展。此外，粤港澳湾区建设的推进也是我国“一国两制”政策切实落地的成果，将在建立港澳与内地密切关系的同时促进多方经济多元化迅速发展。

第四节　大湾区拓展了深圳的发展空间

在改革开放40周年之际，习近平总书记近日再次来到广东视察，向世界宣示改革不停顿、开放不止步的坚定决心。习近平总书记在广东视察时的重要讲话，引发深圳各界持续热议和强烈反响。大家表示，要以走在最前列的标准，贯彻落实总书记的重要讲话精神，拿出新担当新作为，把新时代改革开放的旗帜举得更高，把经济特区“金字招牌”擦得更亮，奋力为谱写广东发展新篇章做出深圳经济特区的新贡献。

——《抢抓粤港澳大湾区建设机遇　把经济特区“金字招牌”擦得更亮》①

---

① 李晓旭，李天军. 抢抓粤港澳大湾区建设机遇　把经济特区“金字招牌”擦得更亮［EB/OL］. http：//news. ycwb. com/2018-11/0/content_30122812. htm.

在触手可及的未来，粤港澳大湾区将成为中国南方无可争议的核心都市区，围绕湾区建立的城市群也势必大放异彩。现有“9+2”的建设格局将会慢慢朝着“一核一轴一带五圈”发展，以达到粤东、粤西沿海与珠三角区域携手共进、协同发展的局面。而港深在经济一体化达成之后，将携手作为大湾区的“单核”，对湾区其他城市进行辐射，调动资源，向着“中国硅谷”与“中国纽约”的目标全力奋进。这个过程中，我们不妨也回头看看深圳都获利了什么。

空间格局

早在2018年，据深圳市政局透露，深圳国土开发强度接近50%，已基本没有可供成片开发的土地。深圳土地资源匮乏的问题从20世纪末21世纪初就已经开始显现，由于人口高速流入，深圳的地价早就习惯了“屡破新高”这一“掺褒半贬”的词语。土地资源的限制迫使深圳不得不调整产业形态，但好在“产业空心化”这一问题在我们的探讨以及时间的证明下已有了结论，简单来说就是——事出有因，但无须多虑。

当大湾区真正建立，打破传统边界，并且实现经济一体化之后，深圳如今土地资源稀缺的影响或许就不是关键。因为首先土地资源有限带来的制造业迁出，实际上对深圳并非百害无一利，现有土地的限制是在以压缩的方式不断增加深圳的经济密度，这也是推动创新的途径之一。当大湾区能够实现经济一体化，那么城市的概念就成了湾区分工下的一部分，每个城市根据所在城市圈的定位各司其职，最后就能有效发展。

深圳的“上策”从根源上解决了问题，面对产业迁出和创新研发间的权衡，可谓“鱼与熊掌两不误”。据深圳市发改委介绍，深圳正通过大力实施“东进”战略，加快深莞惠（3+2）经济圈建设，突出加强交通先行，畅通合作机制，进一步提升产业合作层次，拓展了产业发展空间。中兴通讯（河源）基地建设按期开展，深汕特别合作区若干重大产业项目落地。再下一步，深圳将加快深莞惠和河源、汕尾（3+2）经济圈建设，全面推进与粤东西北地区协同发展，确保重大议定事项落到实处。进一步提升与泛珠三角区域的合作层级，完善区域协调机制，拓展泛珠三角战略腹地，进一步拓展产业空间等。① 此外，深圳为了构建更便捷的通勤方式，将争取在未来打造东西两翼湾区快速轨道，进一步加强粤港澳地区整体联系。在湾区经济带的影响下，深圳未来将形成高效的合作区来推动整体经济发展，而这实质上也是城市边界的不断外延。

这一系列的举措将为深圳提供大量的土地资源，加之深圳自身对于土地整备的持续推进，我们完全可以相信深圳会在湾区建设中找准位置，大受裨益。

经贸科教

虽然粤港澳大湾区城市间的社会形态略有区别，但是这并不妨碍教育资源在这些大城市间流动。教育是无国界的，更何况湾区内的边界不过寥寥数条模糊的城市界线罢了。除此以外，港澳和内地的联系还将在经济贸易与科创等方面不断强化，甚至能够借助湾区平台达到一个前所未有的高度。在这一交流过程中，作为核心的香港将毫无疑问地起到主导作用，并以人才输送、合办大学、搭建平台等方式促进粤港间金融业、教育业等各个行业的紧密联系。

依托粤港服务贸易自由化政策，两地服务贸易合作迅猛发展，一大批香港银行、会计师事务所等专业服务机构在粤设立分支机构。香港中文大学（深圳）建成开学，6 所香港院校在广东省设立 8 家研发中心。支持香港青年到内地创新创业，前海深港青年梦工场等平台加快发展，有力促进了粤港双创资源的融合、开放和共享。青少年交流合作广泛开展，打造了粤港暑期实习计划、香港青年服务团、粤港姊妹学校、香港青少年国防体验营等一批品牌项目。实施粤港创新领域联合资助计划，对粤港联合科技创新项目予以支持。②

① 国土开发强度接近 50%　深圳 3 年内如何拿出 50km^2 用地？［N］. 南方都市报，2017-05-22（08）.

② 张玉荣. 粤港融合 20 年：共同成长　相互成就［J］. 小康，2017（20）：18-23.

深圳离香港仅一港之隔，如今更是高铁、地铁连通，将来只会是粤港澳都市群中受到香港服务业影响最大的内地城市。我们在前文已经提到，深圳的本科教育水平与其四大一线城市的经济水平并不相称，那么在已有“香港中文大学（深圳）”的前提下，我们也十分看好深圳未来的教育水平能因此获得改进。与此同时，深圳也会渐渐吸收香港先进的服务业观念和思想，不断提高自身服务业行业水平，为湾区市场化、国际化、法制化创造优良的环境。

从经济发展来说，粤港澳大湾区最大的受益者将会是非核心的城市，然而港深作为核心也将获得资源调度、产业分工上的便利，以强化其核心的辐射作用。时至今日，湾区就像是华南地区冉冉升起的朝阳，正在一步步地走向成功。若迎着时代的风帆，我们便可感受其中的勃勃生机与源源不断的机遇！而粤港澳的今天，就是最好的时代！

编者札记

深圳面临的问题是发展中的问题，自然应该通过发展而得以解决。如果深圳经验具备可复制性，则全国各地城市似乎都应以此为模板。但是问题绝不如此直接和简单。一个好的政府和市场互动样本，如何才能让它发挥更大的作用，简单的做法就是扩充其发展空间，这是一种同质扩散过程，一般不会出现“排异”现象。但是，深圳提升行政级别和扩大行政版图的呼声不绝，却从未得到解决，土地资源对深圳发展的制约越来越严重。深圳托管深汕合作区是一个有益的尝试，而大湾区则具有解决深圳空间拓展的更大机会。问题的关键是如何破除不同城市间的那条界限。这是其他内地城市群一体化时普遍面对的一个难题。统一规划难，执行规划更难，如果湾区城市之间不打破这条无形的心理界限，同样很难破题。所以本章提到的区域一体化，指的都是经济上的一体化，一个可能促进这种一体化的方法，可以是将湾区城市的政绩考核方式修改为统计和考核大湾区整体GDP。在大湾区之间建立政府间的协商制度，由中央政府指定部门进行统筹协调，建立一个基于大湾区整体利益最大化的绩效考核制度，才有可能真正推进湾区城市间的分工合作。有关粤港澳大湾区的规划才只是一个开始，本书重点不在于此，这里附上著名经济学家、深圳市原副市长唐杰教授的相关文章作为补充参考。

参考阅读 专访深圳市原副市长唐杰（节选）

倡“一核一轴一带五圈”合理分工产业互补

大公报讯（记者毛丽娟）粤港澳大湾区详细规划尚未出台，但各地已经开始摩拳擦掌。今年以来，唐杰一直在打磨深圳发改委委托哈工大（深圳）接手的粤港澳大湾区规划研究报告。他判断粤港澳大湾区“9+2”的区域划分过于狭隘了，提出“粤港澳大湾区是‘一带一路’的重要支撑点，沿海湾区都市群是国际竞争力和创新能力的载体”，可构建“一核一轴一带五圈”的粤港澳大湾区城市群空间结构，建设功能清晰分工的核、轴、带，发展多元化的城市分工体系。

唐杰认为，粤港澳大湾区建设存在空间发展差异过大、产业结构水平亟待提升、粤港澳关系需要进一步深化三大不足。

一、大湾区内区域发展不平衡现象突出

空间发展差异仍然过大。粤港澳大湾区城市圈内城市间经济发展水平差距在逐渐缩小，但与国际上成功的沿海大都市群相比，在城市人口与经济规模排位相同、产业结构多样化、城市功能有序分工等方面仍存在改善空间。

产业结构水平亟待提升。粤港澳大湾区第三产业比重为60%，低于同等经济发展水平的平均值；核心竞争力不强，处于全球产业价值链中低端的产业比重高，先进制造业和创新型产业占比比较低。区域内部重复建设、同质过度竞争、产业重合程度较高现象突出，粤港澳大湾区的珠三角轴线城市带与湾区东西部沿海地区产业发展落差过大。

此外，粤港澳关系需要进一步深化。港澳回归以来，粤港澳经济竞争力对比发生重大变化。湾区经济面临双重转型压力，港澳经济结构矛盾突出，结构性失业增多、市场消费疲软、经济发展动力不足，转型路径仍不清晰；珠三角正在经历从中等收入向高收入转型的困扰。

二、建特色科创中心和先进制造基地

从世界其他地区湾区经济的发展规律上看，港深沿海经济体比广州这样的沿江经济体更具成为世界创新中心的条件。

唐杰认为，港深共建全球领先的科技创新中心要上升为国家战略。推进港深科创合作可从以下四大方面着手：构筑港深科技创新走廊、科技创新平台和大学创新科技联盟；打造战略新兴产业集群、储备各类创新人才；推动科技创新要素自由流动、探索“港深+国际”科技创新合作模式；形成全球高端科技汇集地、全球产业革命重要策源地。

而澳门、广州、珠海、佛山、东莞等其他湾区内城市则可发挥比较优势，建设不同层次、不同领域的科技创新中心，与港深共建粤港澳大湾区科技创新主轴。比如可以有中小城市商贸中心、物资集散中心、先进制造中心，清远、韶关、河源、梅州等北部山区城市则可利用生态优势与邻近城市圈合作联动、配套发展，打造环粤港澳大湾区特色产业带、低碳经济示范区。

唐杰指出，上述产业分工有赖于建立疏密有序高效便捷的湾区交通体系。由单一城市交通中枢向多元多向交通组织体系转变，改变东西向对外交通借道广州、多种交通运输方式空间重叠、功能重复的单极化畸形形态。建设多枢纽交通，推动轴带城市间的直联直通，提升沿海城市带的交通基础设施水平，加快沿海城市跨江通道建设。

后　记

本书的构思和框架来自唐杰教授，在“空间经济学”课上，唐老师给同学们布置了一些课后作业，运用空间经济学知识，分析深圳的城市和经济发展历程。同学们的课程作业留下了对深圳发展的回顾与展望，尽管理论分析与实际调查仍然显得稚嫩、生涩但不缺激情。同学们从大学生的视角解读深圳、发现深圳，以此纪念改革开放 40 周年。唐老师委托我会同哈工大（深圳）经管学院的马德毅、张涛、陈垒等同学，在这些作业的基础上，经唐老师的统筹和指导，参考郭万达院长的修改建议，多次对书稿进行了调整和修改。本书各部分内容的主要执笔人是：绪论（唐杰），第一、二、六章（马德毅），第三、四章（张涛），第五章（张涛、郑磊），第八、九章（陈垒），统稿、编者札记、注释（郑磊），全稿由唐杰教授审定。

在此要感谢哈工大（深圳）经管学院，感谢陈舒捷、陈涛、金霄、蒋知衡、李代、李志波、谭家敏、王琳钦、王铭泽、谢英标、杨昕仪、杨月、赵翔宇、董文峥、金志贵、李江、刘启睿、刘宗昊、彭博艺、项博儒、徐宏皓、夏洲洋、赵熠等同学提供的资料，感谢深圳市综研软科学发展基金会的大力支持，以及前《南方周末》资深记者黄河对书稿提出的修改建议。